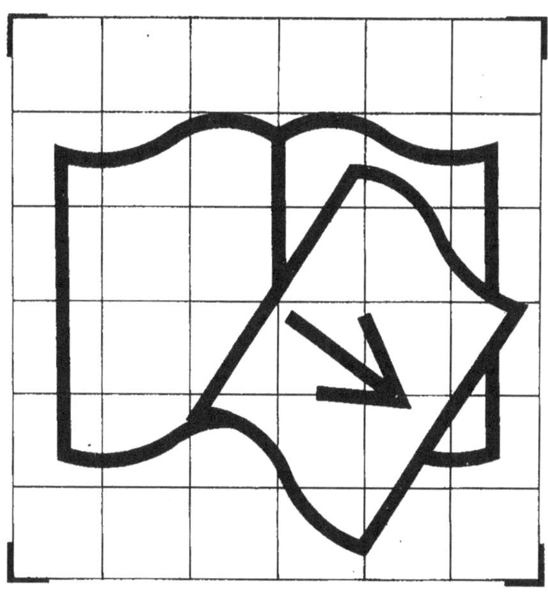

LA VIE ET LES ŒUVRES

DE LA CAMPAGNE

Cᵗᵉˢˢᵉ de KERANFLEC'H-KERNEZNE

LA VIE ET LES ŒUVRES

DE LA CAMPAGNE

CONFÉRENCES AUX JEUNES FILLES

AUTUN
IMPRIMERIE PERNOT
—
1920

PRÉFACE

AUX JEUNES FILLES DE FRANCE

L'auteur du livre que nous sommes heureux de présenter aujourd'hui à nos jeunes filles de la société française et aux femmes qui s'intéressent à la renaissance de notre agriculture nationale jouit d'une notoriété la plus honorablement acquise.

Mᵐᵉ la Comtesse de Keranflec'h-Kernezne s'est fait connaître par une publication d'une forme modeste, mais d'une haute portée pratique et sociale : *Causeries et conseils aux mères de famille, leçons d'enseignement ménager* qu'il est opportun de développer en vue de la formation des jeunes filles de nos campagnes.

Déjà, elle y laissait entrevoir les secrets charmants d'une expérience personnelle, contrôlée par plusieurs années d'action persévérante exercée dans son entourage agricole de Bretagne.

Son exemple a été un des points de départ de fondations analogues dans beaucoup de régions de France. D'autre part, les résultats de ses intelligents efforts l'ont signalée à l'attention publique. Aussi fut-elle appelée, dans de nombreux congrès provinciaux, à communiquer ses méthodes et l'action si utile qu'elle conseillait aux femmes du monde d'exercer à la campagne.

L'Union des Syndicats des Agriculteurs de France, le groupe de l'Action sociale de la Femme, à Paris, et d'autres groupements de dames l'invitèrent à donner des conférences à leurs adhérentes et lui permirent d'étendre ainsi sa propagande.

La Société des Agriculteurs de France, qui avait maintes fois recouru à ce persuasif apôtre de l'enseignement ménager, ayant résolu, avant la guerre, de s'adjoindre une section de dames chargées de l'étude des questions agricoles et sociales qui réclament l'activité des femmes, cette section, sur la désignation du Conseil de la Société, choisit Mme de Keranflec'h pour en être la présidente.

Mais au milieu des épreuves de la France, une effroyable catastrophe vint l'accabler. Coup sur coup, ses deux fils tombèrent, enveloppés dans la gloire de nos champs de bataille, alors qu'ils se préparaient à continuer les traditions d'honneur et de dévouement qu'elle leur avait transmises avec la vie. L'initiatrice de tant de précieux progrès crut devoir résigner des fonctions auxquelles elle ne pouvait plus consacrer l'activité nécessaire. Elle ne voulut pas cependant que la réserve, où la cruauté des événements l'obligeait à se renfermer, ressemblât à une désertion des œuvres qui l'avaient passionnée et tenue si longtemps sur la brèche.

C'est dans ce but qu'elle a occupé les heures d'une solitude douloureuse à publier ces *Conférences aux jeunes filles* qui ne pourront manquer d'avoir un écho près de notre jeunesse féminine que les années de guerre ont mûrie.

Elles voudront écouter et répondre aux inspirations de cette voix bien connue, de ce cœur généreux qui a tant de fois cherché à les conquérir à la mission si importante que la jeune fille peut réaliser autour d'elle, dans les milieux ruraux.

Peut-être même pourra-t-elle les engager à suivre les cours des écoles d'agriculture nouvelles qui se fondent, comme celles de Belleville, dans la gracieuse vallée de Chevreuse, et à y acquérir des connaissances professionnelles plus étendues. Avec quel bonheur verrait-elle surtout quelques-unes d'entre elles accepter de devenir les femmes de ces jeunes agriculteurs, tout disposés à se consacrer à la vie rurale, s'ils étaient assurés de rencontrer des compagnes qui les comprennent et veuillent les seconder !

Ces Conférences, en effet, traitent des diverses questions agricoles et économiques, sociales et religieuses qui rentrent dans le cadre de l'action que la jeune fille et la femme peuvent exercer à la campagne. Elles en précisent les multiples détails, elles montrent l'intérêt que ces occupations peuvent offrir aux natures généreuses, ardentes et jalouses de se faire les ouvrières de notre relèvement national.

L'auteur envisage tout d'abord les dispositions personnelles que doivent posséder les jeunes filles pour se plaire à la campagne et y faire du bien.

Comment elles doivent comprendre et étudier leur entourage pour le conquérir et l'amener au but qu'elles se proposeront d'atteindre ? Son espoir est de créer en elles l'enthousiasme pour une œuvre qui leur apparaît peut-être d'intérêt médiocre et qui peut devenir d'une importance considérable pour l'avenir du pays.

« Ah ! croyez-le bien, écrit Mᵐᵉ de Keranflec'h, quelque chose pour instruire et élever les humbles, pour établir un contact plus intime et plus confiant est possible partout. Sans doute, Dieu n'a pas promis le succès à toutes nos entreprises ; mais des actes de bonté, de dévouement, de justice ne sont jamais inutiles ; ce sont des semences précieuses : même jetées dans un sol ingrat, même inutilisées en apparence, tôt ou tard, elles portent leurs fruits. Et, en attendant, ces actes, expression de notre richesse morale, composent la physionomie de la France éternelle, celle dont le doux et fier visage, trop souvent dérobé à notre admiration par le masque politicien, apparaît cependant, aux heures tragiques, la France du devoir, la France de la justice, la France de la charité ! C'est dans l'amour que vous avez pour elle, dans les exemples de son passé, dans la confiance que vous inspire son avenir que vous trouverez le secret de triompher de tous les obstacles et de multiplier ces œuvres fécondes qui agissent avec tant d'efficacité sur nos chères populations rurales. »

Après avoir incité les jeunes filles à prendre conseil de leurs sentiments chrétiens pour devenir les missionnaires de tous les progrès moraux et économiques, en acceptant de vivre à la campagne, elle les initie aux œuvres d'éducation, aux œuvres professionnelles et aux œuvres d'assistance et de prévoyance sociales qui devront être la base de leur généreuse action.

Pour former les jeunes campagnardes, Mᵐᵉ de Keranllec'h leur fait toucher du doigt tous les services que peut leur rendre un enseignement ménager approprié aux habitudes et aux ressources du pays qu'elles habitent et quel utile appoint peuvent apporter aux patronages l'œuvre du Trous-seau et celle de la Caisse dotale.

Elle leur révèle les avantages qu'il y aura, à mesure qu'on rentrera dans la vie normale, bouleversée par la guerre, à multiplier « ces petites associations, dans lesquelles le profit matériel se double d'un gain moral incalculable ».

Le développement qui est donné, dans ces *Conférences aux jeunes filles*, à la création des Cercles de Fermières et aux petites industries agricoles, les exemples de ces Associations si heureusement existantes dans un grand nombre de nos communes rurales, l'organisation et les statuts que les pro-pagatrices compétentes ont adoptés pour en assurer le succès, provoqueront, nous n'en doutons pas, de nouvelles initiatives.

C'est avec beaucoup de raison que l'auteur insiste sur l'utilité des Cercles de Fermières. Non seulement, en groupant les ménagères de la campagne et les dames qui y résident, ces Cercles ont pour but « de propager les notions d'hygiène, d'économie domestique et d'enseignement ménager, d'enrayer l'exode rural en augmentant sur place les ressources des campagnes, de répandre des idées plus pratiques sur l'éducation rationnelle des enfants, de développer chez tous leurs membres un esprit de corps très favorable au progrès, mais, par leur grand moyen d'action, la conférence suivie de discussion, et, plus encore, par les réunions fréquentes qu'ils nécessitent, les Cercles de Fermières apprennent à leurs adhérentes à se connaître, à s'apprécier, à se découvrir des intérêts communs ».

Ajoutons qu'ils doubleront leurs forces, éclaireront leurs initiatives commerciales et économiques en se rattachant à un syndicat local ou à l'Union des Syndicats de la Société des Agriculteurs. Ils pourront avoir intérêt et avantage en créant dans leur sein une coopérative de vente et d'achat.

Nous sortirions de notre tâche de présentateur du livre de Mme de Keranllec'h si nous voulions signaler toutes les précieuses leçons d'expérience qui s'y révèlent. Ce serait s'exposer à les déflorer.

Mais deux parties de l'œuvre nous semblent, à des titres très différents, mériter l'approbation.

C'est d'abord le chapitre qu'elle consacre à la distraction à la campagne.

Il est évident que, pour nos cultivateurs qui rentrent aux champs, après avoir fait leur service militaire dans les villes ou, mieux encore, après la vie d'extérieur qu'ils ont menée pendant plus de quatre années de guerre, la vie au foyer rural, les réunions, le dimanche, au chef-lieu de la commune, en dehors des offices religieux trop délaissés, manquent de divertissement. C'est un acte d'utile assistance de s'ingénier à en créer dans la famille et, en certaines occasions, dans des réunions collectives qui permettent à nos laboureurs de se distraire en se reposant.

Le problème ne paraît pas grave en lui-même. Il peut cependant avoir des conséquences dans la question de dépopulation des campagnes. Mme de Keranllec'h l'indique utilement aux messagères de progrès qu'elle invite à se dévouer à nos milieux ruraux.

Le dernier point, qui nous a vivement intéressé, c'est la part qu'elle a faite à l'action de la Société des Agriculteurs de France en vue d'appuyer de son autorité et de ses encouragements les œuvres agricoles féminines.

C'est une véritable page de l'histoire de cette Société qu'elle a écrite en mettant en relief l'appui et les conseils que les membres de sa section d'enseignement ont, depuis des années, tenu à prodiguer aux initiatives des femmes rurales, afin qu'elles se pénètrent de plus en plus de la grandeur de la tâche qui leur incombe, auprès de leur mari, dans leur résidence de campagne ou dans leur ferme.

On ne saurait trop garder de reconnaissance à Mme de Keranllec'h, à ce professeur d'énergie, à cette mère de famille qui a rempli si courageusement sa mission de maîtresse de maison et d'initiatrice de dévouement aux populations agricoles et qui, frappée en plein cœur par le plus inexorable deuil, s'efforce de jeter aux jeunes filles de la société française cette touchante adjuration : « Puissiez-vous donc, Mesdemoiselles, vous qui représentez ici l'avenir sous sa forme la plus séduisante, devenir les adeptes convaincues, les gracieuses missionnaires de ce retour à la terre que nous imposent à la fois la raison, le devoir, les véritables intérêts du pays. Puissiez-vous vivre de longs jours dans nos campagnes, réveillées de leur torpeur par votre charmant apostolat, et, au soir d'une existence lumineuse et paisible, embellie par les joies de la famille et la stabilité du foyer, vous rendre ce témoignage qu'après la génération du sacrifice et de l'expiation sanglante — la nôtre, hélas ! — vous avez été celles qui réédifient, celles qui reconstruisent, la génération, enfin, qui aura sauvé la terre de France ».

Jeunes filles, jeunes filles, je ne puis que vous dire à mon tour : Répondez à un tel appel.

Lisez, méditez ce livre, et puis, levez-vous, faites-vous les bienfaitrices éclairées de nos campagnes. Soyez l'espérance !

Paul BLANCHEMAIN,
Vice-Président de la Société des Agriculteurs de France.

Paris, le 19 février 1920.

Madame,

Vous avez bien voulu placer ces Conférences, ces pages pleines d'expérience et de vie, sous le patronage de l'Union centrale des Syndicats des Agriculteurs de France, où vous êtes entourée de gratitude et de respectueuse sympathie. Cette délicate pensée, cet hommage à notre grande Association nous ont profondément touché : ils nous donnent l'occasion de vous exprimer une fois de plus notre reconnaissance pour tous les services que vous avez rendus à la cause agricole. Notre recommandation, nos éloges étaient superflus. Votre nom si souvent acclamé dans nos Assemblées, la part brillante que vous avez prise à nos Congrès nationaux dans des temps plus heureux, vous étaient de sûrs garants du succès de ce livre, qui a le mérite d'arriver à son heure. La paix l'a vu commencer, et vous avez poursuivi vos leçons au cours de la guerre la plus effroyable qui ait jamais bouleversé le monde, et qui vous a coûté tant de larmes. Vous avez compris qu'il faudrait reconstruire un jour sur cet amas de ruines morales et matérielles, et que la femme française était appelée à jouer un rôle considérable dans cette œuvre de reconstitution nationale.

Cinq ans se sont écoulés depuis la catastrophe de 1914, et il semble qu'un abîme infranchissable se soit creusé entre notre époque et ces temps anciens, où, suivant l'expression de Talleyrand, on goûtait, comme avant la Révolution, la douceur de vivre. Personne ne saurait reprendre sa vie au point où il l'a laissée. Les difficultés économiques croissent chaque jour, l'avenir apparaît incertain, et ces existences de dilettantes et d'oisifs, qui se partageaient entre les plaisirs de la ville et le repos des champs, deviennent un anachronisme à notre époque, où chacun, au fond de soi, reconnaît la nécessité du travail.

Sans doute, au sortir des horreurs de la guerre, la masse fait montre d'un appétit de distractions et de jouissances qui a quelque chose de déconcertant. On danse, d'un bout de la France à l'autre, on danse avec frénésie sur les ruines mêmes, mais c'est là, peut-être, la détente après l'effort, une sorte de relâchement passager après une longue contrainte. Il faut faire confiance à cette jeunesse, qui sous ses apparences un peu molles, un peu frivoles d'avant-guerre, cachait tant de fermeté et de mâles vertus. A l'heure du péril, toutes les énergies de la race se sont réveillées, les cœurs se sont durcis, les volontés se sont tendues, et pendant cinquante mois de souffrances et de misères, dans la boue des tranchées et sous le feu des canons, ces jeunes hommes ont déployé une patience, un courage, une endurance qui ont forcé la victoire. Ils ont gagné la guerre. Ils sauront bien gagner la paix.

Nous pouvons, du moins, les aider de nos conseils et les faire profiter d'une expérience chèrement acquise. Il faut, aux heures troublantes, se hâter d'éclairer la route et de montrer où se trouve le devoir. Pour le propriétaire foncier, il est très simple. C'est le retour à la terre, pour y reprendre la direction de ses affaires, pour répandre autour de lui une salutaire influence, et retenir au village le paysan que fascinent les séductions et le mirage trompeur de la grande ville.

Tous ces efforts, d'ailleurs, demeureront stériles s'il ne trouve dans la femme une auxiliaire dévouée, capable de comprendre ses desseins, de le seconder dans sa tâche. Et voilà précisément, Madame, l'œuvre que vous avez entreprise, cette préparation de la femme à jouer le rôle social qui lui appartient dans le relèvement du pays.

Ces Conférences débutent par un chapitre suggestif sur les dispositions personnelles nécessaires pour se plaire à la campagne et y faire du bien. Pour se plaire aux champs, il faut s'y rendre utile, et l'on demeure surpris du vaste champ d'action qui s'offre au dévouement des jeunes femmes et des jeunes filles. Ce sera pour beaucoup une révélation, et, pour quelques-unes, le salut peut-être, en mettant un intérêt dans leur vie désemparée : catéchismes et patronages, associations et ligues pieuses solliciteront tour à tour leur activité. Vous êtes un guide merveilleux, Madame, pour assurer les premiers pas de vos disciples, signaler les écueils et écarter les ronces et les épines qui surgissent parfois au détour du chemin. C'est un livre vécu que le vôtre : on a le sentiment que son auteur a pratiqué ce qu'il enseigne, et qu'il possède une connaissance approfondie de l'âme du paysan. Elle est plus complexe qu'on ne saurait le croire, et tout imprégnée d'une défiance qui ne disparaît qu'avec le temps et l'expérience. Il importe donc de se garder de toute précipitation, de n'avancer qu'avec prudence, et de ne pas se laisser aller au découragement au premier insuccès. Tout cela est présenté en un style simple, clair, précis et charmant. Chaque institution est étudiée dans ses plus petits détails, toutes les objections sont prévues et réfutées, rien n'est laissé au hasard, et la route s'ouvre droite et unie à qui veut la suivre avec bonne volonté. Un grand souffle chrétien anime ces pages, où apparaît à chaque ligne le souci d'élever les âmes, et d'y jeter ces bonnes semences qui les armeront quelque jour cou   e les ertraînements de la vie. C'est en gagnant les enfants que l'on conquiert le cœur des pères. Ils peuvent devenir un trait d'union précieux entre les classes, que la victoire et de communes souffrances auraient dû rapprocher, tandis que, par un malentendu inexplicable, elles semblent, depuis quelque temps, se considérer avec une sorte d'éloignement et de défiance. Cette longue guerre a développé chez le paysan la dureté native et l'horreur de toute contrainte, et il se montre moins disposé qu'autrefois à subir l'influence des autorités sociales.

Avec l'École ménagère, nous entrons sur le terrain pratique; cette institution s'était développée à l'étranger beaucoup plus rapidement qu'en France, où elle avait pris, dans ces dernières années, un certain essor. Plus que jamais, elle s'impose à notre époque, où « se restreindre » devient, à tous les degrés de l'échelle sociale, non pas seulement un devoir, mais une nécessité inéluctable. On a dit que la femme était l'ange du foyer, l'âme de la maison où elle fait régner l'ordre et l'économie; c'est vrai à la ville, c'est encore plus vrai à la campagne. N'est-ce pas la fermière qui, par une direction intelligente et entendue dans son domaine particulier, assure la prospérité de l'ensemble de l'exploitation? Or, la guerre, qui a bouleversé tant de choses, semble avoir porté un coup funeste à ces habitudes séculaires de prévoyance et d'épargne qui faisaient de la France le pays le plus riche du monde. On dépense sans compter, par ces temps de vie chère; les choses marchent on ne sait comment; chacun vit au jour le jour, sans souci du lendemain et sans chercher comment sortir de cette situation paradoxale, née du désenchantement de l'avenir et de l'affaissement des volontés. C'est en revenant aux saines et vieilles traditions qui ont fait la grandeur et la force de notre race que nous triompherons de cette épreuve, et les bonnes Françaises qui, dans ces années terribles, ont montré tant de résignation et d'énergie, se consacreront, pendant la paix, à ces œuvres qui peuvent contribuer à rendre à notre pays la stabilité et la prospérité des anciens jours.

Le chapitre qui traite de la Caisse dotale a fait revivre en moi l'un des plus chers souvenirs de ma vie syndicale. C'était en 1911; nous tenions, à Toulouse la Savante, le huitième Congrès National des Syndicats agricoles, dans ce bijou de la Renaissance qu'est l'Hôtel de Clémence Isaure. Avant la lecture du rapport de M. l'abbé Thouvenin, vous aviez fait, Madame, devant un auditoire enthousiaste, une conférence exquise, véritable régal pour les lettrés, mais qui renfermait aussi de précieux enseignements. Comme aujourd'hui, vous aviez ouvert des horizons inconnus à des bonnes volontés qui s'ignoraient encore, et de cette soirée inoubliable datent peut-être des vocations au bien, si je puis parler ainsi, suscitées par votre parole persuasive et convaincue. Et nous marchions confiants dans l'avenir, pénétrés de la grandeur de notre tâche, heureux de doter ce pays de l'organisation sociale qui lui manquait, sans prévoir la tempête du lendemain et la lutte sauvage qui devait décider des destinées du monde.

Je me permettrai d'insister, en passant, sur l'importance du Cercle des Fermières, parce qu'il est l'association professionnelle sur laquelle peuvent se greffer toutes les œuvres féminines, comme le syndicat agricole est la cellule créatrice, base de toutes les institutions économiques ou sociales nécessaires à la vie du cultivateur. Cette Association, qui est née au Canada, qui était florissante en Belgique, s'est acclimatée dans le nord de la France avec quelque lenteur, parce qu'elle était souvent mal comprise et parfois mal jugée. Qu'en reste-t-il aujourd'hui ? Peu de chose, et tout est pour ainsi dire à recommencer, mais c'est le fond qui manque le moins et je ne puis résister au plaisir de citer ces lignes, où se trouve défini le but de l'Association : « Elle doit propager les notions d'hygiène, d'économie domestique et d'enseignement ménager, enrayer l'exode rural, en augmentant sur place les ressources des campagnes, répandre des idées plus pratiques sur l'éducation rationnelle des enfants, développer chez tous ses membres un esprit de corps très favorable au progrès, enfin chercher, par tous les moyens possibles, à améliorer la situation morale et matérielle de la population ».

Ces moyens abondent : ce sont les petits métiers d'appoint, comme l'industrie de la dentelle, dont on a dit beaucoup de bien et beaucoup de mal et qui ne semble mériter ni cet excès d'honneur ni cette indignité ; l'aviculture, le rucher, le verger, qui peuvent devenir, de nos jours, une source de véritable richesse, et ne détournent pas la femme de ses occupations professionnelles. « Mais il y a temps pour tout », dit un vieux proverbe, on ne peut travailler sans relâche. Dieu lui-même s'est reposé le septième jour. L'homme comme la femme ont besoin de s'évader parfois de leurs soucis quotidiens, de se délasser dans des distractions honnêtes, dans les plaisirs permis, de leur rude labeur. Il faut de la joie à la jeunesse et la mère de famille sage et avisée donnera la préférence « à ces joies modestes du foyer dont elle est l'âme, à ces joies qui attachent l'enfant au vieux logis, dont l'image, jalousement gardée dans le secret de la mémoire, le suit longuement et le préserve parfois de honteuses défaillances ». Ces joies, nos pères les ont connues : ils étaient d'une gaieté plus franche, d'une âme moins compliquée, de mœurs plus simples que leurs descendants, et l'on se plaît à les suivre, avec vous, dans ces fêtes villageoises qu'ils animaient de leur esprit primesautier et de leur bonhomie narquoise, parmi ces jeux qu'ils nous ont légués sous d'autres noms, au milieu de ces vieux usages qui prennent, dans le recul des temps, une saveur singulière, et l'on se prend à souhaiter que séduite par l'exemple trois fois centenaire de Mmes de Volvire et de la Fruglaye, quelque âme généreuse édifie, dans un canton de France, un modeste hôpital, un dispensaire, où le paysan malade recevra les soins que l'Assistance publique est souvent impuissante à lui donner.

Je ne saurais terminer ces impressions rapides sans vous remercier de l'hommage que vous avez rendu à la Société des Agriculteurs de France et à la grande Union du Sud-Est, qui ont toujours témoigné aux œuvres féminines une prédilection particulière. J'ai lu ces Conférences avec fruit, avec un intérêt puissant que partageront tous ceux qui suivront mon exemple. Elles doivent devenir le livre de chevet de toutes les femmes et les jeunes filles que la dureté des temps fixe ou ramène, un peu désemparées, au fond de nos provinces. Au lieu d'y mener une existence vide et décolorée, elles feront une œuvre utile et féconde en s'inspirant du sens pratique, et de l'intelligence des besoins de notre époque, qui se dégagent de ces pages. Vous les avez écrites dans la tristesse et dans le deuil ; vous avez puisé dans votre cœur de mère et de Française la force de maîtriser votre douleur, pour songer au bonheur des autres. Vous avez travaillé, dans l'oubli de vous-même, au relèvement de cette France bien-aimée pour laquelle vos deux fils ont donné leur vie, dans tout l'éclat de leur printemps.

Grâces vous soient rendues, Madame, et veuillez trouver ici l'expression des sentiments d'admiration et de haute estime avec lesquels j'ai l'honneur d'être votre respectueux serviteur.

Louis DELALANDE,

Président de l'Union centrale des Syndicats agricoles,
Vice-Président de la Société des Agriculteurs de France.

LA VIE ET LES ŒUVRES DE LA CAMPAGNE

DISPOSITIONS PERSONNELLES NÉCESSAIRES
POUR SE PLAIRE A LA CAMPAGNE ET Y FAIRE DU BIEN

MESDEMOISELLES,

En organisant ce cours sur les œuvres de la campagne, auquel vous vous êtes fait inscrire avec un empressement de bon augure, Mme Thome, toujours à la recherche de ce qui peut vous être utile et vous permettre de faire un jour plus de bien, a voulu vous faciliter une tâche qui, sous une forme ou sous une autre, s'imposera demain à toutes les Françaises, celle de devenir de bonnes ouvrières de la reconstruction, de la rénovation nationales. C'est offrir à vos généreux efforts un champ d'action guère moins étendu que celui que les malheurs de la guerre ont ouvert déjà devant vos mères et vos sœurs aînées, et j'espère vous montrer qu'il ne lui cède

Cette série de conférences formait un Cours d'action sociale agricole destiné aux jeunes filles. Elles ont été faites en divers endroits : Société des Agriculteurs de France, Action sociale de la Femme, Hôtel du Foyer, etc. L'auteur, empêché de les relire par de douloureuses épreuves, s'excuse de leur laisser la forme toute simple de la causerie et espère que ses lectrices voudront bien s'attacher aux idées et aux œuvres plutôt qu'à leur imparfaite expression.

2.

en rien en intérêt, en émotions, en initiatives fécondes. A certain point de vue, on pourrait presque dire qu'il le dépasse, puisque soulager les infortunes nées de la guerre, ce n'est jamais que réparer, tandis qu'ici il s'agit de construire, de développer, de créer.

Nous allons donc parler de la vie et des œuvres de la campagne. Sujet actuel et pressant, certes ! Une des grosses préoccupations de l'avenir n'est-elle pas la raréfaction de la main-d'œuvre agricole, raréfaction qui inquiétait déjà les économistes en 1914 et qui a pris, depuis quatre ans, les proportions d'une catastrophe, étant donné que par la force des choses, les agriculteurs, propriétaires, métayers ou fermiers, ont porté le poids le plus lourd de la guerre et laissé le plus de victimes sur le champ de bataille.

Sous l'empire de craintes malheureusement trop justifiées, un vaste courant de désirs, d'aspirations, de vœux s'est donc formé en faveur de ce que l'on appelle, par une heureuse et concise formule, « le retour à la terre ». Qui ne s'occupe aujourd'hui du retour à la terre ? Les ligues succèdent aux ligues, les projets se heurtent aux contre-projets : chacun a son plan tout prêt pour amener, au besoin pour contraindre, chaque Français à cultiver son coin de sol. Il n'est pas possible que quelque écho de ce mouvement ne soit venu jusqu'à vous, Mesdemoiselles, et peut-être l'une ou l'autre, sollicitée d'agir par un de ces groupes, s'est-elle dit avec impatience : « Mais enfin, le retour à la terre, cela ne me regarde pas, c'est l'affaire des hommes ! » Hélas ! depuis la guerre, ce qui était autrefois, ce qui semblait devoir rester toujours, par nature et par privilège, l'affaire des hommes, est devenu, bien souvent, le *devoir de la femme*. Peut-elle, d'ailleurs, rester étrangère à une question qui intéresse, d'une manière en quelque sorte vitale, la prospérité du pays ? Non, n'est-ce pas. Lorsque la maison brûle, tout le monde court à la chaîne... Nous en sommes là... Il faut absolument que notre sol soit cultivé, nos terres mises en valeur ; il faut que nous trouvions, d'une façon ou d'une autre, des familles, des individus pour se dévouer à ce noble travail qui symbolise, en quelque sorte, toute l'activité humaine, de même que le pain qu'il produit est l'image de ces biens indispensables que nous demandons à Dieu dans le *Pater*.

« Soit, me direz-vous, mais quelle aide personnelle pouvons-nous apporter à ce travail, nous en particulier, les jeunes filles, qui disposons encore de si peu d'influence, de si peu d'autorité ; nous qui subissons les déterminations familiales sans les avoir prises et que peut-être les hasards de cette guerre ont jetées brusquement et sans préparation suffisante d'un centre animé et captivant comme Paris ou telle autre grande ville, au fond d'une province lointaine dont nous ignorons les traditions, les habitudes et jusqu'au langage ».

Ce que vous pouvez faire, Mesdemoiselles, cela n'a l'air de rien, et c'est énorme... Vous pouvez aborder cette vie nouvelle avec entrain et bonne humeur, la bonne humeur que vous apportez si souvent à des tâches ingrates et pénibles en elles-mêmes (et je n'en veux pour preuve que votre zèle d'infirmières !) vous pouvez enfin vivre à la campagne autrement qu'en étrangères, en mécontentes, en ennemies... Il y a tant de façons d'habiter la campagne ! Il y a celle du roman et celle du théâtre, chimériques et irréelles..., celle de la femme de sport, qui adore les libres espaces et les longues chevauchées ; celle du rêveur, qui emprunte à la nature un cadre pour les jeux de son imagination vagabonde ; il y a enfin la bonne, la véritable, l'utile existence qui peut contenir un peu de tout cela, de la poésie et de la prose, des distractions physiques et des joies intellectuelles, mais qui ne s'absorbe dans aucune tendance à l'exclusion des autres, parce qu'elle est gouvernée par le devoir d'état et que celui-ci, pour être parfaitement accompli, exige toujours un plan, une règle, une discipline.

Puisque vous êtes ici, puisqu'en dépit de l'austérité du sujet, vous venez suivre un cours d'agriculture, je dois supposer que c'est celle que vous avez choisie.

Ceci posé, voulez-vous que nous cherchions ensemble le moyen de rendre votre vie à la campagne aussi intelligente, aussi utile, aussi attrayante que possible ? Tout d'abord, il faut vous adapter au milieu, cela est évident. Dans le monde animal, comme dans le monde végétal, tout être, toute plante qui ne s'adapte pas languit, dépérit et meurt. Il en est de même, toutes proportions gardées et avec les réserves que comporte l'exercice de votre liberté, dans le monde humain. Sans doute, nous pouvons bien redire avec Lacordaire : « C'est le privilège de la volonté libre d'étendre ses horizons comme elle le veut et de vouloir au delà même de ce que l'entendement conçoit clairement ». Mais pour donner toute leur mesure, pour obtenir leur maximum de rendement, l'homme et la femme doivent cependant s'harmoniser avec ce qui les entoure.

Mais précisément pour vous, Mesdemoiselles, l'adaptation est relativement facile... A ce point de vue, vous avez sur vos aînées tous les avantages. En effet, la jeune fille a une âme malléable, une précieuse souplesse qui décroîtra avec l'âge et finira même par disparaître entièrement. La jeune fille est enthousiaste, elle a un fonds d'optimisme qui la soutient dans les difficultés et les mécomptes quotidiens. Elle va au-devant de l'obstacle avec une audace charmante et en triomphe souvent par sa spontanéité même. Enfin, la jeune fille peut apprendre, beaucoup apprendre ; tout est neuf en elle : les doigts, le cœur et la mémoire. Elle est dans son rôle en demandant conseil, en cherchant à profiter de l'expérience de ses devancières. Ses premières petites maladresses, s'il y en a, ne tirent pas à conséquence ; elle a l'avenir pour se perfectionner. Voilà pourquoi son concours raisonné, voulu, serait infiniment précieux pour le retour à la terre, plus précieux peut-être que d'autres qui, à première vue, sembleraient plus indiqués. Ainsi, au début de la guerre, on conseillait beaucoup de favoriser le retour à la campagne des soldats malades, épuisés, des mutilés, des familles broyées dans leurs plus chères affections ; on espérait que la terre pourrait avoir sur ces victimes douloureuses une apaisante et salutaire influence et, certes, cela est possible, cela est désirable ; mais, en général, il faut bien le reconnaître, de pauvres êtres trop profondément atteints n'ont plus en eux-mêmes assez de vitalité, assez d'espérances, assez d'illusions pour reprendre racine dans un sol nouveau et, faisant table rase du passé, tendre résolument leur voile aux souffles de l'avenir (1).

Ce dont notre terre a besoin, ce que notre agriculture réclame, ce ne sont pas des hommes épuisés ou vieillis par le chagrin, ce sont des énergies neuves, des forces inentamées, des êtres jeunes, entreprenants, actifs, décidés, quoi qu'il arrive, à ne pas retourner la tête en arrière vers ce qu'ils ont quitté, mais à se chercher, à se découvrir, à se créer des agréments, des intérêts et jusqu'à des plaisirs dans le cadre et les occupations qu'ils se sont choisis. Voilà ceux et celles qui fonderont de véritables familles d'agriculteurs, ceux et

(1) Voir, à ce sujet, les réflexions si justes de M. Lepelletier dans la *Réforme sociale*, 1917.

celles qui feront réellement du bien à la campagne. Ce
bien, Mesdemoiselles, voulez-vous le faire ?... Ouvrez
vos yeux, ne demeurez plus comme la princesse de la
légende, endormie dans un palais de brouillard, au
milieu de l'enchantement des bois et des eaux ; ouvrez
les yeux, intéressez-vous à ce qui vous entoure, regardez
autour de vous. Autour de vous, il y a les bois, les
plantes, les fleurs, tout ce vaste domaine qui s'étend
des roses de votre jardin aux moissons qui blondissent
au bord de l'azur ; il y a les animaux, depuis les abeilles
au brun corsage, alourdies par le butin de l'été, les
alouettes qui rayent le ciel bleu, les moutons qui
paissent sur la lande, les veaux et les vaches de vos
étables. Autour de vous, il y a les hommes..., les
hommes, c'est-à-dire toutes les misères, toutes les
douleurs, toutes les angoisses ; des larmes à essuyer,
des ignorances à instruire, des plaies qui saignent, des
cœurs qui attendent... Un immense horizon de bonté et
de dévouement, voilà votre royaume, voilà vos sujets !
Allez à eux hardiment, allez, « tout est vôtre », comme
disait Jeanne en entraînant ses troupes à l'assaut.

Le plus souvent, ce sont les circonstances qui trace-
ront tout d'abord le cadre et les limites de votre champ
d'action. Peu importe ; l'essentiel est d'être utile et de
faire fructifier son propre talent. Cela seul dépend de
nous : pour le reste, laissons un peu de marge à la
Providence.

Ainsi, dans l'état actuel de notre société française,
beaucoup de familles, bien que leur nombre tende à
diminuer chaque jour, passent encore sept à huit mois à
la campagne sans avoir à se mêler directement de la culture, parce que toutes les terres sont affermées sans
obligations bien définies autres que celles qui découlent
de traditions de patronage et de bienfaisance quelque-

fois séculaires. Ces familles, ces jeunes filles sont-elles donc condamnées à l'inaction ? Bien au contraire... C'est à elles qu'il appartient de créer des œuvres rurales, de les faire vivre, de communiquer à leur entourage la flamme d'enthousiasme qui les anime. Heureuses les familles auxquelles il est donné de se faire ainsi, de génération en génération, les véritables amies du peuple ! Heureuses les jeunes filles qui, avant d'aborder les graves obligations de la mère de famille, ont pu faire, sur un théâtre relativement étendu, l'apprentissage du dévouement, du sacrifice et de l'oubli de soi !

Vous m'objecterez peut-être que cette forme d'action sociale étant de sa nature très onéreuse, est appelée à disparaître dans un avenir plus ou moins proche, et que, par suite, il n'y a pas lieu de s'en préoccuper beaucoup. C'est, en effet, l'espoir inavoué de l'école socialiste de substituer partout à l'initiative individuelle celle de la collectivité. On ne voit pas trop ce que le paysan, déjà si négligé par un gouvernement centralisateur, gagnerait à échanger contre une impersonnelle et froide assistance la tendre charité qui facilitait les rapports sociaux et entretenait l'union des classes. Mais, en admettant que cette évolution soit un jour achevée, n'est-il pas noble et beau que toutes celles qui en ont le loisir et la possibilité se dévouent jusqu'au bout à leur tâche bienfaisante et que le patronage, s'il doit mourir, meure en beauté ? D'ailleurs, ne craignons pas trop pour lui : en dépit des plus sombres pronostics, il a survécu, sous une forme ou sous une autre, à toutes les crises sociales (1). Il est

, (1) En ce moment même, qu'est-ce donc que cette protection éclairée donnée par une famille ou une personnalité américaine à tel village relevé de ses ruines presque au lendemain du départ de l'ennemi, sinon du patronage, sous une forme toute moderne et éminemment bienfaisante.

probable que le patronage durera autant que le monde puisque, suivant une divine parole : « Il y aura toujours des pauvres parmi nous ». Pauvres de santé, pauvres d'espoir : vous appellerez toujours à votre aide la charité chrétienne et éternellement celle-ci vous répondra : « Me voici ».

Il faut cependant le reconnaitre : consacrer toute ou la plus grande partie de sa vie à soulager la misère, à développer les œuvres rurales ne sera jamais que le privilège de quelques-unes. Pour une très nombreuse et très intéressante catégorie de jeunes filles, le problème de l'habitation à la campagne se complique de celui du pain à gagner. Et bien que les tristes événements de ces dernières années aient ouvert devant la femme de nouvelles et nombreuses carrières, beaucoup se demandent, à l'heure actuelle, si la terre, la bonne terre nourricière, dont les produits atteignent des chiffres fabuleux, ne pourrait pas les aider à vivre ou simplement leur assurer une existence plus large, plus en rapport avec les exigences modernes au point de vue de l'hygiène et du développement physique. La ville, dépouillée par la guerre d'une partie de ses séductions, a moins d'attraits : on accepte plus volontiers l'idée de se fixer à la campagne, même l'hiver. Enfin, nécessité fait loi : nombre de femmes intelligentes qui, jusque là, n'avaient jamais eu à s'occuper de ces questions, ont dû prendre, à l'improviste, la direction d'un faire-valoir ; elles se sont aperçues, souvent à leurs dépens, des difficultés de l'entreprise et désirent les épargner à leurs filles en les préparant mieux qu'elles ne l'ont été elles-mêmes à la gestion d'un domaine. Pour une foule de raisons, la vie, les travaux de la campagne sont à l'ordre du jour. Mais autre chose, on le comprendra, est d'avoir une connaissance superficielle de la culture, suffisante pour parler au paysan sa langue sans prêter à rire, ou bien d'être suffisamment instruite de la pratique et de la théorie pour tirer parti de ses connaissances.

La première idée à se mettre en tête, lorsqu'on veut faire de l'agriculture autrement qu'en amateur, c'est qu'il s'agit d'un métier, que ce métier s'apprend, non pas en un jour ni en un mois ; dans un temps qui varie évidemment suivant les aptitudes et les dispositions de chacune, mais qui, en soi, est toujours relativement long. Ceci a l'air d'une vérité de La Palisse !... Et, à vrai dire, les jeunes gens n'ont guère besoin qu'on la leur rappelle. Un stage dans une École d'Agriculture, la préparation aux très sérieux examens de l'Institut Agronomique suffisent à les convaincre ; mais les jeunes filles et leur famille nourrissent souvent, à cet égard, quelques illusions, et, de plus, elles sont beaucoup moins bien partagées comme écoles. Sans doute, l'Institut Agronomique vient de leur ouvrir ses portes, mais la préparation qui leur en assurerait l'entrée s'organise à peine : elle est longue, coûteuse ; en fait, ces examens, qui équivalent au moins comme difficultés à la licence ès sciences, ne pourront jamais être abordés que par une élite restreinte.

Avons-nous, du moins, une École supérieure d'Agriculture pour les jeunes filles ? Pas encore : de nombreux et méritoires essais ont été tentés, depuis plusieurs années, aucun n'a complètement réussi. Dans une certaine mesure, il est vrai, on peut la remplacer en suivant les cours d'une bonne École ménagère *agricole*. Sans être absolument complets, ces cours initieront déjà la future fermière à presque toutes les connaissances indispensables à la campagne et surtout à la pratique de certains travaux manuels en relation étroite avec la culture, tels que les soins de la basse-cour, de la laiterie,

le jardinage, etc., dont la direction, dans les temps
normaux, est plus particulièrement confiée à la femme.
Ce passage dans la simple petite École ménagère agricole a encore un autre avantage : c'est, en quelque
sorte, la pierre de touche de la vocation rurale, l'expérience primordiale qui permet de se rendre compte des
aptitudes ou des répugnances personnelles, de prévoir
le succès ou d'arrêter à temps les frais de l'entreprise.

Cette première étape franchie, un stage d'application
s'impose, stage simple et facile pour celles dont les
parents possèdent une exploitation rurale, beaucoup
plus compliqué pour les autres. C'est très bien de conseiller à une jeune fille de passer quelques mois dans une
ferme pour s'initier aux mille détails pratiques qui ne
s'apprennent que sur le terrain, mais où la découvrir,
cette ferme ? Ici encore, on se heurte à de nombreuses
difficultés que l'École d'Agriculture aplanirait.

Question de mœurs et d'habitudes d'abord : outre
qu'il est toujours délicat de mettre une jeune fille en
contact intime et journalier avec des personnes d'une
éducation différente ou plutôt sans éducation du tout, il
faut compter avec la répugnance des chefs d'exploitation, qui considèrent la jeune stagiaire comme un témoin
importun ou une main-d'œuvre inférieure et d'un rendement médiocre.

Question de logement ensuite : dans un grand
nombre de nos provinces, les exploitations rurales
moyennes, celles qui seraient les plus intéressantes à
étudier dans votre cas, ne sont pas organisées pour offrir
à une jeune fille les conditions d'isolement, de propreté,
de décence auxquelles elle tient fort justement. Il ne
faut donc guère songer, je crois, au stage dans une véritable ferme. Mais on peut trouver à peu près l'équivalent.
Combien de familles possèdent une grand'mère, une

tante, une vieille amie qui a elle-même un faire-valoir ou du moins, à côté d'elle, une de ces exploitations patriarcales dans lesquelles il y a beaucoup à observer et à apprendre. Là, nos jeunes rurales achèveraient de se former dans des conditions qui ménageraient à la fois leur dignité et leurs forces. En s'unissant à deux ou à trois amies, elles pourraient même donner à ce stage pratique la douceur de laborieuses vacances, à condition, bien entendu, que le souci d'apprendre et de se perfectionner dans la carrière choisie l'emportât toujours sur l'attrait du plaisir.

. . . .

Supposons un instant toutes les chances favorables réunies. Nos jeunes filles, convenablement instruites, ont pris goût à la vie rurale : orientées les unes vers les œuvres, les autres vers les affaires, elles en acceptent joyeusement les obligations. Le présent les ravit, l'avenir ne les effraie pas... Cependant, la mère instruite par l'expérience, la mère qui connaît la mobilité et les prompts découragements du caractère féminin, conserve une inquiétude. Ces bonnes dispositions dureront-elles toujours ? Le premier enthousiasme passé, n'y aura-t-il pas des heures de doute, des heures de découragement, des heures d'ennui ?... Son rôle à elle est de les prévoir ces heures, de les écarter autant que possible des siens et, puisque nulle vie humaine n'en est exempte, de mettre ses enfants, fils et filles, en état de leur faire face.

Contre l'isolement, une des réelles épreuves de la campagne dans la jeunesse, elle dispose, il est vrai, de quelques ressources.

La famille est-elle nombreuse, occupée, unie, la maison animée et joyeuse, l'enfant ne pensera guère à regretter les distractions de la ville. A défaut de sœurs, on peut réunir des amies, des cousines. Il serait fâcheux que la vie à la campagne comportât le renoncement à tous les plaisirs permis, à toutes les joies saines dont la jeunesse surtout a grand besoin. Efforçons-nous, au contraire, de lui donner l'intérêt, l'agrément qu'elle a, par exemple en Angleterre, où les rapports, les échanges d'idées entre la ville et la campagne semblent beaucoup plus fréquents qu'en France.

Cependant, les distractions du dehors ne sont jamais qu'un palliatif ; les vraies ressources contre l'ennui, le découragement et le doute, ce sont celles qu'on trouve en soi-même, dans les satisfactions d'une intelligence harmonieuse, d'un cœur et d'un caractère vigoureusement trempés : tel est le refuge idéal que la mère de famille avertie s'efforce de préparer aux siens, que la jeune fille doit chercher à se créer à elle-même.

En effet, à côté d'inappréciables avantages, la vie à la campagne peut avoir quelques inconvénients pour certaines natures apathiques ou, au contraire, trop portées à se répandre dans les choses extérieures. Elle peut, dans quelques cas particuliers, favoriser une certaine tendance au laisser-aller, à la négligence de tenue, à la paresse d'esprit. Aussi n'est-il pas mauvais de donner, toutes les fois qu'on le peut, aux préoccupations un peu trop exclusivement matérielles qu'entraîne une exploitation rurale, un contre-poids, un dérivatif que les unes trouveront dans l'étude, les autres dans le culte du beau sous la forme d'un art préféré, et toutes, je l'espère, dans le don de soi.

Bien entendu, il ne s'agit pas d'absorber une vie déjà très remplie dans la poursuite exclusive de l'un ou l'autre de ces buts. Il serait inutile et même fâcheux de s'installer à la campagne pour faire uniquement de la peinture ou de la poésie, mais autre chose est d'ajouter l'un ou l'autre de ces arts, dans une mesure discrète, à

la journée laborieuse qui en sera tout illuminée. Dans
la pratique, rien de plus facile et de moins chimérique.
La culture de l'esprit, sous sa forme la plus simple, c'est
la lecture. Est-il exagéré, est-il excessif de conseiller aux
jeunes filles habitant la campagne d'avoir toujours en
train un livre sérieux, un livre de valeur dans lequel
elles puissent rafraîchir leurs pensées et nourrir leur
intelligence ? Ce minimum à la portée de toutes, même
de celles qui travaillent beaucoup de leurs mains, suffit
déjà à les élever au-dessus de la besogne quotidienne,
mais on ne saurait recommander trop vivement à celles
qui ont plus de loisirs d'ajouter à cette lecture une
heure, deux heures de travail intellectuel sérieux, organisé d'après un plan établi d'avance. Un tel travail
donne tant de force, de lumière, de valeur à la vie ! Il faut
en avoir fait l'expérience pour s'en rendre compte ! Et
que d'études attachantes peuvent être entreprises, depuis
les questions professionnelles, qui gagnent tant à être
éclairées par les découvertes de la science, jusqu'aux
études sociales, si utiles à connaître pour faire le bien !

Trouve-t-on, avec raison, que la vie de l'intelligence
ne suffit pas à combler les secrètes aspirations du
cœur ; le don de soi, la charité sous toutes ses formes
feront au travail purement matériel la plus attachante
diversion. Ah ! que la vie serait pauvre et dénuée d'intérêt sans ce royal privilège d'être utile, de diminuer
la souffrance, d'éclairer et d'instruire, privilège dont
chacun peut revendiquer sa part, mais qui semble
appartenir davantage à ceux qui possèdent la terre et
qu'une solidarité plus étroite, faite des mêmes soucis,
des mêmes intérêts, des mêmes espoirs, unit à leur
humble entourage !

Enfin, tout à l'heure, j'ai revendiqué pour l'art une
place dans la vie de nos jeunes rurales, et ce souhait

vous a peut-être étonnées (1). Mais en fait, Mesdemoiselles, la plupart d'entre vous ne reçoivent-elles pas, au cours de leurs études, une certaine initiation artistique ? Elles peinent, et longuement quelquefois, sur des éléments dont l'acquisition est fort aride. Ne serait-il pas grand dommage d'abandonner ce travail au moment d'en recueillir les fruits ? Pourquoi, d'ailleurs, se priver de jouissances légitimes qui peuvent embellir une vie un peu austère et la faire accepter ? Passé la période d'apprentissage, la pratique d'aucun art n'est réellement incompatible avec la vie aux champs. La poésie enveloppe d'une atmosphère virgilienne les plus rustiques travaux. La peinture trouve partout d'incomparables modèles ; quand elle ne dépasserait pas le niveau d'un art d'agrément, elle servirait encore à orner le foyer, l'église, à donner une note esthétique aux ouvrages manuels auxquels toute femme sérieuse consacre une partie de son temps ; qui sait, peut-être à modifier, à éduquer le goût si déplorable de quelques-uns de nos villages ! La musique, enfin, enchante les heures de loisir, s'adapte aux dispositions intimes de chacun et apporte à tous paix, douceur et détente. Vous m'objecterez peut-être que cultiver ses talents dans la solitude, ce n'est guère encourageant... Mais, pour habiter la campagne, nos jeunes filles sont-elles vraiment si seules ?... Autour d'elles il y a la famille, dont on jouit si bien dans la vie reposée des champs ; la famille, dont elles doivent être le réconfort et le rayon. En elles, il y a les exigences de leur propre âme, que dis-je, il y a le bien de la collectivité tout entière, car développer son intelligence,

(1) Il est évident que je ne parle ici que pour les jeunes filles qui, même occupées et très sérieusement occupées, disposent encore de quelques loisirs et ont reçu une éducation complète ; les autres n'ont ni le temps ni le désir de faire de la musique ou de la peinture.

élargir son cœur, perfectionner ses talents, c'est ajouter une valeur au capital moral du pays. « Toute âme qui s'élève, élève le monde (1). » En prévision d'un avenir difficile, alors que le rôle de la femme semble appelé à devenir je ne dirai pas plus important, car il l'a toujours été, mais plus *apparent*, il est bon que de nobles individualités se préparent, par l'emploi judicieux de toutes leurs ressources intérieures, à devenir non seulement la parure, mais la conscience d'un pays. Il est bienfaisant que la grâce d'une jeune fille enveloppe de douceur et de charme tel petit village hostile à toute autre influence. Ne négligez donc rien, Mesdemoiselles, de ce qui peut soutenir votre élan intérieur et multiplier vos forces, vous en aurez besoin !

Ainsi, adaptation courageuse au milieu, étude très attentive des réalités et apprentissage pratique aussi complet que possible pour toutes celles qui veulent faire réellement de l'agriculture, développement harmonieux des dons et des facultés naturels, telles paraissent être les dispositions nécessaires, vis-à-vis de soi-même, pour que l'établissement à la campagne porte tous ses fruits et renferme des chances de succès et de bonheur.

Dans notre prochaine causerie, nous étudierons quelles doivent être vos dispositions vis-à-vis de l'entourage et comment établir avec lui ce contact confiant et cordial qui permettra de lui être utile et même de lui faire beaucoup de bien.

(1) Mme Elisabeth Leseur, *Journal et Pensées.*

DISPOSITIONS NÉCESSAIRES
VIS-A-VIS DE L'ENTOURAGE

MESDEMOISELLES,

Dans notre dernière réunion, nous avons étudié la vie à la campagne par rapport à la personne qui l'habite, à la femme ou à la jeune fille que les circonstances ou leurs goûts ont fixées aux champs et qui souhaitent tirer d'elles-mêmes, de leurs connaissances, de leurs dons naturels, en un mot, de toutes leurs ressources matérielles et morales, le meilleur rendement.

Aujourd'hui, au contraire, il nous faut envisager cette vie au point de vue de l'entourage. On ne saurait, en effet, faire abstraction de celui-ci. A la campagne, on vit dans une maison de verre : tout le village a les yeux fixés sur le château, la villa, le pavillon, en un mot, tout ce qui dépasse le niveau commun. C'est une vérité bien connue de la plupart d'entre vous, Mesdemoiselles, mais qui, au premier abord, étonne et même irrite quelquefois les citadins : « Je ne m'occupe pas des autres, ce que je fais ne regarde que moi », disent-ils volontiers. En théorie, cela peut s'admettre..., encore qu'aucune action humaine ne soit absolument sans réaction sur autrui et,

Une partie de cette conférence a paru en article dans *le Correspondant* du 25 septembre 1917.

partant, sans responsabilité; mais, dans la pratique, comment vous défendrez-vous d'être le point de mire de tous les regards ? Comment empêcherez-vous vos actes, vos paroles, votre manière de vivre d'être observés, appréciés, critiqués, d'après des usages et des lois que vous ignorez trop souvent et qui, dans tous les cas, diffèrent profondément du code d'indifférence et de liberté réciproques tacitement adopté dans les grandes villes ? Il faut se résigner : le château sera un élément de paix, d'ordre, de stabilité, un exemple et un refuge, ou bien un facteur de trouble et de démoralisation, tel est le dilemme qui se présente tout d'abord, et la meilleure manière de le trancher, c'est encore d'inspirer sympathie et confiance, car « les hommes ne sont justes que pour ceux qu'ils aiment » (1).

En admettant même que nous fussions tout à fait libres — et cela n'est pas — ne serait-ce pas enlever à la vie rurale un de ses grands charmes que de s'enfermer dans une tour d'ivoire et de s'interdire d'exercer autour de soi une action bienfaisante à laquelle tout semble inviter, depuis la nature de la propriété elle-même jusqu'aux multiples besoins des cultivateurs ?... En effet, parmi les principales formes que revêt la fortune, la propriété terrienne apparaît aux yeux du sociologue comme la plus naturelle et la plus morale de toutes, parce que c'est la seule qui, à première vue et par un simple examen des conditions de mise en valeur du sol, semble indiquer des devoirs, des responsabilités directes vis-à-vis des agents de cette mise en valeur. « Sociale dans sa source, elle doit être sociale dans sa destination, écrivait M. Deherme, il y a quelques années, car ce sont les morts, ce sont tous les ancêtres qui l'ont fécondée de leur effort tenace et de leur sang (2). » Et, depuis,

(1) JOUBERT.
(2) *Coopération des idées : La petite propriété rurale*, 16 janvier 1912.

quelle confirmation poignante la guerre est venue apporter à ces paroles !...

Ainsi le lien qui unissait autrefois l'homme à la terre n'est pas entièrement rompu. Que les propriétaires actuels en aient ou non conscience, ils succèdent en fait à ceux qui reçurent, avec le sol, la mission de protéger, de défendre, de secourir ceux qui le cultivaient. Cette mission ne date pas d'hier : nous la retrouvons à l'aurore de notre civilisation moderne. Pendant tout le moyen âge, elle a été remplie, non sans défaillances individuelles assurément, mais de façon suffisante pour assurer tant bien que mal la stabilité de la famille.

Dans la complainte de *Pierre le Laboureur*, par William Longland, qui fit époque au xive siècle, le paysan dit encore au chevalier : « Je labourerai, je sèmerai pour toi, à condition que tu me défendes des bêtes féroces qui ravagent mon champ et des ennemis qui pillent ma récolte ». Remarquez-le, cette complainte est un pamphlet, dirigé contre des abus contemporains, et peut passer pour une manifestation socialiste avant la lettre. Cependant, l'ouvrier rural ne conteste pas au propriétaire le droit à son travail, il réclame seulement, en échange, certaines garanties, certains avantages, et c'est parce que ces garanties et avantages, qui découlent de la nature de la propriété, ne lui sont plus assurés qu'un malaise grandissant se trahit déjà dans l'état social.

Aujourd'hui, certes, les ennemis du cultivateur ont changé, mais il en a toujours, et par les chaudes après-midi d'août et de septembre, alors que le ronflement des machines répète à tous les échos la chanson des blés mûrs, la même plainte pourrait encore s'échapper des sillons entr'ouverts. « Nous travaillons pour vous, diraient les moissonneurs, nous préparons pour vous et pour tous le pain de la prochaine année ; à votre tour,

faites quelque chose pour nous instruire et nous élever ;
aidez-nous à sortir de notre routine et de notre ignorance, à faire aujourd'hui mieux qu'hier... »

. . . .

Noble rôle, certes, mais non des plus aisés à remplir !

« Dieu a voulu qu'aucun bien ne se fît à l'homme
qu'en l'aimant et que l'insensibilité fût à jamais incapable soit de lui donner la lumière, soit de lui inspirer
la vertu (1). » Mais l'amour suppose la connaissance...
Avant d'agir, il convient donc d'étudier le milieu sur
lequel on veut exercer son influence, de l'étudier sans
illusion, sans parti pris, avec ses défauts, ses ressources,
ses qualités naturelles. Or, ce monde des champs, enve-
loppé de réserves séculaires, est peut-être de tous le plus
difficile à pénétrer. Silencieux, concentrés, défiants, le
paysan et la paysanne ne se livrent jamais qu'à demi.
« Ils ne parlent pas notre langue, ils n'entendent pas
nos expressions, ils ne nous comprennent pas toujours
parfaitement, que de raisons pour eux de rester sur une
certaine défensive ! » A cet embarras de leur part correspond trop souvent, de la nôtre, une sorte de timidité, de
gêne qui paralyse les meilleures dispositions ; ce sentiment est tout à fait inexplicable au paysan, qui y voit
de la hauteur et s'imagine qu'on le dédaigne ou qu'il
ennuie. Heureusement, à la campagne, les existences ne
sont pas séparées les unes des autres par des cloisons
étanches ; on se rencontre, on se salue, on se parle ; les
occasions de se rapprocher se présentent tous les jours
et les plus simples sont les meilleures. En promenade,
par exemple, quoi de plus facile que de s'arrêter un instant pour demander des nouvelles d'un enfant, pour
échanger quelques mots avec le laboureur qui rentre
son foin, d'entrer dans une chaumière, de s'asseoir un

____

(1) Lacordaire.

instant près de l'aïeule qui sommeille au coin de l'âtre. Menues attentions que l'on pourrait appeler la politesse de la charité et qui contribuent bien plus qu'une aumône orgueilleuse à renverser les barrières qui nous séparent des humbles !

« Le résultat ne se fait guère attendre, pour peu qu'on s'y applique avec persévérance. Accoutumé jadis à recevoir du château des avantages qu'il rendait en déférence », suivant l'heureuse et juste formule de Crétineau-Joly, le paysan reprend bientôt l'habitude de se tourner vers lui dans ses embarras. Alors, et alors seulement, on peut vraiment lui faire quelque bien, soulager son corps, atteindre son âme, l'aider, l'élever de toutes façons.

Soulager..., diminuer la souffrance semble à la fois la première vocation et le don par excellence de la femme. Elle va naturellement vers ceux qui pleurent, qui peinent, qui gémissent. Et, devant son intelligente compassion, les âmes se font moins fermées, moins défiantes. L'homme le plus fier accepte sa dépendance momentanée et retrouve, pour celle qui le soigne avec amour, un peu de la candeur obéissante de l'enfant. Aussi la visite et le soin des malades sont-ils des premières œuvres à conseiller pour gagner le cœur d'une population. Les pauvres gens de la campagne, privilégiés sous bien des rapports, sont réellement à plaindre lorsqu'ils souffrent. Peu de médecins : ils sont loin et la visite coûte cher ! Pas d'hôpitaux, presque pas de gardes-malades, et dans les familles une ignorance, une incapacité navrantes !... Les soins les plus élémentaires et surtout ce que l'on pourrait appeler « le confort de la maladie » font partout défaut. Un bon lit, un bon fauteuil, des coussins pour reposer un membre fatigué, une boisson rafraîchissante, ce sont des détails superflus pour l'être vigoureux auquel le travail sert d'apéritif et de somnifère ; mais le pauvre malade grelottant sur un banc de bois, le vieux tordu par les rhumatismes, la femme qui relève de couches ont grand besoin de ces petites douceurs. Au fond, ce n'est pas le médecin qui manque — la plupart des chefs-lieux de cantons en avaient avant la guerre et le paysan ne s'en servira jamais que dans les cas graves, — c'est la garde-malade, c'est l'infirmière à domicile, c'est la femme de cœur et d'expérience qui apprendrait à la mère d'abord « à ne pas nuire » et ensuite à placer le pauvre patient dans les meilleures conditions de guérison possibles.

Voilà un champ d'action tout naturel pour les jeunes filles qui, après s'être dévouées pendant trois ans et plus dans les hôpitaux, chercheraient autour d'elles quelque infortune à soulager. Leur tâche, prudemment surveillée et contrôlée au besoin par un médecin, sera d'autant plus aisée qu'en général, les accidents de la vie rurale se réduisent à peu de chose ; c'est le manque de soin, de propreté surtout qui les aggrave. En soignant un panaris, une brûlure, un abcès, une femme intelligente a mille occasions de glisser un conseil d'hygiène, de tempérance, de panser la plaie morale après avoir apaisé la souffrance physique. Le mal est-il sans remède, elle peut du moins pleurer avec ceux qui pleurent, les consoler, les plaindre. Ainsi d'émotions partagées, de joies et de larmes mises en commun, se tissent entre les âmes ces liens vivants qui ne se rompent jamais.

L'entr'aide économique n'est pas une forme moins efficace de l'action sociale. A première vue, elle paraît plutôt réservée à l'homme, et, sans doute, c'est au propriétaire, au grand agriculteur qu'appartiennent, en général, les initiatives importantes, telles que, par exemple, la fondation d'un syndicat agricole, l'achat en commun de machines coûteuses qui transforment entièrement la culture d'un pays. « Les grands propriétaires sont nécessaires dans une société, observait Bonald, il y a plus d'un siècle, car eux *seuls* peuvent cultiver en grand, cultiver avec intelligence et se livrer à des essais qui donnent à vivre aux pauvres et tournent toujours au perfectionnement de l'agriculture. » Dans le même esprit, M. Bonjean, qui consacrait sa vie et sa fortune aux enfants abandonnés, conseillait de placer ceux-ci de préférence chez le grand agriculteur, « parce que, disait-il, *seul* il peut en faire de bons ouvriers, de bons conducteurs de machines, en mettant entre leurs mains les outils nécessaires et en nombre suffisant ».

Mais si, à première vue, l'action de la femme dans ce domaine paraît plus discrète, plus effacée, elle n'en existe pas moins.

A la basse-cour, au jardin, à l'étable, dans toutes les dépendances de la ferme, la paysanne est l'indispensable auxiliaire du cultivateur. Elle a généralement de son métier une expérience quelque peu routinière et une pratique quotidienne qui lui font éviter de trop grosses fautes et que nous nous garderons bien de mésestimer, mais l'idée du mieux, le stimulant du progrès, la science théorique du ménage lui font presque totalement défaut. Là encore, quelques notions précises, vivifiées par l'observation et l'étude, permettraient à la femme du monde de donner des conseils utiles sans paraître les imposer. Elle peut encore faire davantage si ses goûts la portent vers l'agriculture. Pourquoi n'entreprendrait-elle pas, dans son propre jardin, quelques-unes de ces expériences qui exigent du temps, de la méthode, parfois des années d'observations minutieuses : cultures perfectionnées de différentes espèces de blés, de variétés de pommes de terre, de haricots, expériences que les Allemands faisaient sur une grande échelle, avec nos propres semences, expériences que le grand agriculteur, surchargé de besogne, a rarement le temps de mener à bien, mais dont il lui est facile d'utiliser les résultats, une fois acquis, sur une vaste échelle et de leur donner ainsi une consécration définitive. N'oublions pas que la science agricole se compose d'une multitude de petites observations patiemment contrôlées. L'expérience ne réussit-elle qu'à demi, elle n'en aurait pas moins la valeur d'un exemple. Or, c'est surtout par la vertu de celui-ci, par le conseil donné avec tact et à-propos qu'une femme intelligente et dévouée arrive à donner à tout ce qui l'entoure une impulsion salutaire.

A côté de cette forme indirecte et en quelque sorte professionnelle de l'entr'aide, il en est une autre d'un intérêt trop actuel, hélas ! et qui séduira peut-être quelques-unes d'entre vous, c'est le concours qui peut être donné au cultivateur dans l'éducation de ses enfants. Que de réflexions ce sujet appelle, que de *meâ culpâ* il provoque ! Ne parlons pas de l'école, oublions pour un instant les luttes qui la paralysent, ignorons les reproches faits à des programmes uniformes aussi mal adaptés que possible aux besoins de futurs agriculteurs. L'instruction (1) a fait néanmoins quelques progrès, mais l'édu-

(1) Notons, en passant, que l'on a beaucoup exagéré l'ignorance du passé, en fait d'instruction. En étudiant de près l'histoire, on s'aperçoit bientôt que l'instruction populaire est en rapports constants avec l'état économique, la paix et la sécurité du pays. Relativement répandue dans les périodes de prospérité, elle décline et disparaît à la suite des guerres civiles ou étrangères, des troubles intérieurs, des grandes épidémies. Le fait est remarquable après les invasions normandes, après la guerre de Cent ans, les guerres de religion, les troubles de la Fronde, la grande Révolution. Cette conséquence logique des malheurs de la patrie nous avertit des ruines que nous aurons à réparer !

cation ! Ici tout est à apprendre ou plutôt à *rapprendre*, car les enquêtes faites par Le Play démontrent qu'il y avait jadis une éducation dans ces robustes familles-souches, orgueil et richesse de nos villages. Aujourd'hui, la plupart des parents n'ont aucune idée des conditions nécessaires au développement physique et moral de l'enfant. Ils oscillent d'une faiblesse excessive à une sévérité capricieuse. Ils ne sont plus obéis, parce qu'ils ne savent pas commander. Quels services une mère de famille instruite par sa propre expérience, par les difficultés auxquelles elle-même se heurte chaque jour, une jeune fille à laquelle le patronage a donné l'habitude des petites filles ne pourraient-elles pas leur rendre ?

Nos paysannes aiment leurs enfants, maladroitement peut-être, mais avec une réelle tendresse ; elles aspirent inconsciemment à leur préparer un avenir meilleur. En se servant de ce désir, qui, pour s'exprimer parfois d'une façon vaniteuse et un peu ridicule, n'en est pas moins légitime, on obtiendrait beaucoup d'elles. Mais, dira-t-on : « Il est peut-être imprudent d'exalter leurs ambitions maternelles ? » C'est une question de mesure... Que l'on veuille bien y réfléchir, il faut un grain d'ambition dans la vie la plus humble : en style populaire, cela s'appelle « se tirer d'affaire », « pourvoir ses enfants d'un bon métier ». Chaque famille a ainsi son idéal latent qu'elle s'efforce de réaliser dans ses fils, et lorsque cet idéal est honnête, lorsque les moyens qui servent à l'atteindre sont le travail, l'épargne et l'effort, l'ascension profite à la société autant qu'à l'individu. Élever, d'ailleurs, n'est-ce pas tendre plus haut : oui, plus haut que la nécessité immédiate, plus haut que le gain de l'année, plus haut que l'effort quotidien. N'ayons donc pas peur de l'instruction pour le peuple et si, par malheur, ce préjugé existait encore en nous et autour de nous, — car enfin il était malheureusement trop répandu dans certains milieux, il y a une vingtaine d'années, — ne le montrons jamais. Rien ne froisse davantage la masse : elle s'imagine tout de suite que nous voulons garder le monopole de la science pour la maintenir dans une dépendance plus étroite. Attachons-nous surtout, cependant, à l'éducation, sans laquelle celle-ci n'est que danger, source de déceptions et de misères ; utilisons, pour la procurer à l'enfant du cultivateur, les ressources de sa profession, qui se prête admirablement, d'ailleurs, au développement de l'esprit, puisqu'elle exige de l'observation et de la prévoyance. C'est ainsi que nous arriverons à le rendre plus savant et plus habile, sans le déclasser ni le dépayser.

Soulager, élever, aider, ces mots résument mais n'épuisent pas toutes les formes que sait prendre le dévouement à la campagne. Mais si le contact discret, indulgent, perspicace, demeure la première condition du succès et la véritable clef des cœurs, l'action la plus généreuse risquerait d'être insuffisante, ou du moins de n'atteindre qu'un tout petit nombre de privilégiés, sans le secours des œuvres, c'est-à-dire d'organisations éprouvées, qui étayent et soutiennent une volonté de bienfaisance, parfois aussi ardente que novice, et lui permettent de secourir, avec un minimum d'efforts, judicieusement distribués, de très nombreuses misères. Les œuvres ont encore l'avantage d'enlever aux bienfaits leur caractère étroitement personnel et de les rendre ainsi plus acceptables à certaines natures indépendantes, trop fières pour se plier à un joug, fût-il tendre et dévoué. Bien loin de s'exclure, l'action individuelle et l'action par les œuvres se complètent donc l'une et l'autre, chacune apportant à la tâche sociale ses qualités et ses lumières spéciales.

Pas plus que les autres pratiques de la charité chrétienne, notre temps n'a inventé les œuvres rurales.
Chaque siècle a eu les siennes : pittoresques et inattendues quelquefois, tels ces ponts que de hardis religieux du xıe siècle jetaient sur le Rhône « en grant'pitié
des povres pèlerins », ces maisons Dieu qui servaient de
« refuge et d'hostellerie aux voyageurs indigents » et
qu'un concile de Latran, datant du xıııe siècle, conseillait de multiplier dans les campagnes. Plus tard, c'est
vers l'instruction des petits villageois que s'est porté le
zèle des âmes charitables. Le xvııe siècle finissant avait
parsemé nos campagnes d'une multitude de petites
écoles dont quelques-unes donnaient déjà une sorte
d'enseignement professionnel. Mais s'il serait injuste
de représenter la France rurale d'autrefois comme
entièrement déshéritée, on doit reconnaître que les
ruines s'y relevèrent plus lentement qu'ailleurs. Nombre
de villages attendent encore aujourd'hui le coup de
baguette de la fée bienfaisante. Le xıxe siècle, qui a eu
dans le domaine social de si magnifiques initiatives, a
longtemps négligé la campagne. A part quelques louables
exceptions, ce n'est guère que depuis une trentaine
d'années que la charité française, dans son ensemble,
s'est portée vers elle avec un nouvel élan, comme si elle
pressentait, hélas ! les terribles sacrifices que la patrie
allait bientôt demander à cette vaillante classe paysanne,
inépuisable réservoir de nos énergies nationales.

A cette abstention, il y a plusieurs excuses : les
œuvres rurales sont difficiles à établir, à faire vivre,
à diriger. Conçues trop souvent pour les villes, elles
présentent quelquefois des complications, des apparences de bureaucratie qui mettent en défiance le cultivateur, déjà mal disposé contre tout ce qui est nouveau.
Sans doute, une femme de volonté, ayant de l'expérience,

arrive vite à trouver les modifications légères qui donnent à sa création un caractère de terroir et la font accepter de tous, mais enfin il y a une adaptation à faire et tout le monde n'en est pas capable.

Autre difficulté : ces œuvres sont chères, parce qu'elles sont presque toujours gratuites, et qu'il y a rarement plus d'une famille à en supporter les frais. On dira bien : « Cela ne doit pas être ; la gratuité est un principe détestable ». D'accord, mais le moyen de l'éviter ?... N'oublions pas que l'œuvre la plus utile, celle qui semble répondre le mieux possible aux besoins de la population, une école ménagère, par exemple, n'est tout d'abord que supportée... Il faut cependant qu'elle puisse vivre jusqu'à ce que ses preuves soient faites.

Les œuvres rurales souffrent encore de l'isolement de celle qui les dirige : il faut agir et lutter seule sans pouvoir réchauffer son enthousiasme défaillant à celui d'une compagne plus expérimentée ou plus ardente, il faut répéter bien des fois la même chose avant d'être compris, cacher ses impatiences, ses déceptions, prendre sans conseil des décisions délicates. Tout cela n'a rien de bien tentant. Enfin, lorsque courageusement on a pris son parti de ces multiples obstacles, il reste encore... l'embarras du choix. Que faire pour tomber juste, pour atteindre du premier coup le cœur de la place ? En ville, quelques tâtonnements ne tirent pas à conséquence, le public se renouvelle et l'oubli vient vite; mais à la campagne les impressions sont tenaces. L'idée la plus féconde peut être ruinée dans les esprits, pour bien longtemps, par une fausse manœuvre. Telles sont, je crois, les principales objections que l'on peut faire aux œuvres rurales, celles que vous entendrez formuler le plus souvent et que vous retrouverez dans la pratique.

Vous ne m'accuserez pas, Mesdemoiselles, de vous tracer un tableau trop optimiste de la situation : j'ai voulu, au contraire, par un scrupule d'exactitude, vous en montrer les difficultés avant de vous présenter, dans un raccourci forcément sommaire, les principales œuvres auxquelles vous serez amenées à donner votre concours et que nous pouvons, je crois, ranger en quatre catégories :

1º Œuvres religieuses, ou du moins ayant l'apostolat pour but ;

2º Œuvres d'éducation et de prévoyance sociale ;

3º Œuvres professionnelles ;

4º Œuvres d'assistance.

Que ne puis-je maintenant, pour rétablir la balance et placer la lumière à côté de l'ombre, faire paraître devant vous ces innombrables volontaires de l'armée du bien qui, dans chaque petit village, sans bruit, sans éclat, sans discours, entretiennent discrètement la sève morale indispensable à la vie d'un peuple ! Leur présence, leurs efforts persévérants, leurs succès, c'est la réponse aux objections que je vous faisais tout à l'heure, à toutes celles qui viendront décourager votre zèle et paralyser vos élans.

Ah ! croyez-le bien, quelque chose... je ne dis pas une œuvre plutôt qu'une autre, mais quelque chose pour instruire et élever les humbles, pour établir avec eux un contact plus intime et plus confiant, est possible partout. Sans doute, Dieu n'a pas promis le succès à toutes nos entreprises, mais des actes de bonté, de dévouement, de justice ne sont jamais inutiles. Ce sont des semences précieuses : même jetées dans un sol ingrat, même inutilisées en apparence, tôt ou tard, elles portent leurs fruits. Et, en attendant, ces actes, expression

de notre richesse morale, composent la physionomie de
la France éternelle, celle dont le doux et fier visage, trop
souvent dérobé à notre admiration par le masque politicien, apparaît cependant, aux heures tragiques, la
France du devoir, la France de la justice, la France de
la charité ! C'est dans l'amour que vous avez pour elle,
dans les exemples de son passé, dans la confiance que
vous inspire son avenir, que vous trouverez le secret de
triompher de tous les obstacles et de multiplier ces
œuvres fécondes qui agissent avec tant d'efficacité sur
nos chères populations rurales.

OEUVRES RELIGIEUSES

CATÉCHISMES ET PATRONAGES

LIGUES ET ASSOCIATIONS PIEUSES

CATÉCHISMES ET PATRONAGES

MESDEMOISELLES,

Je voudrais aujourd'hui vous parler des œuvres religieuses de la campagne. Ce sont peut-être celles que vous connaissez le mieux et auxquelles vous êtes appelées le plus fréquemment à donner votre concours, et je m'excuserais presque d'aborder un sujet qui vous est probablement déjà très familier, si l'extrême importance de ces œuvres, leur action sur les masses et les résultats bienfaisants que nous pouvons en attendre ne nous faisaient un devoir de les maintenir constamment au premier rang de nos préoccupations et de travailler sans cesse à les rendre plus attrayantes, plus vivantes et plus complètes.

Toutes ces œuvres, qu'il s'agisse de catéchismes, de patronages, de ligues de femmes ou de mères chrétiennes, ont un double but :

1° Combattre l'ignorance religieuse ;

2° Donner à la jeune fille, à la femme ou à la famille rurale une formation, une éducation vraiment chrétiennes, l'amener peu à peu à mettre son existence en harmonie avec les commandements de Dieu et les enseignements de l'Église.

Je n'ai pas, devant un auditoire comme celui-ci, à établir la légitimité de ces œuvres : pour en être convaincue, il suffit d'être catholique, pénétrée de la vérité, de la sublimité de notre religion ; il suffit de croire au règne de Dieu et de désirer le voir s'étendre sur la terre !...

. . . .

Tout homme a besoin de Dieu : il ne saurait s'en passer sans rencontrer au fond de lui-même un vide douloureux et une angoisse infinie. Mais il semble que ce besoin s'exaspère encore chez le paysan, que son travail met si souvent aux prises avec les forces hostiles de la nature. Dans nulle profession, la dépendance de la créature vis-à-vis de la souveraine Providence qui gouverne le monde n'est aussi visible, aussi marquée. Le paysan laboure et sème ; mais la richesse de la récolte dépend de mille circonstances indépendantes de son activité. A tout instant, il se heurte à l'inconnu, à l'inexplicable, au mystère. En vain les savants tenteraient-ils de réduire en formules et en lois cet inexplicable et ce mystère ; lui, le réaliste par excellence, n'a que faire de ces exercices d'école ; sa raison, avide de logique, n'admet point d'effet sans cause, et faute de croire à une Intelligence bienfaisante, souveraine dispensatrice des biens et des maux, il tombe dans le plus abject matérialisme et les pires superstitions (1).

(1) C'est toujours dans les campagnes que se sont réfugiés les cultes proscrits. Le polythéisme mourant, rejeté par tous les esprits éclairés de l'Empire romain, subsistait encore presque partout, dans les bourgades lointaines, au IVe siècle. On sait les efforts que saint Martin dut faire pour le déraciner en Gaule, vers la même époque. Bien mieux, on trouve des traces de manichéisme en Bretagne, au XVIIe siècle, et les missionnaires contemporains de Louis XIV découvrirent avec stupeur des adorateurs du démon au fond de la Cornouaille, en 1672. (Voir la *Vie du Père Maunoir*, par le Père SÉJOURNÉ.)

Nécessaire à la raison du paysan, la foi n'est pas moins indispensable à son cœur. Je vous parlais, l'autre jour, de l'influence déprimante que pouvait exercer, à la longue, une besogne trop exclusivement matérielle sur des esprits cultivés et en état, par conséquent, de se défendre ; mais qu'est-ce que ce danger à côté de celui qui menace de pauvres êtres obsédés par le souci du pain quotidien, de l'ouvrage pressant, harassés de fatigue, étrangers à toutes les satisfactions de l'intelligence et, d'ailleurs, n'en comprenant pas la valeur ! A ceux-là, que restera-t-il donc pour s'élever au-dessus de la vie brutale, pour développer leurs facultés naturelles, pour respirer, enfin, moralement, si on leur enlève cette religion qui sait se faire simple avec les simples et établit entre les hommes la seule égalité qui ne soit pas sujette à revision, en plaçant le sort définitif de chacun dans l'au delà !

Ah ! certes, nous ne songeons guère à rééditer l'orgueilleux blasphème du xviiie siècle : « La religion est bonne pour le peuple ! » Ne sommes-nous pas tous « peuple » devant Dieu : le peuple chrétien, comme le proclamaient les âges de foi avec une sainte et légitime fierté ! Mais de même que le dommage fait à un petit, à un faible, à un malade, quelle qu'en soit la nature, irrite et révolte davantage la conscience humaine, il semble qu'il y ait quelque chose de plus odieux et de plus cruel à arracher à des ignorants la sublime espérance qui enchantait leurs peines et le bénéfice spirituel d'une laborieuse et pénible vie, pour leur donner, en échange, quelques joies honteuses et passagères, suivies de tristes et décevants réveils !

Ce que deviennent les individus, les familles, les populations rurales livrées à leurs seuls instincts, le roman naturaliste ne nous l'a que trop fidèlement montré. Renan, assurément peu suspect de cléricalisme, écrivait : « Le paysan sans religion est le plus épouvantable des sauvages ». Et, certes, ce ne sont pas les échos de massacre et les reflets d'incendie qui nous arrivaient, il y a quelques mois, de Russie qui démentiront cet aveu, trop justifié par les faits !

La religion apporte, en outre, à la famille rurale la seule discipline qui soit réellement effective : discipline d'autant plus indispensable que la vie un peu isolée du paysan comprend plus d'indépendance et de relatif abandon. A vrai dire, et quelque généreux et méritoires que soient les efforts tentés par la philanthropie humanitaire en dehors de toute idée confessionnelle, la religion apparaît de plus en plus, à l'expérience, comme la seule base solide sur laquelle puisse s'élever l'édifice familial et social. Elle seule, en effet, à côté d'obligations définies, certaines, compréhensibles pour les simples comme pour les savants, pose des sanctions que l'incrédule et le sceptique peuvent bien railler, mais qui n'en sont pas moins, à l'heure de la tentation, à l'heure de l'épreuve, d'admirables stimulants et de puissants soutiens. En vain donnerez-vous à l'individu toutes les connaissances, toutes les facilités souhaitables et jusqu'à ce confort modeste dont la salutaire influence sur la moralité n'est pas niable, le foyer sera toujours instable et menacé sans les vertus qui en assurent la conservation. Or, à part de rarissimes exceptions, ces vertus n'ont-elles pas pour fermes supports et fidèles gardiens de profondes et vivantes convictions religieuses ? Conserver à un paysan sa foi, son culte et ses autels, c'est donc travailler à sa prospérité matérielle, à son bonheur humain tout autant qu'à son avenir éternel.

Mais cette action, dont l'importance est si grande, est, en réalité, très délicate à exercer... Comment, en effet, réveiller, entretenir, répandre l'idée religieuse dans nos campagnes, sans blesser aucune susceptibilité légitime, et en conservant, vis-à-vis des incroyants eux-mêmes, cette charité qui est la marque du véritable fidèle?

Certes, les procédés varient de région à région... Il y a malheureusement, en France, des provinces si profondément déchristianisées, si complètement enfoncées dans la matière, qu'un miracle de la toute-puissance de Dieu peut seul les arracher à leur indifférence... Mais devant l'échec de tout autre procédé, l'apostolat par l'exemple demeure possible et efficace. Dans le monde mystérieux des âmes, toute parole, toute action a son rayonnement : semblables à ces impondérables qui agissent si puissamment sur la nature animée, elles déterminent, à la longue, des réactions salutaires, elles peuvent amener un changement notable dans les dispositions d'un pays.

Ne nous décourageons donc jamais... A côté de ces régions déshéritées, il en est d'autres, beaucoup d'autres, où la négligence, la veulerie ambiante recouvrent un fonds de foi, de religion même qui se réveillerait aux premières sollicitations du missionnaire. Enfin, quelques-unes, privilégiées en regard des autres, doivent à leurs croyances préservées de génération en génération, un cachet de résignation douce et de mystique espoir ; mais, d'une façon générale, on peut dire que le grand mal dont souffrent nos campagnes, au point de vue religieux, les pays restés croyants comme les incrédules, quoique à des degrés divers, c'est l'ignorance (1) : ignorance qui atteint parfois un degré stupéfiant et presque

(1) Pour se rendre compte de la grandeur du mal, lire le remarquable rapport de M. l'abbé Verdier sur « l'Ignorance religieuse » à la Journée diocésaine du 20 mars 1918. Ce rapport a été reproduit dans la *Semaine religieuse de Paris*, pages 223-229 et 261-268.

incompréhensible pour une personne d'une culture générale moyenne.

Cette ignorance ne s'explique que trop : d'abord par l'indifférence des parents qui n'ont ni le loisir ni le goût de surveiller les études de leurs enfants, surtout celles qui ne comportent aucun gain matériel, tangible, comme le catéchisme ; par la neutralité de l'école ; enfin et surtout par l'indépendance ou l'abandon de l'enfant qu'un placement précoce éloigne souvent des siens à l'âge où il aurait le plus grand besoin de surveillance et d'autorité.

Comment veut-on que quelques bribes de catéchisme péniblement ânonnées, dans les conditions les plus ingrates, une première communion hâtive et quelquefois unique, laissent des traces profondes sur la mentalité de l'enfant ! Et cependant ce catéchisme, ces quelques idées de devoir, de foi, de résignation, d'espérance, cet aperçu d'un monde surnaturel compensateur des duretés, des hontes et des tristesses d'ici-bas, c'est le capital moral sur lequel cet enfant devra vivre, c'est le viatique qui lui permettrait d'affronter sans désespoir les épreuves d'une société où, en dépit des sophismes dont on berce les masses, la force et l'argent sont rois.

Cette lamentable disproportion entre le but et les moyens dont on dispose pour l'atteindre a, de tous temps, excité la compassion des âmes ferventes. Elles se sont plu à répandre, à travers les siècles, la vérité dont elles étaient pénétrées. L'institution des catéchistes volontaires est bien ancienne dans l'Église : elle remonte aux temps apostoliques (1), et leur histoire

(1) « L'institution de catéchistes laïques était à peu près générale dans les premiers temps de l'Église Les écoles des catéchumènes étaient tenues souvent par des laïques et l'enseignement qu'y recevaient ceux qui devaient recevoir le baptême dans la vigile de Pâques était

serait une des plus touchantes et souvent une des plus héroïques pages de notre époque religieuse. Pour nous en tenir au présent : aujourd'hui, toutes nos grandes villes et la plupart des faubourgs, même misérables et abandonnés, ont leurs dames catéchistes. Nos campagnes, quoique infiniment moins bien partagées, en ont aussi. Leur tâche, souvent bien lourde déjà, sera plus accablante encore après la guerre, en face d'un clergé décimé, vieilli avant l'âge par les terribles épreuves de la campagne et dont le recrutement sera forcément, pendant plusieurs années, hors de toute proportion avec les besoins des fidèles ! Ainsi que le faisait remarquer dernièrement M. Guiraud, dans un article de *la Croix* (1), « la France devient un pays de missions et les méthodes des missionnaires seront de plus en plus adoptées chez elle par les apôtres de la vérité

contrôlé par l'évêque dans ces examens publics ou *scrutins* qui se succédaient au cours du Carême. Les maîtres de la célèbre catéchèse d'Alexandrie, le martyr Pantène, et surtout celui qui fut l'un des plus grands docteurs de l'Orient, Origène, étaient des laïques. L'Église romaine avait aussi ses catéchèses, professées, sous la surveilllance du Pape et de son *presbyterium*, par des laïques. » (*L'Ignorance religieuse*, Jean GUIRAUD.)

Nous sommes manifestement ici en régression sur le passé. Au xvii° et au xviii° siècles, l'enseignement du catéchisme était très répandu dans les campagnes. Il était obligatoire dans toutes les « petites écoles », environ trente-cinq mille en France, en 1789. Beaucoup d'entre elles avaient, en outre, un cours du dimanche, destiné aux adultes et dont le programme comportait la lecture, l'écriture, le *catéchisme* et les *prières*. A Taden, chez le comte de la Garaye, un cours de ce genre réunissait, sous la direction des Filles du Saint-Esprit, plus de cent personnes. Il serait facile de multiplier les exemples.

(1) Numéro du 5 avril 1918.

La guerre a multiplié encore ces généreux dévouements. Dans beaucoup de villes, des femmes dévouées ont suppléé le prêtre absent. A Bordeaux, une dame catéchiste a remplacé un vicaire de Sainte-Croix en se rendant, *cinq fois par semaine*, auprès des enfants et en s'occupant d'eux avec une application digne de toute louange.

religieuse ». — « ... Lorsque, dans certaines campagnes, un seul curé, ou un groupe ecclésiastique, une *station*, comme on dit, un pays de mission, aura à desservir neuf, dix villages avec de nombreux hameaux et des fermes isolées, ne faudra-t-il pas multiplier les catéchismes laïques ? » Organiser l'enseignement religieux pour les enfants des paroisses rurales sera certainement une des œuvres les plus pressantes du lendemain de la guerre.

Malheureusement, on se heurte ici aux éternelles difficultés provenant de la distance, de la dispersion des habitations, du peu de temps dont disposent les enfants, enfin du défaut de personnel, surtout dans les communes privées de religieuses. L'assiduité est absolument nécessaire pour obtenir des résultats encourageants, et rien n'est plus difficile à assurer. En effet, la lettre du catéchisme, pour être parfaitement retenue, exige un effort que le cerveau de nos petits villageois, insuffisamment entraînés au travail intellectuel, a souvent de la peine à donner. Il faut revenir très souvent sur les mêmes questions, forcer en quelque sorte la mémoire à enregistrer ce que l'intelligence n'a pas toujours bien compris. Ce travail de répétition doit nécessairement être fait en dehors de l'église et du prêtre, qui ne dispose déjà que de trop peu de temps pour l'enseignement dogmatique et moral. Il avait sa place indiquée à l'école, où il remplaçait avantageusement, pour le développement de l'esprit, certains exercices de mémoire d'une utilité contestable. Mais puisque l'école lui demeure fermée, force est donc de chercher ailleurs une solution pratique à ce délicat problème. Ici encore, on a fait comme on a pu ; on s'est servi, autant que possible, des ressources locales, des religieuses, dans toutes les communes où, sous un

prétexte ou sous un autre, on avait pu les conserver ;
ailleurs on a fait appel à des personnes de bonne volonté,
quelquefois d'un rang social très humble, mais pleines
de foi et de piété, ce qui est, assurément, une des qualités
les plus désirables de la bonne catéchiste.

Il ne faut pas, d'ailleurs, se faire illusion : son rôle
n'est pas facile. Vous vous en rendrez compte en méditant
les réflexions si justes, si pleines d'expérience de
Mlle Chauveau, une des plus zélées propagandistes de
l'œuvre des catéchismes. .

« Le rôle de la catéchiste volontaire demande beaucoup d'abnégation, de dévouement et d'intelligence, nous
dit-elle. Tous les enfants ne doivent pas être traités de
même, il faut les grouper suivant leur savoir, leur
facilité à apprendre, ne demander à chacun que ce qu'il
peut donner, exciter leur émulation et leur amour-
propre, distribuer à propos et tour à tour l'éloge et le
blâme et surtout trouver le chemin de leur cœur.

« Quand l'enfant est conquis, vous faites de lui tout
ce que vous voulez. Il faut commencer par lui apprendre
ses prières, exigeant qu'il les récite pieusement, sans
une faute, et qu'il prenne l'habitude de les dire très
fidèlement, *à genoux*, matin et soir ; l'interroger souvent
à ce sujet et arriver au résultat visé, car c'est capital.
Un enfant qui prie ne sombrera jamais tout à fait... C'est
l'ossature, la base de toute vie religieuse consciente.

« Ce qu'il faut obtenir ensuite de l'enfant, c'est l'effort,
l'effort sérieux et constant ; le bien persuader qu'ici-bas,
dans tout ordre d'idées, on n'a rien sans mal ; lui rappeler la parole divine : « Le royaume de Dieu souffre
« violence et il n'y a que les violents qui l'emportent ».

« L'enfant prend vite goût à l'effort. Le premier à lui
demander est qu'il se soumette à une étroite discipline,
chose bien inconnue de nos jours. Exigez que les enfants,

entrant ou sortant de l'église, d'une salle de catéchisme,
aient une tenue irréprochable, bras croisés pour les
garçons, mains jointes pour les filles ; que le silence
soit gardé ; qu'ils répondent poliment et jamais les uns
pour les autres.

« Que les prières soient toujours faites à genoux ;
rappelez-leur la présence de Dieu avant de commencer,
obtenez que les yeux soient baissés, la prière récitée
lentement, en cadence, sans chantonnement, avec par-
fait ensemble.

« C'est ainsi qu'à la messe, ils prennent l'habitude de
s'associer à chaque action du prêtre, à rester à genoux,
sans gémir sur les dalles, au moins aux moments
augustes de l'élévation et de la communion. Mais vous
n'aurez rien de fait si vous n'arrivez pas à ce qu'ils
prient pour de bon, du fond de leur cœur, y trouvant de
naïves prières qui touchent le Cœur de Notre-Seigneur.

« Il s'agit enfin « de leur donner l'esprit chrétien »,
qui seul donne à l'instruction religieuse toute sa valeur.
Faites réciter, autant que possible, la leçon en entier à
chaque enfant, assurez-vous qu'il a compris le sens des
mots qu'il répète ; si ce n'est pas su imperturbablement,
faites rapprendre, séance tenante, les questions non
sues. Ne soyez pas avare de bons points ; échangez-les
contre des images quand ils atteignent le chiffre de dix
ou vingt. Donnez, chaque semaine, un cachet d'honneur,
quand il est mérité, mais ne soyez pas trop indulgente.
Tenez-vous en étroite relation avec les parents. Il faudrait leur rapprendre leur fonction si noble de parents
chrétiens. Ne négligez rien pour la préparation à la première communion privée et solennelle. Quand c'est
possible, faites venir les enfants à la messe, chaque
matin, quelques semaines avant ; expliquez-leur-en les
cérémonies ! Réunissez-les tous les soirs. Convainquez-

les de la grandeur de la grande action à laquelle ils se préparent. Obtenez d'eux des sacrifices que vous leur indiquerez, un changement de conduite notoire. Préparez soigneusement leurs confessions. Apprenez-leur à faire leur examen sérieusement, à s'exciter à genoux à la contrition, faisant les trois stations classiques, à l'enfer, au ciel, au calvaire, qui les aideront à détester leurs péchés. Ne les laissez jamais partir non plus sans leur inspirer la résolution explicite qu'ils doivent prendre et sans leur faire demander fermement à Notre-Seigneur et à la sainte Vierge la grâce d'y être fidèles, quoi qu'il leur en puisse coûter. Le jour de leur première communion solennelle, donnez-leur une image contenant deux ou trois résolutions sérieuses, comme de ne jamais se coucher avec un péché mortel sur la conscience, d'être fidèles à la communion de chaque mois, de ne jamais quitter ni médailles ni scapulaire, et de faire, chaque jour, une petite prière à la sainte Vierge. Demandez-leur d'apposer leur signature au bas de cette image. Combien d'enfants devront leur persévérance uniquement à cette promesse du jour de la première communion (1) ! »

Ces indications sont infiniment précieuses et toutes peuvent s'en inspirer avec fruit. Voyons maintenant ce qui peut être tenté dans nos communes rurales comme organisation d'ensemble ; en un mot, dans quel cadre va se développer le dévouement de nos catéchistes volontaires.

Les exemples que je vous apporte sont, à dessein, choisis parmi les plus simples, les plus faciles à établir à peu de frais.

Voici, par exemple, un essai tenté dans un pays de mentalité médiocre et dont les résultats sont encoura-

(1) Extraits d'un très intéressant rapport de Mlle Chauveau (*Echo de la Ligue patriotique* du 15 février 1918).

geants. La commune de X..., une grosse commune de deux mille cinq cents âmes environ, possède deux écoles libres : l'une de filles et l'autre de garçons. Elle paraît donc, au premier abord, dans une situation privilégiée ; mais les avantages de ces écoles sont pratiquement annulés par l'éloignement, pour les hameaux disséminés dans la campagne à des distances relativement grandes. Dans l'un de ces villages, comptant à lui seul une population de six cents âmes, et situé d'ailleurs dans une île, la fréquentation du catéchisme était impossible aux enfants. Deux femmes de cœur entreprirent d'y suppléer. Elle recrutèrent sur place des catéchistes volontaires, parmi les paysannes les plus instruites, et leur firent prendre l'engagement de faire apprendre, à tour de rôle, le catéchisme aux enfants après la sortie de l'école. Le jeudi, les organisatrices s'astreignaient à se rendre au village, distant de leur habitation de 7 kilomètres, par n'importe quel temps, afin de s'assurer du travail de la semaine et de donner les explications nécessaires. Enfin, l'assiduité des enfants fut en quelque sorte garantie par un ingénieux système de bons points donnant droit, chaque année, à un cadeau utile : robe, vêtement, objet de ménage, cadeaux très appréciés des parents, et qui donnèrent tout de suite une grande popularité au catéchisme.

Deux points sont à retenir dans cette organisation : le roulement d'abord, qui permet d'utiliser le concours de personnes très dévouées, mais disposant de peu de temps ; enfin, l'institution des bons points, qui contribuent à entretenir l'émulation et favorisent les progrès des enfants.

Autre organisation beaucoup plus modeste, rudimentaire pourrait-on dire, mais dont les éléments peuvent se trouver partout, tout au moins dans les pays de mentalité religieuse. Dans les communes où la cantine scolaire n'existe pas — elles sont la majorité dans les campagnes — l'enfant a coutume de prendre sa soupe chez une bonne femme du bourg qui, moyennant une petite rétribution de quelques sous par mois, fournit ce que l'on appelle le *trempage*, c'est-à-dire l'eau, la graisse, les légumes du potage, à quinze ou vingt enfants. Ce sont généralement des veuves ou de bonnes vieilles filles qui ajoutent ce petit supplément à leurs modestes ressources ; et lorsqu'elles sont pieuses, elles acceptent volontiers de faire réciter le catéchisme aux petits garçons et aux petites filles, entre les deux classes. On objectera peut-être que ces modestes auxiliaires ont une valeur pédagogique assez inégale : sans doute ; mais il s'agit surtout de s'assurer que la leçon de la semaine est bien sue, et de donner les explications que toute mère chrétienne doit être capable de fournir à une intelligence enfantine. Cela n'est pas très compliqué... Rien ne s'oppose, d'ailleurs, à ce qu'une petite formation soit donnée à ces catéchistes improvisées, qui rappelleront peut-être, à quelques-unes d'entre vous, une figure du passé, autrefois familière dans nos campagnes : ce vieil homme ou cette vieille femme qui allait, jadis, de ferme en ferme, apprendre leurs prières aux enfants et aux domestiques pendant la veillée, terminant ainsi au service de Dieu une existence remplie jusque-là par les plus humbles travaux.

Quelle que soit l'organisation choisie, il importe d'obtenir l'adhésion réfléchie des parents et de les amener à contrôler eux-mêmes l'assiduité de l'enfant. Hélas ! l'indifférence et, pour mieux dire, l'abdication complète des parents dans l'éducation de l'enfant, est un des phénomènes les plus attristants de la vie populaire à notre époque, un des fléaux contre lesquels nous devons sérieusement réagir si nous voulons réellement améliorer la famille rurale. Sans éducation domestique, point de traditions, et sans traditions, c'est l'anarchie qui règne dans la famille et, bientôt, dans la société.

Disons encore un mot d'une initiative particulièrement intéressante, étant donné surtout le terrain ingrat dans lequel elle s'est développée. A vrai dire, en son état actuel, l'œuvre dont il s'agit déborde complètement le cadre du catéchisme ; mais son point de départ la désigne pour servir de transition entre celui-ci et le patronage, dont nous nous occuperons tout à l'heure.

La commune de T..., dans l'Yonne, compte environ trois cent cinquante habitants, groupés en une longue rue qui sépare le village en deux. L'état religieux de cette commune est lamentable : ignorance absolue, pratique religieuse nulle, première communion (célébrée cependant par des réjouissances de famille) généralement unique. Les malades sont privés des sacrements, par leur volonté ou par celle de leur entourage. Enfin, c'est le vrai pays de mission à l'intérieur. Il y a une dizaine d'années, Mlle X...., émue de tant d'indifférence, entreprend de grouper les enfants. simplement *pendant la retraite de première communion*, afin de leur éviter les distractions et les promiscuités de la rue. Elle obtient l'hospitalité chez la mère d'une des fillettes, fait chanter les petites retraitantes, les maintient dans l'ordre et le calme. Cela plaît aux parents. Aux vacances suivantes, les petites filles reviennent volontiers, deux fois la semaine, « s'amuser », comme elles disent, chez Mlle X... Peu à peu, le petit groupe de la première communion prend les allures d'un patronage : le jeudi, on coud ; le dimanche, on apprend le catéchisme, toujours avec une grande discrétion, car il ne faut effaroucher personne. On joue de bon cœur, et cela aussi est une nouveauté. Quelques années se passent : l'institution a pris racine, elle s'est mise dans ses meubles ; les services rendus la font accepter par tous. Elle groupe maintenant, à certains dimanches, jusqu'à cinquante enfants, et grâce à la générosité de la fondatrice, les fillettes des communes voisines peuvent y déjeuner et y passer la journée. Des cours de cuisine ont été inaugurés avec le plus grand succès. Du point de vue moral, le progrès n'est pas moins certain : chose inouïe pour le pays, les enfants du patronage communient maintenant plusieurs fois dans l'année. Des catéchismes de persévérance, jugés jusque-là impossibles par le curé, ont été établis. Cette petite réunion de prières et de catéchisme a ouvert des voies de pénétration au bien dans un milieu entièrement hostile. Grâce à elle se forme lentement un petit noyau catholique, une élite croyante qui aura, tôt ou tard, une réelle influence dans la paroisse.

Ainsi commencée par la surveillance d'une retraite de première communion, l'initiative de Mlle X... a donc abouti, en réalité, à la création d'un patronage, et ceci nous amène à parler de cette œuvre, très aimée et très appréciée en général, dans tous les milieux. Le patronage, qui, dans son ensemble, donne de si merveilleux résultats dans les grandes villes, doit-il être introduit systématiquement à la campagne ? Cette question est très controversée, et cela devait être. Nous l'avons dit déjà, et nous aurons sans cesse occasion de le répéter : notre pays est infiniment trop divers, trop nuancé comme habitudes, traditions, usages, pour qu'une solution uniforme intervienne heureusement partout. La mentalité varie parfois à 7 ou 8 kilomètres de distance : dans ces conditions, l'introduction d'une œuvre, d'une industrie, d'une organisation quelconque dans un

village devra toujours être étudiée d'abord au point de
vue *local*.

Le patronage étant essentiellement une œuvre de
jeunes filles, j'ai tenu à recueillir l'impression de plusieurs d'entre elles ayant l'expérience et la longue pratique de cet apostolat, afin de dégager de l'ensemble de
leurs réponses les éléments généraux du problème. Ce
sont ces éléments que je vous apporte et qui, mieux
que toutes les phrases, vous donneront la physionomie
du patronage à la campagne (1).

Faisons d'abord la part des inconvénients. « Le
patronage est possible à la campagne, dit-on, mais difficile, à cause de la distance et des occupations des jeunes
filles. L'été, elles sont absorbées par les travaux des
champs et trop fatiguées pour se rendre au bourg ;
l'hiver, le temps est mauvais et les réunions obligent à
rentrer à la nuit close, ce qui n'est pas sans danger. »
Une autre correspondante objecte que « le patronage
détruit l'esprit de famille en séparant complètement les
jeunes filles de leur mere dans leurs rares moments de
liberté. Pourquoi, conclut-elle, ne pas les laisser à la vie
de foyer ? Quelles distractions vaudront jamais, pour
l'esprit et pour le cœur, ces plaisirs pris entre frères et
sœurs, sous l'œil averti des parents ? — Mais, répond une
troisième, il faut bien reconnaître que jamais, ou à peu
près, les jeunes filles ne sortent avec leurs parents,
à la campagne. Lorsqu'elles ne sont pas de garde, elles se
réunissent entre voisines, partent en groupe pour la ville

---

(1) Je dois la plus grande partie des renseignements qui suivent à
Mme de R..., qui, aidée de ses sœurs, avait créé, dans sa paroisse bre-
tonne, un patronage florissant. Cette admirable jeune fille, enlevée
trop tôt à l'affection des siens et à la vénération des humbles auxquels
elle s'était entièrement dévouée, est retournée à Dieu le 10 janvier 1910.
Il m'est doux de saluer ici sa douce et pieuse mémoire !

ou le bourg voisin et, là, se dispersent dans les auberges pour retrouver les jeunes gens... Ainsi le patronage aurait au moins pour premier avantage de leur éviter des fréquentations nuisibles. Quant aux réunions tardives, prétexte à reconduites dangereuses. il est facile de les éviter en se bornant, l'hiver, à des séances très courtes et combinées de façon à permettre à chacune de rentrer avant la nuit. Il est à remarquer, d'ailleurs, que les jeunes filles viennent plus volontiers en hiver aux réunions et aux offices, même de loin ; elles sont moins fatiguées, sans doute, par les travaux de la semaine, ou elles ont plus de loisirs. »

En regard de ces inconvénients, faciles à pallier, en somme, que d'avantages ! Complément d'instruction, réforme progressive des idées fausses qui lui arrivent par tant de canaux différents, formation lente, mais efficace, voilà ce que l'enfant trouve au patronage ! Elle a quitté l'école à douze ans, à treize ans, dans les circonstances les plus favorables ; bientôt, si l'on n'y prend garde, il ne lui restera rien de ce pauvre savoir si péniblement acquis. D'ailleurs, à ce moment, elle est trop jeune pour qu'on puisse entreprendre son éducation de femme et de mère de famille. C'est au patronage seulement que l'on peut donner aux jeunes filles des principes solides et former des femmes capables de fonder des foyers sérieux. Pour obtenir ces résultats, il faut une organisation très bien comprise, dont la directrice est à la fois le pivot et la pièce principale. Elle-même doit être intelligente, bien formée, au courant des habitudes et de la mentalité du pays. S'il y a un château dans la commune, il est tout indiqué que là où les jeunes filles de la maison s'occuperont du patronage, leur présence fera tomber bien des préjugés. Toutefois, elles feront sagement, si elles n'habitent la campagne que quelques mois par an, de laisser la direction de l'ensemble à la personne qui en est habituellement chargée. Cette personne pourra être, par exemple, la directrice de l'école libre, qui connaît bien les enfants et a déjà de l'ascendant sur elles.

Dans tout patronage, on doit s'efforcer de créer une élite, un noyau vivant et agissant qui entraînera la masse. La directrice doit donner tous ses soins à cette élite : au besoin, elle saura continuer les réunions pour elle seule, en suivant l'exemple de deux vaillantes jeunes filles qui ont eu le courage de continuer les séances du patronage pendant toute une année pour deux enfants seulement.

Quels seront les moyens d'action du patronage ? Ils seront de deux genres : moyens matériels, de grouper, d'intéresser ; moyens spirituels, permettant d'atteindre les âmes.

1° Tout d'abord, il faut un lieu de réunion, non pas une chambre prêtée au hasard, mais un local spécial : la salle du patronage. Celle-ci n'a pas besoin d'être luxueuse, mais elle doit être gaie, attrayante, aussi bien arrangée que possible ; il faut que les jeunes filles s'y sentent chez elles, qu'elles aiment *leur* salle. A celle-ci sera annexée une bibliothèque : on lit beaucoup à la campagne ; le soir, à la veillée, le dimanche, ou en hiver, lorsque le temps est trop mauvais pour les travaux de l'extérieur. Il y a un réel apostolat à exercer par le moyen du livre, en le choisissant bien, ce qui n'est pas toujours facile, et non seulement près des jeunes filles, mais de leurs frères, de leurs parents, des voisins.

2° Les jeunes filles apprécient beaucoup les leçons de chant et elles arrivent même à de très jolis résultats, pour peu que la directrice ait un peu de goût et de science musicale. Préparer une messe, un salut solennel pour telle grande fête est une excellente chose. Les parents sont associés ainsi aux efforts et aux succès de leurs filles. On peut dire la même chose des pièces de théâtre, qui sont toujours si appréciées à la campagne. Elles servent même à deux fins: en les choisissant bien, on a là un moyen d'apostolat très efficace, et dans leur préparation les caractères se dessinent, les petits défauts de la jeune fille se montrent ingénument. Une directrice avisée peut faire ainsi bien des observations utiles dont l'occasion ne se serait peut-être jamais présentée.

3° Les promenades en commun, pèlerinages à un sanctuaire de la région, excursions, etc..., répétées trois ou quatre fois dans l'année, peuvent faire une agréable diversion aux autres exercices, à condition de ne pas les renouveler trop souvent. La surveillance de groupe à groupe est difficile, il se forme des clans et il est parfois très délicat de réagir.

4° Le jeu est nécessaire, surtout pour les plus jeunes, et il faut s'efforcer d'y mettre beaucoup d'entrain et de vie.

Moyens spirituels. Du patronage devant découler une sève de vie plus chrétienne, une orientation générale de l'existence, il va sans dire que l'on ne se bornera pas à amuser ou même à intéresser les enfants. Les réunions commenceront toujours par la prière, que devra suivre une petite instruction d'un quart d'heure sur l'Evangile du jour, un point de catéchisme, une vertu à proposer aux jeunes filles, etc... On s'efforcera de leur faire aimer la prière, la religion. Ce résultat obtenu, la mentalité étant faite, on pourra songer à créer un groupement de prière qui étendra plus tard, sur toute la vie de ses adhérentes, son influence salutaire. La forme de ce groupement importe peu, et il ne faut pas avoir ici de préférences personnelles trop arrêtées. Ainsi les associations d'Enfants de Marie, qui donnent de si merveilleux fruits spirituels dans certaines paroisses, se heurtent, en d'autres, à des préjugés presque indéracinables ; les jeunes filles s'imaginent que faire partie d'un groupe d'Enfants de Marie les empêchera de se marier !... Mieux vaut ne pas insister et s'efforcer d'obtenir les mêmes résultats autrement. On cherchera, par exemple, à introduire dans la paroisse l'Apostolat de la prière, l'adoration mensuelle, à répandre la pratique de l'intronisation du Sacré-Cœur qui, en certains villages, a déjà amené des conversions et des améliorations notables. Mais, répétons-le, ceci ne s'adresse qu'à des âmes préparées, et sur lesquelles le patronage, depuis des années, exerce son apostolat.

Après la prière, le travail : le travail intellectuel lui-même peut avoir sa place dans un patronage rural, à condition, bien entendu, de s'adresser à l'élite et de se tenir dans des sujets appropriés au degré d'instruction des jeunes filles. Toutefois, il est bon de faire remarquer ici, avec une femme d'œuvre de grande expérience, qu'un cercle d'études de ce genre ne doit pas être conçu comme une discussion sur un sujet donné. En effet, la « discussion suppose que les deux parties en présence connaissent la question. Or, à moins que toutes les auditrices n'aient, au préalable, étudié le sujet mis en discussion, ce procédé ne peut être employé. Et même si cette condition était remplie, la discussion serait toujours très difficile à diriger, surtout si l'auditoire est un peu nombreux. La question capitale est laissée dans l'ombre le plus souvent, les objections succèdent aux objections et le résultat final est à peu près nul ». Il faut envisager le cercle plutôt sous la forme d'une *classe* où l'on vient surtout pour s'instruire et recevoir un enseignement positif « et remettre la discussion à la fin de la réunion », lorsque la directrice a terminé l'exposé du sujet et soulevé elle-même les principales objections, s'il y a lieu, et qu'elle y a répondu en termes clairs et précis. «. Le cercle ainsi conçu permet aux auditrices de prendre des notes, de faire un résumé qui sera revu et corrigé. Or, ce travail personnel donne les meilleurs résultats : il force la jeune auditrice à préciser ses idées, à les classer, à les exprimer clairement et en bon français ; d'autre part, c'est aussi une occasion pour la directrice qui rend les devoirs de revenir sur la question, s'il y a lieu (1). »

Enfin, le patronage peut encore organiser des cours ménagers, des cours de cuisine, servir de cadre à une œuvre de prévoyance comme le Trousseau ou la Caisse dotale : vous voyez que son champ est extrêmement vaste et que nous aurons souvent occasion de le retrouver.

Une dernière réflexion, en terminant cette causerie déjà trop longue, réflexion qui s'applique également aux diverses ligues et associations dont je devais vous parler aujourd'hui, si le temps ne m'avait fait défaut, et que nous retrouverons la prochaine fois. Toutes les œuvres dont nous venons de parler ont un caractère bien défini : elles ne peuvent pas, elles ne veulent pas être neutres. Elles sont les apôtres de la vérité catholique et tout ce qui les atteint et les rapetisse rejaillit forcément sur l'idée religieuse dont elles se proclament les champions, et contribue à l'exalter ou la déprimer dans la paroisse. Aussi doivent-elles s'efforcer d'éviter avec le plus grand soin les conflits, les imperfections et les défaillances, et se tenir toujours, vis-à-vis du clergé

____

(1) M⁰ᵉ CHASLES : *Les Cercles d'études des Cheminotes catholiques*, *Action sociale de la Femme*, mars 1918, page 32.

de la paroisse, dans une filiale dépendance. Inutile et même, en certains cas, défavorable au développement de certaines organisations économiques et professionnelles, la tutelle du prêtre est ici tout indiquée et elle contribuera grandement à alléger le fardeau des vaillantes catéchistes et des dévouées directrices de patronage auxquelles elle apportera lumière, encouragement et réconfort dans leur pénible labeur.

BIBLIOGRAPHIE

Les dames catéchistes pourront consulter utilement :

La Méthode du Catéchisme, par l'Abbé REGNAUD, 1887 (Féchoz, 5, rue des Saints-Pères). Livre déjà ancien, mais très pratique.

La Somme du Catéchiste, du même auteur.

Cours de religion et d'histoire sacrée, du même auteur, 8 vol.

Apologétique chrétienne, CAULY.

Catéchisme expliqué, CAULY (Poussielgue).

Explication du Catéchisme de Paris, AUDOLLENT et DU-PLESSIS.

Explication de la doctrine chrétienne, GIRODON.

Bible abrégée de la doctrine chrétienne, CRAMPON.

L'Évangile : explication littérale, LESÈTRE (Lethielleux).

Credo, Mgr LEROY.

La Sainte Liturgie, Dom GREA.

Manuel de Liturgie, VIGOUREL (Roger et Chernovitz).

Les Sources de la croyance en Dieu, SERTILLANGES.

Histoire de l'Église, MOURRET.

La Collection de la Bibliothèque de l'enseignement de l'histoire ecclésiastique (Gabalda).

Les Programmes des cours et examens du brevet d'instruction religieuse (76, rue des Saints-Pères).

Sur les patronages :

Comment diriger les patronages, Abbé SCHAEFFER.

Manuel de la Directrice du Patronage, Mlle DE MONT-GERMONT.

LIGUES ET ASSOCIATIONS PIEUSES

MESDEMOISELLES.

Au groupe des œuvres de piété et d'apostolat se
rattachent tout naturellement les différentes ligues qui
se sont donné pour mission de rendre la femme à sa
vocation de mère et d'éducatrice chrétienne en développant en elle l'esprit de foi, l'amour de ses devoirs,
un sentiment de filiale reconnaissance envers Dieu et
de dévouement au prochain dans un esprit surnaturel.

Ces ligues sont aujourd'hui assez nombreuses ; les
unes, tiers-ordres et confréries plutôt, ne sortent guère
du sanctuaire ; d'autres ont un plus vaste champ
d'action, un rayonnement plus étendu, et, parmi celles-
ci, il faut citer tout d'abord la Ligue des Femmes françaises, la Ligue patriotique et l'Association catholique
de la Protection de la Jeune Fille, que vous connaissez
toutes, au moins de nom. Depuis une vingtaine d'années,
les deux premières rivalisent de zèle et de talent pour
instruire et moraliser la femme rurale. Elles comptent

l'une et l'autre des milliers d'adhérentes. Par leurs conférences répétées, par les réunions plus intimes de leurs dizainières, par les œuvres créées par leurs membres ou sous leur inspiration, elles ont su rendre familière aux esprits les plus simples et les plus ignorants l'idée d'association, attiré l'attention de la mère de famille sur ses devoirs d'éducatrice et de maîtresse de maison, prêché aux jeunes filles le travail, la simplicité, le dévouement, ranimé enfin dans le cœur de la paysanne aussi bien que de l'ouvrière les traditions morales et religieuses protectrices du foyer.

Elles ont donc rendu d'inappréciables services, et je ne saurais trop vous encourager à leur donner votre concours le plus actif et le plus généreux. Toutefois, avant de vous exposer sommairement le fonctionnement de ces œuvres d'après des notes que leurs dirigeantes ont bien voulu me communiquer avec la plus aimable bonne grâce, il me semble utile de vous faire part de certaines réflexions d'ordre pratique qui vous permettront sans doute d'éviter quelques écueils dans leur établissement à la campagne.

Tout d'abord, l'initiative d'un groupement *à caractère religieux* appartient de droit au curé de la paroisse, et la femme d'œuvre qui a bien pu, par ses suggestions discrètes, attirer son attention sur l'opportunité de cette création, n'a, en apparence tout au moins, qu'à le seconder et à le suivre. Inutile et même nuisible au développement de certaines œuvres professionnelles, la tutelle du prêtre est ici tout indiquée, comme je vous le disais l'autre jour. Il serait souverainement maladroit d'élever une chaire rivale en face de l'Église et de prêcher l'Évangile en dehors du ministre de l'Évangile.

La prudence et le bon sens conseillent encore de ne pas introduire deux ligues rivales dans le même village.

Toutes ont droit à votre entière sympathie, toutes sont parfaites dans leurs intentions et dans leurs œuvres, mais leurs adhérentes ne le sont pas nécessairement, malgré leur bonne volonté, et dans un petit centre, qui dit encadrement différent, dit souvent hostilité. Quelques petites difficultés peuvent encore survenir à propos de la composition du bureau, d'un choix imprudent ou malheureux de dizainières dans une commune où l'égalité apparente des conditions sociales a trompé les organisatrices. Je dis *apparente*, car ce serait une erreur de croire que nos classements sociaux, même arbitraires et artificiels, n'existent pas à la campagne, dans plusieurs régions tout au moins. Au contraire, ils sont souvent d'une persistance qui étonne : certaines familles paysannes que rien ne distingue extérieurement, qui vivent tout à fait sur le même pied que d'autres, sont séparées par des lignes de démarcation subtiles dont les intéressés seuls pourraient expliquer les lointaines raisons. De là des froissements, des incompréhensions, des hostilités qui déroutent et irritent l'étranger. Donc informez-vous avant de tenter la moindre démarche et tâchez de gagner à la ligue choisie le plus de sympathies possible. Si élevé que soit le but poursuivi, il faut, hélas ! toujours faire la part de l'humain dans nos œuvres. Entre toutes, celles qui ont un caractère religieux doivent être attentives à éviter les conflits, les imperfections, les défaillances. A quelque association qu'elle se rattache, une ligueuse doit être un exemple vivant. Mieux vaut quelques recrues fidèles et zélées qu'un grand nombre d'adhérentes sans élan, sans flamme et sans idéal.

LA LIGUE DES FEMMES FRANÇAISES (1)

I. — *Historique et esprit de l'œuvre.*

La Ligue des Femmes françaises, qui apparut en 1901, a été, comme la Propagation de la Foi, fondée à Lyon, dans ce premier diocèse de la vieille Gaule où l'esprit chrétien est si profond, et se manifeste par des œuvres si solides (2).

Elle naquit de la pensée de zèle d'une ardente et généreuse chrétienne ; son premier acte fut de solliciter des Femmes françaises leur aide matérielle pour obtenir de bonnes élections, en 1901.

Le résultat de cet appel fut assez important pour attirer l'attention, assez insuffisant pour démontrer combien les seuls efforts humains étaient impuissants à nous sauver ; aussi, au lendemain de cette première campagne, après avoir été en butte à la contradiction, la Ligue, instruite par l'expérience et affermie par l'épreuve, arbora pour étendard le signe sacré du Cœur de Notre-Seigneur Jésus-Christ, et, sous la protection de Marie Immaculée, de saint Michel et de Jeanne d'Arc, lança, le 8 décembre 1902, son premier bulletin, *l'Appel à la France chrétienne*, qui a paru depuis sans interruption.

C'est de la Ligue des Femmes françaises que sont sorties toutes les autres associations similaires, et c'est elle qui, la première, mettant de côté craintes puériles et respect humain, proclama ouvertement son dessein

---

(1) Pour plus amples détails, on peut s'adresser soit au siège de l'Œuvre, 18, rue de l'Abbaye-d'Ainay, à Lyon, soit à Paris, 15, rue Duguay-Trouin.

(2) Une partie de cet article, dû à Mme du Sorbier, a paru dans *les Nouvelles religieuses* (1918). La marquise de Lespinay a bien voulu le compléter par une note consacrée aux œuvres rurales de la Ligue que l'on trouvera ci-après.

de combattre par tous les moyens possibles pour «tout restaurer dans le Christ ».

C'est ce qu'elle n'a cessé de faire depuis dix-sept ans : œuvres de presse, conférences, catéchismes, patronages, pèlerinages, retraites, suivant les aptitudes de ses adhérentes et les besoins locaux de ses différentes sections, la Ligue a varié et peut varier encore ses moyens d'action, mais elle a toujours conservé une absolue unité de vues parmi ses membres, et tout sacrifié à leur esprit surnaturel.

Se tenant toujours au-dessus de tous les partis politiques, la Ligue s'est attachée à grouper les âmes de zèle, à les révéler à elles-mêmes et les unes aux autres, et à les enrôler dans la prière et l'action pour le relèvement de la patrie.

Les adhérentes de l'Œuvre se recrutent dans toutes les classes de la société ; quelque aide matérielle est donnée parfois à celles des nôtres qui en ont besoin, mais le but est bien plus d'élever l'âme du peuple et de former des élites que de rechercher la popularité ou la poursuite des biens matériels.

La Ligue a pour principe, et elle s'en est toujours bien trouvée, de s'adresser aux plus nobles instincts de l'âme, de les réveiller avec le souvenir de nos traditions chrétiennes et françaises, de relever les petits à leurs propres yeux, mais sans rien abaisser de ce qui est grand, et de s'efforcer de restaurer, autant que possible, dans notre société, le sentiment de la dignité et la notion de l'autorité et du respect.

Telle qu'elle est, elle a su grandement se faire aimer du peuple. Dans le seul diocèse de Lyon, elle compte plus de soixante mille adhérentes.

Dans un très grand nombre d'autres départements, la Ligue des Femmes françaises fut vite répandue : la

Savoie, l'Ardèche, la Drôme, le Gard, l'Aude, la Saône-et-Loire virent rapidement se former des groupements considérables.

La Normandie, la Bretagne, la Vendée, l'Anjou en possèdent aussi de très importants ; la Dordogne est en train de s'organiser.

On a évalué à quatre cent mille le nombre de nos adhérentes ; ce chiffre nous paraît un peu exagéré ; il est impossible de le préciser absolument en ce moment où sont dévastées plusieurs régions dans lesquelles la Ligue était florissante, comme l'Artois, certaines parties de la Champagne et de la Lorraine. Le seul Pas-de-Calais comptait, avant la guerre, quarante mille adhérentes.

II. — Œuvres.

La Ligue s'est d'abord attachée à grouper les âmes dans un esprit surnaturel ; la messe mensuelle pour la France a été de suite établie, de nombreuses conférences ont été données, mais conservant généralement un caractère d'intimité et de simplicité et recherchan les fruits durables plus que l'éclat.

Chaque pays, chaque section se sont adonnés, suivant l'attrait des adhérentes ou des présidentes, à telle ou telle branche d'œuvres. Ainsi, la Vendée (qui compte environ cinq mille ligueuses) s'est occupée plus particulièrement, sans négliger les autres œuvres, des retraites pour les femmes de la campagne (1), retraites

---

(1) Note communiquée par la marquise de Lespinay. La Ligue organise, en Vendée, des retraites annuelles pour les femmes et les jeunes filles de la campagne. Celles-ci apportent le matin leur panier de provisions et passent trois journées entières avec les organisatrices, heureuses de se retremper dans l'esprit de devoir et de reprendre le courage nécessaire à leur laborieuse vie. En d'autres localités, tous les exercices de la retraite sont réunis entre 9 heures du matin et

mêmes fermées, qui produisent des résultats merveilleux.

En Saône-et-Loire, on a, plus activement qu'ailleurs, propagé la Garde d'honneur du Sacré-Cœur, l'Heure sainte, sans oublier les catéchismes, cercles d'études, ouvroirs et cours ménagers.

Valence a organisé l'adoration nocturne dans la nuit de chaque premier vendredi du mois, — un abri du soldat fréquenté par cent cinquante hommes par jour, et aussi de nombreuses retraites cantonales.

Des milliers d'adhésions à l'Archiconfrérie de prière et de pénitence ont été recueillies par chacun de nos comités diocésains.

En Bretagne, et du reste dans toutes nos sections, les diffusions de tracts, bons journaux et bonnes feuilles de tous genres sont innombrables, ainsi que les ouvroirs et les travaux distribués à domicile pour retenir les jeunes filles au pays.

C'est par centaines de mille et bien près d'un million que les insignes du Sacré-Cœur ont été envoyés au front, sur la demande des soldats eux-mêmes.

Nos comités de la Loire-Inférieure ont fait aussi de fréquents envois de ligueuses aux pèlerinages de Lourdes.

C'est au Comité de *Lyon* que l'on doit l'initiative de

3 h. 1/2 de l'après-midi, pour permettre aux cultivatrices de faire leur ouvrage avant d'aller à l'église et le soir, en rentrant chez elles. Pour beaucoup, cette retraite, qu'elles aiment, est un point de repère dans l'année.

Dans le Lyonnais, la comtesse des Vernays s'occupe de fonder et de développer l'enseignement ménager ; ailleurs, on a créé l'Œuvre du Trousseau. Partout la Ligue se met à la disposition de la Protection de la Jeune Fille pour lui fournir des correspondantes et l'aider à empêcher la désertion des campagnes ; partout elle cherche à s'adapter aux nécessités locales, avec les initiatives patriotiques, et y porte l'esprit d'apostolat et le zèle désintéressé qui la caractérisent.

l'envoi des petits paquets au front ; dès les premiers mois de la guerre, plusieurs milliers de paquets furent adressés par ce seul Comité.

Une cantine abri de jour et de nuit n'a pas cessé de fonctionner à la gare de Perrache, depuis quatre ans ; le service de cet abri, fait entièrement par des dames appartenant à la meilleure société de la ville, a ravitaillé, au physique et au moral, des milliers de soldats.

Les envois aux pays dévastés, aux prisonniers, se sont faits, sans les compter, dans toutes nos sections.

Le bureau de Paris s'est occupé spécialement de dons à l'armée d'Orient. Il a aussi prodigué aux blessés du Val-de-Grâce secours et consolation, et bien souvent des convois solitaires ont été suivis par les nôtres après avoir demandé et obtenu la bénédiction du prêtre pour le coin de terre où était enseveli le petit soldat mort loin des siens. Maintes fois aussi, les familles éloignées recevaient l'argent du voyage nécessaire pour venir auprès du lit du blessé ou du mourant.

Neuilly possède dans l'Ile de la Jatte (merveilleux terrain d'apostolat) un patronage admirablement organisé.

A Belleville, trois cents adhérentes, réunies chaque mois, ont trouvé parmi elles des gardes volontaires et gratuites pour les malades pauvres. Elles écoutent avec plaisir une courte conférence sur l'histoire de l'Église faite par le prêtre directeur de l'Œuvre, et une causerie familière anecdotique sur l'histoire religieuse de la France, faite par l'une des nôtres.

Partout, dernièrement, nous avons éclairé les veuves de guerre sur les dangers du conseiller de tutelle, en propageant les tracts si excellents du Comité de défense religieuse.

III. — *Organisation.*

Des statuts très simples, mais très précis, ont été récemment donnés à la Ligue des Femmes françaises ; elle doit rester soumise à l'autorité diocésaine, et être, autant que possible, paroissiale.

Pour faire partie de la Ligue, il faut d'abord et avant tout désirer travailler au règne de Dieu sur la terre, particulièrement dans notre patrie, et remplir de son mieux les devoirs de la vie chrétienne.

Chaque membre doit, autant que possible, assister à la messe mensuelle que chaque comité paroissial fait célébrer pour la France et à la réunion du mois où les adhérentes se concertent pour les œuvres d'apostolat à créer ou à développer dans la paroisse, toujours avec l'approbation des pasteurs, mais par le travail et parfois l'initiative des ligueuses.

Un Comité cantonal réunit, une fois par an, les présidentes paroissiales, et un Comité diocésain, à son tour, réunit annuellement les présidentes cantonales.

Au-dessus du Comité diocésain, un Comité inter-diocésain est sous la protection de l'Archevêque de Lyon, en souvenir des origines de l'Œuvre.

Les épreuves de la guerre et les créations nouvelles par lesquelles nous avons dû leur faire face ne nous ont pas éloignées de notre but. Au contraire, un extraordinaire ferment de vie apparaît dans la Ligue des Femmes françaises. Elle aspire à pénétrer de plus en plus et dans nos campagnes et dans les faubourgs les plus déshérités de nos grandes villes pour y réveiller l'âme de la race et parler au cœur du noble peuple de France.

Ligue Patriotique (1)

Comme la Ligue des Femmes françaises (2), la Ligue patriotique a été fondée en 1901, « au moment où la persécution plus violente nécessitait le groupement des femmes catholiques pour la défense des libertés religieuses. Elle se proposait de défendre la foi, de la fortifier dans ses membres, de la propager, d'éveiller et d'entretenir le sens des responsabilités sociales et de constituer une élite de chrétiennes capables *d'exercer un apostolat fécond autour d'elles* ».

Animée, dès le début, d'un esprit de conquête, d'apostolat religieux et social, la nouvelle Association a précisé son programme après la séparation de l'Église et de l'État. Dès ce moment, elle a eu la noble ambition de devenir, dans chaque diocèse, l'auxiliaire humble, docile et zélée de l'épiscopat et du clergé. Elle lui a fidèlement prêté son concours dans les œuvres et les circonstances les plus diverses, s'inspirant partout des nécessités locales, créant ici des garderies d'enfants, des colonies de vacances, des œuvres de trousseau ; organisant ailleurs de grandes manifestations de foi ou d'activité sociale : pèlerinages, retraites, journées d'adoration et de réparation, grands congrès qui réveillent l'esprit de zèle et le dévouement aux humbles chez ses adhérentes et le répandent, par elles, dans la société tout entière. La Ligue s'est également préoccupée de la diffusion des bons journaux, si nécessaire pour lutter contre la mauvaise presse. Convaincue qu'une des premières

(1) Siège social : 368, rue Saint-Honoré, Paris.
(2) Les détails donnés ici sont empruntés à la brochure : *Mon guide*, obligeamment communiquée par la Secrétaire générale de la Ligue.

conditions du succès est l'adaptation, sans parti pris, aux divers milieux, elle ne s'attache pas à une création particulière, à un type unique d'œuvres, mais elle vise à agir sur la personnalité féminine tout entière et à l'orienter vers une vie plus évangélique et une compréhension plus généreuse du devoir.

La Ligue patriotique est administrée par un Conseil central, responsable de son organisation et de sa direction. A ce Conseil est adjoint un Secrétariat général (1) au service de toute la Ligue, un Comité consultatif général, des Comités départementaux qui maintiennent l'unité avec les groupes plus humbles et les relient à l'organisation centrale, enfin des Comités locaux extrêmement nombreux.

Répandue aujourd'hui dans toute la France, l'Association compte des milliers d'adhérentes. Il est impossible, en quelques mots, de donner une idée de son action aussi variée que féconde et des magnifiques résultats déjà obtenus. Insistons cependant sur un des côtés les plus attachants de cette action pour les jeunes filles. De tout temps, la Ligue patriotique leur a fait une place très grande dans ses groupements ; mais, depuis quelques années, sa sollicitude pour elles a encore augmenté et, par la création de nombreuses et vivantes « Sections de Jeunes », elle s'efforce de préparer pour l'avenir de ferventes ligueuses et d'admirables directrices d'œuvres.

Qu'est-ce qu'une « Section de Jeunes » ? C'est une école de dévouement et d'apostolat où la jeune fille se prépare à l'activité extérieure en recevant la triple formation religieuse, intellectuelle et sociale qui lui permettra

---

(1) Siège social : 368, rue Saint-Honoré. Le Secrétariat général est chargé : de la propagande à travers la France ; de l'organisation des congrès généraux, de toutes les publications de la Ligue (circulaires, échos, tracts, etc.) ; de l'organisation des sections, etc.

de donner à ses œuvres futures le fond et le sérieux qui en assurent le succès.

Le rôle des Sections de Jeunes a été très bien étudié par Mlle de Valette, une des plus distinguées conférencières de la Ligue. Empruntons-lui quelques réflexions :

« La jeunesse a cela de particulier et de charmeur, nous dit-elle fort justement, qu'elle s'enthousiasme vite et ne redoute rien quand il s'agit d'atteindre le but qu'elle s'est fixé. Qu'elle s'achemine vers les hauteurs ou qu'elle se laisse entraîner vers les bas-fonds, elle met dans sa marche quelque chose d'ardent, de précipité, de fougueux qui est pour ainsi dire sa marque distinctive.

« Le malheur est que ces qualités ne sont pas, comme il faudrait, canalisées pour le bien et que le nombre des jeunes filles enrôlées est trop peu considérable. Pour une qui occupe sérieusement ses dix-huit et vingt ans, combien qui amoindrissent leur vie et rétrécissent leur idéal ! Sans les incriminer, car elles sont bien souvent dans l'ignorance des nécessités de l'heure présente et victimes d'une éducation trop moderne, dans la mauvaise acception du mot, il faut déplorer cette inaction et essayer de les en sortir. C'est, par excellence, le rôle de la Section des Jeunes. On ne saurait donc trop insister sur l'utilité de créer partout ces sections, appelées à rendre les plus grands services :

« 1° A la cause catholique, en lui apportant des dévouements éclairés et des activités disciplinées qui, sans elles, eussent été stériles parce qu'isolées ou excessives et indiscrètes, parce que non préparées et non contrôlées ;

« 2° A la Ligue, en lui fournissant les éléments indispensables de l'avenir ;

« 3° Aux jeunes filles elles-mêmes, en leur apprenant à voir plus grand, plus haut et plus clair que leurs aînées.

« Celles-ci, en effet, ont dû se débrouiller au petit bonheur, sans formation préalable, et, sous l'empire de nécessités pressantes, mettre, en quelque sorte, les actes avant la préparation. Les Jeunes n'auront pas les mêmes excuses : elles ont grandi en pleine persécution, elles ont eu sous les yeux l'exemple de belles initiatives et de magnifiques dévouements ; à leur tour, il faut qu'elles se préparent à travailler et à se dépenser dans le cadre où la Providence les a placées.

« Pour créer une Section de Jeunes, il n'y a pas qu'une méthode. L'une des meilleures paraît être, cependant, de choisir des jeunes filles connaissant déjà la Ligue, de les gagner à cette idée, de les y intéresser, puis de les grouper, pour une causerie de fondation, avec d'autres jeunes filles encore indécises, mais susceptibles de se laisser gagner (1). »

Pour les jeunes filles du monde, c'est dès le pensionnat, dès la fin des études que les grandes élèves pourraient être entraînées, orientées vers une vie de dévouement ; pour les autres, il y a un moment psychologique à saisir, celui où, « à quelques exceptions près, la plupart des jeunes filles désertent le Patronage, dont les jeux et les récréations leur semblent trop enfantins. Qu'une Section de Jeunes les prenne alors dans le Patronage même, si c'est possible, les forme à l'apostolat, leur montre que jouer à cache-cache ou faire des rondes est un moyen de gagner l'affection des petits, d'avoir leur confiance, de les enlever aux dangers de l'oisiveté et de la rue, de pénétrer dans les familles pour

(1) *Écho* du 15 décembre 1917.

y faire du bien, et on les verra reprendre la route du Patronage dans une pensée de zèle ».

Idée parfaitement juste ! Rien de ce qui se fait pour Dieu n'est puéril. La charité, céleste magicienne, enveloppe de sa douce lumière nos plus humbles travaux et leur prête un surnaturel intérêt. Et dans la vie dangereuse, incertaine et si souvent troublante que les nécessités du travail font à la jeune fille pauvre, dans notre société contemporaine, quelle force n'apporte pas l'union de vivantes amitiés, le groupement entre compagnes partageant la même vie, exposées aux mêmes tentations, aux mêmes périls ! Ainsi l'Association pieuse, sous quelque forme qu'elle se présente, apparaît au terme de l'enfance comme le cadre naturel dans lequel la jeune fille, après avoir abrité ses premières années à l'ombre du Catéchisme de persévérance et du Patronage, pourra déployer son activité et trouver pour sa foi, sa piété, son besoin d'affection, les aliments nécessaires. Nous verrons, un peu plus tard, quels services éminents elle est appelée à lui rendre sur le terrain professionnel.

ASSOCIATION CATHOLIQUE
DE LA PROTECTION DE LA JEUNE FILLE

Au groupe des ligues pieuses, je rattacherai encore l'Association catholique de la Protection de la Jeune Fille (1), œuvre aussi attachante par son but que souple et variée dans ses moyens d'action. Fondée en Suisse, en 1896, et rapidement répandue en France, où elle comptait, en 1912, plus de dix-sept comités régionaux, la Protection se propose « de venir en aide aux jeunes

_____

(1) Siège social en France : 77, rue Denfert-Rochereau, Paris.

filles isolées de toute condition et de toute nationalité
au triple point de vue matériel, moral et religieux. Ses
services sont multiples et d'une souplesse infinie pour
s'adapter à tous les besoins, pour prévoir tous les dangers et pour les atténuer, si elle ne peut les détruire...
L'Association a pour signe distinctif les couleurs
blanche et jaune, connues maintenant d'un bout du
monde à l'autre, et elle est organisée dans trente-cinq
pays différents » (1).

Un des premiers buts de la Protection, le plus connu
peut-être, est de venir en aide à la petite paysanne qui
quitte son village pour venir chercher à Paris ou dans
une grande ville un salaire rémunérateur. Elle facilite
son voyage, la reçoit à son arrivée, lui procure un asile
décent, une place convenable, la soutient dans ses difficultés, l'encourage dans ses peines, s'efforce enfin, par
tous les moyens en son pouvoir, de la maintenir dans la
voie droite. Elle rend les mêmes services aux jeunes
institutrices tentées de s'expatrier sur la foi de renseignements douteux et si souvent exposées, à leur arrivée
dans un pays inconnu, dont elles ignorent parfois la
langue, aux pires dangers et aux plus lamentables
exploitations.

Vous voyez d'ici le champ immense ouvert à une
action très délicate, souvent difficile et toujours très
méritoire. Malheureusement, ces œuvres de ville ont un
peu masqué, aux yeux des terriens, les services rendus
par la Protection dans les campagnes. Des personnes
très dévouées ont craint, en faisant connaître l'œuvre,
en apposant, par exemple, sa grande affiche jaune et
blanche à l'église ou au Patronage, en acceptant le rôle

____

(1) Les passages mis entre guillemets sont, à moins d'indication
contraire, empruntés au remarquable rapport de Mlle de Saint-Seine,
secrétaire générale de la Protection au Congrès de Quimper, 1912.

de correspondantes, de rendre le départ des jeunes filles trop facile et de favoriser ainsi l'émigration, ce grand fléau de nos campagnes. Ce sont là des préventions bien exagérées, car nous n'en sommes plus là ! On peut le déplorer, mais il ne sert à rien de s'insurger contre un fait. Aujourd'hui, il n'y a plus de cloisons étanches entre la vie rurale et la vie urbaine. La petite paysanne de nos villages les plus lointains, les plus cachés, semblerait-il, dans la montagne ou au fond des terres, a en ville des voisines, des parentes, des amies qui la pressent de venir les rejoindre en lui promettant des situations ou des places toujours merveilleuses de loin. Que dis-je ? On vient la chercher jusque sous le toit paternel : c'est un baigneur, un touriste, en quête de servante, parfois même un industriel ès placements qui parcourt les campagnes et s'efforce d'arracher les pauvres filles à leur milieu paisible, en faisant miroiter à leurs yeux les beaux gages et les plaisirs de la grande ville. Dans chacune de ces hypothèses, que de dangers et combien peu de garanties !

Au contraire, la jeune cultivatrice s'est-elle mise en rapport avec la Protection par l'intermédiaire de sa correspondante de village, celle-ci essaiera tout d'abord et par tous les moyens de la garder à la terre. Elle lui parlera franchement des dangers, des épreuves et des désillusions qui l'attendent. Le travail manque-t-il ? elle s'efforce de lui en trouver sur place, et ce n'est que lorsque tous les moyens de persuasion ont échoué qu'elle se résigne enfin à préparer son itinéraire et à lui assurer, dans sa nouvelle résidence, un asile sûr et des moyens de gagner sa vie honnêtement.

« Le grand agent de la Protection de la Jeune Fille dans les campagnes, c'est donc cette correspondante de village qui doit être connue des jeunes filles et avoir gagné leur confiance de telle sorte que pas une ne pense à quitter son foyer sans l'avoir prévenue et consultée (1). »

Ce rôle très attachant peut être rempli, presque partout, par les nombreuses jeunes filles auxquelles leur situation de famille donne, à la campagne, une autorité réelle et une influence prépondérante. En rapports journaliers avec les petites paysannes grâce au Patronage, aux œuvres de charité, aux services rendus de génération en génération, elles connaissent leur caractère, elles peuvent apprécier, pour chacune, les chances de résistance au mal, les dangers plus ou moins grands de la vie urbaine, la place qui convient à telle ou telle, et rendre ainsi d'inappréciables services. En fait, la Protection de la Jeune Fille a recruté, dans cette élite sociale, quelques-uns de ses membres les plus agissants, et préférant, avec raison, prévenir le mal plutôt que d'avoir à lutter contre lui, ce qui est toujours plus incertain et plus difficile, plusieurs de ses correspondantes ont créé des œuvres professionnelles, des centres de travail, de production agricole que nous retrouverons lorsqu'il sera question des industries rurales et qu'il serait tout à fait injuste d'oublier en résumant l'action bienfaisante de la Protection de la Jeune Fille.

Il ne m'est pas possible de m'étendre davantage, aujourd'hui, sur ces trois belles organisations, si riches d'élan, de vie, de sève chrétienne, si admirablement adaptées aux besoins modernes. Puissent ces quelques indications vous donner le désir de les étudier plus à fond et de leur apporter votre généreux concours ! Avec

---

(1) Voir le rapport de Mlle de Saint-Seine sur le rôle des correspondantes de village.

des caractères différents, elles poursuivent un but commun, qui est aussi le nôtre, la formation chrétienne, la préservation morale de la femme et de la jeune fille. Dans nombre de villages, vous trouverez des groupes de telle ou telle de ces œuvres déjà constitués et parfois un peu somnolents. Ne les laissez pas dépérir ; avec la discrétion que vous impose votre âge, mais aussi avec cette généreuse ardeur de la jeunesse, si puissante pour le bien, attachez-vous, au contraire, à les rendre bien vivants, bien actifs. Un bon groupement est toujours un précieux réservoir de forces et d'énergie morale ! Au sortir du Patronage, la Ligue des Femmes françaises ou la Ligue patriotique encadreront de leur souple chaine des jeunes filles qui, livrées à elles-mê risqueraient de perdre leurs habitudes de piété et de vie sérieuse. La Protection vous aidera à préserver ces jeunes recrues du mirage des grandes villes. A vous-mêmes, ces associations offriront un cadre, des concours pour vos œuvres futures, un appui contre l'isolement si funeste aux jeunes initiatives. Enfin et surtout, ne nous est-il pas permis de croire que ces Ligues catholiques, dans lesquelles la prière et l'humble adoration tiennent une si grande place, attireront sur vos patients efforts la bénédiction du Seigneur, et ne pouvons-nous pas, sans trop de présomption, espérer que se réalisera pour elles et pour vous la miséricordieuse et divine promesse : « Là où vous serez plusieurs assemblés en mon nom, je serai au milieu de vous ».

OEUVRES D'ÉDUCATION

L'ENSEIGNEMENT MÉNAGER

L'ŒUVRE DU TROUSSEAU

LA CAISSE DOTALE

L'ENSEIGNEMENT MÉNAGER

MESDEMOISELLES,

Nous abordons aujourd'hui la question de l'enseignement ménager, question très complexe, très bien étudiée depuis une vingtaine d'années et dont je n'ai pas la prétention de vous apporter ici, en quelques instants, un résumé exact et complet. Tout au plus pourrai-je vous présenter ici un tableau sommaire de ce qui a été fait déjà et vous donner quelque idée de la position actuelle de nos écoles ménagères, des perspectives d'avenir qui semblent s'ouvrir devant elles et des progrès qu'elles ont encore à réaliser, car, en dépit des efforts généreux qui ont été tentés un peu partout, notre enseignement domestique est loin d'avoir atteint le degré de développement, de perfectionnement auquel nous devons le porter pour en faire une arme efficace contre les différents fléaux qui menacent la famille laborieuse.

Les débuts de l'enseignement ménager en France ont été assez difficiles et ce n'est pas sans peine qu'il a obtenu droit de cité dans bon nombre d'esprits. Les ouvrières de la première heure se rappellent encore les discussions passionnées que soulevèrent, presque partout, les premières écoles. On craignait de donner des goûts de luxe, de dépense aux jeunes filles, de changer l'alimentation ou les habitudes de vie de toute une famille, de provoquer une hausse générale et injustifiée des salaires ; que ne craignait-on pas ?

C'est le sort de tout ce qui est nouveau de soulever des critiques, critiques quelquefois justifiées, d'ailleurs, par les tâtonnements, les inexpériences et les erreurs inséparables de tout apprentissage. A vrai dire, cette prétendue nouveauté, comme la plupart de nos initiatives modernes, avait ses racines dans le passé. L'enseignement domestique était loin d'être inconnu au Moyen Age, comme on peut s'en convaincre en lisant les œuvres du chevalier de la Tour-Landry, le livre de l'anglais Tusser et tant d'autres traités d'économie domestique en vogue aux XIVe et XVe siècles. Au XVIe siècle, Vivès, précepteur des quatre filles d'Isabelle la Catholique, conseillait d'apprendre aux jeunes filles l'économie domestique, la cuisine et la médecine usuelle. Au XVIIe et au XVIIIe siècles, nous trouvons l'enseignement ménager en faveur à Port-Royal, « où les élèves balayaient leurs chambres et peignaient les plus petites » ; à Saint-Cyr, véritable ruche où « chacune avait sa tâche marquée à l'infirmerie, à l'apothicairerie, à la lingerie, au dortoir, au réfectoire : on faisait les lits, on frottait, on époussetait. Mme de Maintenon préférait aux ouvrages exquis la couture, le raccommodage ; elle voulait qu'on apprît à repriser, à broder, à tricoter, à tailler, et elle ne négligeait point la cuisine ». Ni à Panthemont, ni à l'Abbaye-au-Bois, couvents à la mode du XVIIIe siècle, les connaissances pratiques n'étaient négligées, et, chose curieuse, elles étaient surtout données aux jeunes filles de la meilleure société, appelées, dans l'avenir, à diriger un nombreux personnel. M. Alfred Babeau (1) nous fait connaître une maison d'un genre plus modeste, où cet enseignement se combine fort heureusement avec une sorte de formation professionnelle : c'est le couvent de l'Enfant-Jésus, rue de Vaugirard, fondé par Languet de Gurgy, sous le patronage de Marie Leczinska. Les dames de Saint-Thomas de Villeneuve avaient là un pensionnat composé de trente jeunes filles nobles, peu fortunées, et un ouvroir que fréquentaient plus de huit cents femmes ou filles indigentes. On apprenait aux demoiselles à coudre, à broder, à raccommoder les dentelles ; les plus grandes suivaient un cours d'apothicairerie « pour faire les médecines ». Elles servaient aussi d'apprenties aux religieuses soit à la fabrication des fils, des soies et des toiles, soit à la boulangerie, aux greniers, à la basse-cour, à la culture des jardins, etc. Pendant le xixᵉ siècle, hélas ! l'enseignement ménager n'a fait que décliner, à part quelques honorables exceptions, et ce n'est qu'à partir de 1902 que les efforts et les créations se sont multipliés un peu partout, pour aboutir enfin à une véritable renaissance.

Quoi qu'il en soit, les temps héroïques sont passés : nul ne conteste, aujourd'hui, la nécessité de donner à l'enfant, à la jeune fille, une formation domestique indispensable au bien-être et à la dignité du foyer. Tout au plus fait-on des réserves sur les méthodes de certaines écoles ménagères et insiste-t-on, fort justement, sur la nécessité de donner à tout enseignement domestique un caractère sérieux, pratique, positif, qui exclut l'idée de fantaisie et de gaspillage.

Quelques-uns, voyant la difficulté d'atteindre toutes les jeunes filles, voudraient même introduire l'enseigne-

<hr>

(1) Cité par *la Réforme sociale*.

ment ménager partout : à l'école, après l'école, dans l'usine
et jusque dans l'Université. Or, l'école a déjà, il faut
le reconnaître, un programme suffisamment chargé ; de
plus, les enfants qui la fréquentent sont trop jeunes et
tout au plus capables de s'assimiler quelques notions
préparatoires ingénieusement mises en valeur par certaines institutrices, comme nous le verrons plus loin.
L'usine et l'Université ont d'autres soucis : elles donnent un enseignement professionnel ou un enseignement supérieur et c'est avant ou en dehors de celui-ci
que la jeune fille doit être instruite de ses devoirs de
ménagère. On propose, il est vrai, de résoudre la difficulté, au moins pour les milieux populaires — les plus
difficiles à gagner, eux qui, cependant, auraient tant
besoin de ces leçons ! — en prolongeant la période scolaire pendant un an. Dans cette année, l'enseignement
ménager devrait obligatoirement trouver place. La loi
est déjà en vigueur dans certains cantons de Suisse et
en d'autres pays : actuellement, on l'étudie en France.
Sera-t-elle acceptée et appliquée ? C'est possible, mais
en attendant cette réforme, qui peut être lente à se géné-
raliser, l'entrée en apprentissage étant généralement
fixée, chez nous, à treize ans et les parents ayant grand'
peine, à la campagne comme à la ville, à sacrifier une
année de gain, il serait bon d'agir individuellement sur
l'esprit de chaque famille. Trop souvent, en effet, la
plus irréductible adversaire du cours ménager, dans le
peuple, c'est encore la mère, soit qu'elle juge ce cours
un embarras et une inutilité, soit, ce qui est très fré-
quent, qu'elle envisage avec défiance un enseignement
qui lui manque à elle-même. Le jour où l'école ménagère sera réellement appréciée par la mère de famille
laborieuse, appréciée au point que celle-ci n'hésitera
pas à s'imposer quelques sacrifices pour en procurer le

bienfait à l'enfant, sa victoire sera certaine et son action d'autant plus efficace que la théorie apprise et appliquée pour la première fois près de la maîtresse sera incessamment vivifiée par l'exemple et la pratique du foyer domestique. C'est le but auquel nous devons tendre constamment dans nos œuvres.

. . . .

Tel qu'il s'est présenté aux Congrès de Fribourg (1908), de Gand (1913), et, dans les grandes lignes, il n'a pas beaucoup varié depuis, l'enseignement ménager français comprend :

1° Des cours normaux à l'usage des futures maîtresses ménagères et des jeunes filles ayant une certaine culture intellectuelle ;

2° Des écoles ménagères proprement dites, ouvertes tous les jours et toute l'année scolaire ;

3° Des cours ménagers fonctionnant une, deux, trois fois par semaine, annexés à d'autres œuvres telles que patronages, écoles primaires, orphelinats, cours du soir, etc. ;

4° Enfin des écoles volantes, celles-ci plus spécialement agricoles.

ÉCOLES NORMALES

Le cours normal est une nécessité. Tous ceux qui cherchent à établir une école ménagère savent combien il est difficile de trouver des maîtresses sérieusement préparées à leur tâche. Non seulement leur instruction technique doit être suffisante pour être communiquée à d'autres, mais d'autant plus raisonnée, d'autant plus intelligemment comprise, que cette instructio n'est elle-même qu'un moyen d'atteindre le but. C'est pour cela que les leçons de professionnelles, auxquelles on est

forcé de recourir dans certains cas, ne valent que s'il y
a au-dessus d'elles une direction qui coordonne leurs
efforts et en dégage le sens. L'idéal de la maîtresse n'est
pas et ne doit pas être de préparer des ouvrières d'élite,
des cordons bleus, des femmes de chambre artistes, mais
de transformer, à l'aide des travaux du ménage, des
fillettes insouciantes et maladroites en femmes ordon-
nées, ingénieuses et prévoyantes. Un simple apprentissage manuel ne suffirait pas à obtenir ce résultat, il
faut une formation spéciale, une méthode qui éclaire
toutes les parties de la science ménagère et en soit, en
quelque sorte, le fil conducteur et l'âme rayonnante.

De nombreuses écoles assurent déjà, en France, cette
formation. Elles employaient, au début, tantôt le système
belge, qui, après une période d'instruction de quatre
mois, impose aux futures maîtresses une année d'enseignement et de travail personnel avant de les admettre à
l'examen; tantôt la méthode suisse, dont les cours durent
dix mois. Les unes et les autres, en s'efforçant d'adapter
à leur enseignement ce qu'il y a de meilleur dans chaque
pays, ont créé un troisième système vraiment national,
approprié à nos habitudes d'esprit et ayant, par conséquent, de grandes chances d'être pour nous le meilleur.

Il est impossible, en ce moment, de donner une liste
à jour des cours normaux. La guerre, là comme partout,
a exercé ses ravages; les professeurs, attirés vers d'autres
missions de dévouement, ont dû cesser des cours que
fréquentaient moins d'élèves. Bornons-nous donc à citer,
pour Paris, le Syndicat de l'Enseignement ménager
de la rue de l'Abbaye (3 et 5), qui a de nombreuses
filiales, tant à la campagne que dans la plupart des
grandes villes; l'École ménagère de la rue Bertrand (1),

____

(1) Institut Normal ménager, 20, rue Bertrand.

placée sous le patronage de l'Archevêché, et le Foyer (1),
dirigé par Mme Thome, plus spécialement destiné aux
jeunes filles du monde.

Au point de vue urbain, la formation des futures
maîtresses paraît donc assurée. Il n'en est pas tout à
fait de même au point de vue agricole. Sans doute, des
progrès très sérieux ont été réalisés : dans la plupart
des cours normaux, il y a un programme sommaire
d'agriculture que les écoles rurales développent naturellement davantage et auxquelles elles ajoutent la laiterie,
la fromagerie, le soin de la basse-cour, du jardin, la
taille des arbres, en un mot, tous les travaux pratiques
susceptibles d'intéresser la fermière. Ces écoles sont
malheureusement assez rares (2). Dans l'enseignement
ménager officiel, nous avons Grignon (3), école normale
destinée surtout à fournir des directrices et des stagiaires
aux écoles ambulantes départementales. L'examen d'entrée en est assez difficile et le programme tend à devenir
trop scientifique, trop abstrait pour la moyenne des
jeunes filles. Certes, il serait exagéré de prétendre qu'une
femme ne peut trouver en France, à l'heure actuelle, un
enseignement agricole complet, car il y a, ici et là, d'excellents cours, mais il faut les chercher avec persévérance (4). Jusqu'à ces dernières années, cet enseignement
n'avait guère été mis à la portée des jeunes filles de

---

(1) 34, rue Vaneau. Au Foyer a été inauguré, en 1918, un cours
d'agriculture destiné aux jeunes filles, dont on trouvera le programme
à l'Appendice.

(2) Signalons, parmi les meilleures écoles ménagères agricoles :
Haroué (Meurthe-et-Moselle) ; Smermesnil, par Londignères (Seine-
Inférieure) ; Gouarec (Côtes-du-Nord). Ce dernier établissement a
inauguré, en 1917, un cours d'agriculture destiné aux jeunes filles du
monde (de juillet à octobre).

(3) Seine-et-Oise.

(4) Le cours d'agriculture du Foyer, 34, rue Vaneau ; celui du
Foyer rural, rue du Louvre, etc.

condition aisée, dont l'influence et l'exemple seraient cependant si utiles à la campagne. L'École supérieure d'agriculture féminine, dont le projet fut présenté, dès 1869, au ministère de l'Instruction publique, par la baronne de Pages (1), et réédité à bien des reprises depuis par des femmes dévouées, n'a pu encore réunir chez nous un nombre d'élèves suffisant pour assurer le succès. Depuis quelques mois, il est vrai, l'Institut agronomique a ouvert ses portes aux femmes ; peut-être est-ce la solution la plus simple et la plus heureuse d'un problème difficile. Car si une bonne école ménagère agricole par département rendrait d'énormes services et serait assurée d'un recrutement suffisant, il est douteux qu'un établissement d'études supérieures, uniquement destiné à l'agriculture et aux sciences annexes, attire, au début tout au moins, un nombre de jeunes filles et de femmes assez grand pour installer l'école dans de bonnes conditions.

Les cours destinés aux jeunes filles du monde étant plus complets, plus scientifiques, se rapprochent naturellement des cours normaux annuels. Il a fallu chercher quelque chose de plus simple, de plus condensé pour les institutrices rurales, appelées à faire, dans leur classe ou en dehors de leur classe, une part plus ou moins large à l'enseignement ménager. La nécessité de les préparer très rapidement à une tâche nouvelle a conduit à la fondation de cours normaux de vacances. L'exemple brillamment donné par Mlle de Belfort, sur l'initiative de l'Union des Syndicats du Sud-Est, a fait école. Plusieurs départements l'ont imité et ces cours ont contribué fort justement à la propagation de l'enseignement ménager dans les campagnes.

(1) On trouvera plus loin le rapport de Mme de Pages, qui présente un certain intérêt rétrospectif.

Un cours normal de ce genre représente le maximum d'efforts que l'on puisse demander à une maîtresse ménagère non spécialisée. Quelques détails, empruntés aux comptes rendus de l'Assemblée générale du Sud-Est (1909-1910, etc.), vous permettront d'en saisir l'organisation et d'apprécier la somme de travail et de dévouement qui peut se dépenser pendant ces six semaines.

« Tout d'abord, les élèves furent divisées en quatre sections se subdivisant elles-mêmes en groupes, de manière à faciliter le roulement.

« Le matin fut consacré d'une manière plus particulière à la pratique, l'après-midi à la théorie.

« A 8 h. 1/2, la cloche rassemblait toutes les élèves à la salle de cours, où les recettes de cuisine leur étaient dictées et expliquées.

« A 9 heures, les quatre sections se divisaient : une à la cuisine, une au lavage, une au repassage ; la quatrième avait du temps libre pour mettre ses notes à jour, relever les patrons donnés à la coupe ou exécuter un des exercices de raccommodage imposés par le programme. Le lendemain, les sections changeaient de service.

« A 10 heures, un coup de cloche encore, et chacune interrompait sa besogne pour revenir à la salle de cours prendre des notes sur les théories culinaires et le nettoyage. Puis on retournait à la pratique jusqu'à l'heure du déjeuner, non sans avoir établi le prix de revient du repas.

« De 2 heures à 6 heures avait lieu toute la partie théorique : alimentation raisonnée, blanchissage, hygiène, économie sociale, pédagogie, etc.

« Deux après-midi par semaine étaient employées à la coupe. Le jeudi était réservé à l'agriculture et autres industries annexes.

« Le dimanche, repos complet, sauf pour les groupes désignés pour les différents services, car il ne faut pas oublier que tout le soin de l'entretien de la maison incombait aux élèves par voie de roulement, ceci en dehors des travaux du cours proprement dit.

« Ce qui s'est fait à Saint-Genis-Laval s'est répété, ainsi que je vous l'ai dit, dans d'autres départements.

« Il va sans dire qu'après cette période de travail intense, de chauffage, la formation de la maîtresse n'est pas achevée : elle a reçu simplement l'instrument nécessaire pour se mettre à l'œuvre.

« Ce n'est que peu à peu, par un labeur personnel acharné, persévérant, par l'observation, la pratique de chaque jour qu'elle acquerra l'expérience nécessaire pour s'imposer. C'est en causant, en vivant beaucoup avec ses élèves, en les réchauffant sans cesse à la flamme de son généreux idéal qu'elle en fera des épouses dévouées, des mères prudentes et d'incomparables ménagères. »

ÉCOLES MÉNAGÈRES

Après les cours normaux viennent les écoles fixes. Elles sont aujourd'hui assez répandues pour que l'on en trouve partout des modèles. Qui a vu une école ménagère en a vu cent. Elle se compose habituellement de deux pièces ou d'une pièce unique, rappelant, aussi exactement que le permet l'espace nécessaire aux leçons, la disposition d'un intérieur ouvrier.

Le cours dure un ou deux ans. Les élèves, divisées par groupes de quatre ou de six, passent alternativement d'un travail à un autre, sous la direction de la maîtresse. Le programme comprend la cuisine, le lavage et le repassage, l'entretien des vêtements, la couture et la coupe usuelle ; des notions théoriques d'hygiène, d'économie domestique, d'alimentation rationnelle et de comptabilité. Ces notions sont simples, positives, pratiques et doivent se rapprocher, autant que possible, de celles que donnerait une mère de famille intelligente.

Tantôt l'école fonctionne toute l'année et reçoit alternativement des enfants de la première classe primaire, une ou plusieurs fois par semaine, tandis qu'à d'autres jours, elle s'ouvre à des jeunes filles plus âgées, désireuses de compléter leur instruction pratique. Enfin, certaines ont, en outre, des cours payants destinés aux jeunes filles du monde, qui contribuent ainsi à une œuvre charitable et ne dédaignent pas de remplir, à l'occasion, le rôle de monitrices vis-à-vis de leurs sœurs moins favorisées. Ailleurs, l'école n'ayant pu s'installer d'une façon indépendante, c'est l'institutrice libre qui ajoute à sa classe un ou deux cours théoriques par semaine, par exemple de 4 h. 1/2 à 6 heures, le mercredi et le samedi. La pratique, cuisine et repassage, a lieu le jeudi. Cette forme de classe ménagère est aujourd'hui très répandue dans certains départements, notamment la Loire.

La classe ménagère se greffera encore sur un patronage.

Voici, par exemple, trois écoles des Basses-Pyrénées, fondées par M. de Lestapis, qui fonctionnent dans des paroisses variant de trois cent cinquante à huit cents habitants. Les cours ont lieu tous les jeudis, de 8 heures du matin à 11 h. 1/2, pendant les six mois d'hiver ; on s'occupe alternativement de la cuisine et de la lingerie ; à chaque séance, on ajoute une petite causerie sur les devoirs de la mère de famille, les soins à donner aux enfants, le jardinage et l'hygiène. Deux de ces écoles sont gratuites ; dans la troisième, les jeunes filles payent

0 fr. 20 la leçon de cuisine et le repas, 0 fr. 10 la leçon de lingerie ; elles n'en sont que plus assidues, et cette cotisation, pourtant bien minime, couvre plus d'un tiers des frais. Voilà, sous une forme très simple, très économique, un premier modèle d'école ménagère facile à organiser partout.

Voici un essai assez curieux d'enseignement ménager rural, tenté en Irlande, par le Comité d'agriculture de Queen's County, et qui pourra fournir quelques indications utiles à celles d'entre vous qui habitent un pays très pauvre ou très arriéré. Ce Comité avait organisé, avec succès, plusieurs cours ambulants, mais on s'était aperçu bien vite qu'une partie de la population féminine, découragée par la pauvreté de son logement et la modicité de ses ressources, répugnait à suivre les mêmes classes que les jeunes filles plus instruites ou mieux vêtues.

Le Comité se décida donc à louer un cottage dans la plus misérable partie d'un village de deux mille quatre cents habitants, et à le meubler d'une façon très simple, analogue à celle des maisons voisines. On se borna à blanchir les murs et à laver le plancher, laissant les autres détails de nettoyage à compléter pour les premières leçons. A l'intérieur, deux petites pièces, l'une servant de cuisine, l'autre de salle d'étude. La cuisine n'a d'autre foyer que la grande cheminée du paysan, dans laquelle on ne brûle, en Irlande, que de la tourbe et du fagot ; un dressoir garni de vaisselle, une table et quelques chaises de paille complètent l'ameublement. Le cottage fut ouvert un jour par semaine, de 2 heures à 5 heures ; neuf élèves s'inscrivirent, mais elles furent loin d'être toutes assidues aux dix leçons du programme. Dans ces conditions, la composition d'une leçon n'avait rien d'absolu ; une tâche particulière était assignée.

chaque jour, à chaque élève, de façon à ce que chacune les accomplit toutes pendant la période d'instruction. On eut soin de rendre les explications aussi simples, aussi faciles à comprendre que possible, et de donner une attention particulière au chapitre des économies : raccommodage, utilisation de vieux vêtements, etc. On apprit, par exemple, aux élèves à confectionner des draps en cousant ensemble des sacs de farine, des couvertures chaudes en doublant deux draps avec des vieux bas cousus les uns aux autres, etc. Un petit jardin fut mis à la disposition des élèves et des graines leur furent distribuées. Voici, du reste, le programme : il est difficile, on en conviendra, de combiner un enseignement plus simple, plus modeste et en même temps plus utile à un ménage d'ouvriers agricoles.

TABLEAU DES DIX LEÇONS DU COURS MÉNAGER

I. — Faire le pain (1). — Coudre.

II. — *Idem.*

III. — Mettre le couvert. — Leçon d'hygiène : propreté personnelle.

IV. — Cuire le pain. — Coudre. — Nettoyage d'une chambre.

V. — Faire la soupe. — Cuire de la viande fraîche. — Nettoyage.

VI. — Faire le pain. — Viande bouillie avec légumes. — Confiture de carottes.

VII. — Conférence par un horticulteur. — Visite au jardin.

VIII. — Faire le pain. — Œufs pochés. — Œufs au bacon (lard anglais). — Blanchissage.

IX. — Cuisson des légumes. — Le café. — Blanchissage.

X. — Pommes de terre bouillies. — Foie sauté. — Couture.

(1) Il est à remarquer qu'en Irlande, on fait encore le pain dans nombre de familles rurales.

Ces cours hebdomadaires s'adressent, il est vrai, de préférence à des jeunes filles de quinze à seize ans, et à la campagne comme à la ville, il est souvent impossible de grouper régulièrement, après la période scolaire, des enfants qui sont en apprentissage ou en service. Mlle Grelet, directrice de l'École Saint-Hilaire de Poitiers, s'est émue de cette difficulté et elle a cherché à la vaincre en introduisant l'enseignement ménager dans l'enseignement primaire par une méthode aussi ingénieuse que pratique. On sait que la théorie a déjà sa place marquée dans l'emploi du temps sous le nom d'économie domestique, mais la dévouée institutrice a le secret d'orienter vers les connaissances utiles à la future ménagère toutes les parties du programme. Les heures consacrées au travail manuel lui permettront, par exemple, d'apprendre à ses élèves à raccommoder, à confectionner le linge de la famille ; elle se sert de la cantine scolaire pour leur enseigner une cuisine de ménage rudimentaire, mais nutritive et saine ; de l'entretien et du nettoyage de l'école pour les former à l'ordre et à la propreté. En quittant l'école à treize ans, ces fillettes, dont une pensée prévoyante a dirigé, pendant plusieurs années, les études en vue du bien-être de la famille, emportent donc un savoir ménager réel ; elles emportent surtout l'intelligence de leur métier de femmes, précieuse conquête en regard de laquelle une dictée ou quelques notions de géographie de moins paraîtront, sans doute, une perte fort négligeable.

On objectera peut-être que ces enfants sont trop jeunes pour se rendre compte de l'importance des notions qu'elles acquièrent et que l'enseignement ménager ainsi compris doit, pour demeurer à leur portée, rester incomplet et superficiel ; d'accord, mais il ne s'agit là que d'un pis-aller ; ces enfants, coûte que coûte, sont obligées de se contenter, dans la vie, du bagage de l'école et on a donc le choix entre peu de chose ou rien du tout. Il n'est d'ailleurs pas indifférent pour leur avenir que l'adresse des mains et la promptitude de la réflexion — dot inappréciable de la jeune fille laborieuse — aient été développées de bonne heure. L'exemple de Mlle Grelet pourrait donc être suivi avec fruit, dans bien des villages, par la directrice d'une école libre, désireuse de faire le bien et souvent gênée dans son apostolat par l'indifférence des familles, âpres au gain et pressées de tirer parti de leurs enfants (1).

Enfin on a tenté, dans l'Est surtout, où il y a des usines dans chaque village, d'organiser des cours du soir pour les jeunes ouvrières de fabrique qui ne sont libres qu'à une heure tardive. Dans ce cas, la théorie a souvent lieu dans l'après-midi du dimanche et la pratique le samedi ou le lundi soir. Évidemment, ces cours du soir réclament, de la part des parents, une surveillance attentive que ceux-ci ne sont pas toujours disposés à exercer ; cependant, ils donnent de bons résultats et sont, en général, suivis avec beaucoup d'intérêt. Certains industriels ont même consenti à laisser à leurs jeunes ouvrières une heure et demie de liberté dans la journée du samedi pour les employer à l'enseignement ménager, mesure doublement libérale, puisqu'elle préparait la réforme, aujourd'hui réalisée, qui donne à la femme son après-midi pour préparer le repos du dimanche. Des causeries ménagères, portant principalement sur l'hygiène, la pédagogie, l'économie domestique,

(1) Les personnes qui désireraient approfondir la méthode de Mlle Grelet trouveront des indications précieuses dans deux rapports présentés par elle l'un au Congrès d'enseignement ménager d'Angers, en 1907, l'autre à l'Assemblée générale de l'Union du Sud-Est, novembre 1907.

sont encore faites, à Paris et dans plusieurs grandes villes, à des mères de famille qu'on ne pourrait atteindre autrement. Il ne faut pas certes s'exagérer les résultats de ces causeries ; mais, dans un ordre d'idées où il y a tant à faire, si léger et si lent que soit le progrès, il suffit qu'il existe pour justifier l'effort.

Depuis quelques années, l'enseignement ménager tend également à s'introduire dans les orphelinats et dans les ouvroirs.

Ce sont principalement les religieuses dominicaines et les Sœurs de Saint-Vincent de Paul qui ont entrepris cette adaptation nouvelle de leurs ouvroirs.

« On a remarqué que les élèves s'appliquent d'autant mieux à leur travail et y prennent d'autant plus de plaisir qu'on leur a démontré d'avance les procédés à employer et leurs raisons d'être.

« L'école ménagère, en ouvrant à ces grandes enfants un aperçu sur la vie pratique, remédie à l'état d'esprit que nous avons tous déploré chez les jeunes filles entrées tout enfants à l'orphelinat et qui en sortent à l'âge de femme sans rien savoir de la vie réelle, des difficultés avec lesquelles elles vont se trouver aux prises (1). »

Il faut le remarquer, d'ailleurs, ceci n'est que le retour à une tradition déjà ancienne. Sans remonter plus loin que le xix⁰ siècle, nous voyons, dès 1818, la Mère Marie-Ernestine, fondatrice de l'atelier-refuge de Darnétal, près de Rouen, pour les jeunes pénitentiaires, joindre à l'enseignement ménager l'apprentissage horticole. En 1873, elle ajoute même à cet atelier une ferme de 180 hectares dont tous les travaux sont faits par les religieuses et leurs élèves. Dans les Basses-Pyrénées, le refuge de l'abbé Ceslac s'organise sur des bases analogues, vers la même époque. De nombreux orphelinats créés ou réorganisés après la guerre de 1870 : Haroué, Smermesnil, Bézouotte (Côte-d'Or), font, dans leurs programmes, une place très large aux travaux domestiques. C'est la formation indiquée par le bon sens, par le véritable intérêt du peuple. L'essentiel est de faire de la femme une bonne ménagère. Ainsi que le répète avec tant d'autorité la Mère Marie-Ernestine, « l'homme, dans la famille populaire, peut bien être le chef, mais il n'en est pas la base. La base de la famille, c'est la femme. Que peut faire pour sa famille un ouvrier, même le meilleur, le plus sobre, le plus travailleur, si loin d'être à la hauteur de ses devoirs la femme les ignore, si elle ne sait rien de ce qui fait la vraie mère de famille, la bonne ménagère ? A l'inverse, si, sans être perverti à fond, le mari est seulement médiocre..., s'il a seulement des dispositions dangereuses, la vraie mère de famille, la bonne ménagère économe, habile, propre, soigneuse, pourra lutter pour ses enfants, pour son foyer menacé, et souvent elle triomphera » (1)...

Le nombre de femmes recueillies dans nos ouvroirs dépassait, avant la guerre, soixante mille ; il est donc facile de voir ce que gagneraient le pays et la société à ce que toutes ces jeunes filles, dont la plupart deviendront des mères de famille, entrassent dans la vie préparées à leur tâche, aptes à exercer autour d'elles une influence apaisante! Et ce résultat peut être obtenu sans grands frais, en utilisant pour l'enseignement théorique les aptitudes et les goûts si variés dans toute communauté un peu nombreuse ; pour la pratique, les travaux nécessités par l'entretien des orphelines et des religieuses. Le temps ne faisant pas défaut, il suffirait

(1) Lettre à M. Rollet, publiée dans la revue l'Enfant, N° 15, avril 1806.

de prélever quelques heures, chaque semaine, sur la couture, et cette variété d'occupations ne pourrait que faire grand bien aux enfants, au point de vue physique.

L'enseignement ménager, on le voit, est susceptible de prendre bien des formes. Quelle que soit la méthode choisie, l'avenir paraît être aux installations les plus simples, à celles qui se rapprocheront davantage de l'intérieur ouvrier ou paysan. L'école ménagère doit amener un progrès et non une révolution dans les habitudes ; n'allons pas, sous prétexte d'hygiène ou de cuisine, donner à ces enfants des goûts de luxe et de dépense qui compliqueraient encore leur vie. Restons simples, pratiques, modestes. Il semble que telle a été jusqu'ici la caractéristique des écoles françaises et une des raisons de leur succès.

ÉCOLES MÉNAGÈRES AMBULANTES

Dans un grand nombre de villages à agglomérations dispersées, isolées les unes des autres, où les femmes prennent de bonne heure une part active aux travaux de la culture, l'établissement d'une école ménagère fixe est encore à peu près impossible. Sans doute il y a, dans le programme de l'école, une classe d'économie domestique prévue. Mais quand on songe à l'irrégularité de la fréquentation scolaire, à l'incurie des parents, à la paresse naturelle à l'enfant, on se demande, avec anxiété, ce qui peut bien rester dans l'esprit d'une fille de treize ans de ces notions sommaires noyées parmi des éléments d'histoire, de calcul et de dessin, aussi peu compris que mal digérés. La vérité, hélas ! c'est qu'elle ne sait rien et est aussi mal préparée que possible à sa tâche quotidienne. C'est pour venir en aide à ces jeunes filles, que leur ignorance et leur dénûment rendaient particulièrement intéressantes, qu'a été inventée l'école ménagère ambulante, qui vient les chercher sur place et mettre à leur portée, dans le cadre ordinaire de leur vie, cette science ménagère dont elles ont tant besoin.

Le succès des écoles ménagères ambulantes a été très grand. Officielles ou privées, elles se multipliaient avant la guerre avec une grande rapidité et chaque département allait avoir la sienne. Quelques-uns en comptaient plusieurs. Accueillies presque partout avec réserve, pour ne pas dire hostilité, lors de leur première apparition, elles étaient ensuite désirées et suivies avec un intérêt croissant. Un second cours était généralement un triomphe : ce qui montre bien qu'elles répondaient à un besoin réel.

A ce propos, que l'on nous permette une réflexion pratique :

En présence des difficultés d'installation que connaissent bien tous ceux qui ont voulu organiser chez eux un cours ménager ambulant, on constate une certaine tendance à fixer, de trois en trois mois, nos écoles ambulantes dans de gros bourgs, à l'exclusion des petites localités rurales, combinaison assurément plus commode pour les maîtresses, mais qui aurait l'inconvénient d'écarter presque absolument une clientèle particulièrement intéressante, celle de la fille du petit fermier, du propriétaire de quelques champs, de l'ouvrier agricole, trop pauvres pour envoyer leurs enfants au cours du chef-lieu de canton ou de la petite ville voisine. Ce serait fort regrettable : si intéressantes que soient les filles du gros cultivateur, du commerçant, de l'instituteur, ce n'est pas précisément à elles que s'adresse l'enseignement ménager ambulant : elles ont à leur disposition des cours plus complets et plus perfectionnés. Que l'on établisse pour elles des écoles ménagères agricoles, rien de mieux ; mais leur intérêt doit-il nous faire oublier celui de la petite paysanne, active et débrouillarde, qui n'a pour tout capital que sa bonne volonté, son intelligence et sa capacité de travail ? Or, pour celle-ci, l'école ménagère ne sera vraiment utile qu'à condition de la trouver sur place. Il faut donc que l'école puisse pénétrer dans les villages les plus éloignés du centre, pour peu que ceux-ci réunissent un nombre d'élèves suffisant.

L'organisation de l'école devra être étudiée spécialement à ce point de vue. Elle possédera un mobilier solide, rustique, assez complet, toutefois, pour rendre acceptable aux professeurs une installation qui sera parfois difficile ; des maîtresses pénétrées de l'importance et de l'utilité de leur tâche, assez vaillantes pour se plier à une existence que les fatigues de l'enseignement, jointes aux déplacements perpétuels, rendent parfois très dure, d'intelligence assez ouverte et d'esprit assez souple pour comprendre la mentalité du pays et ne pas heurter de front ses habitudes et même ses préjugés.

A cette catégorie d'élèves, il sera presque impossible de demander une assiduité de plus de six semaines. En effet, sans parler de la répugnance, de l'opposition plus ou moins accentuée des parents, qui ne comprennent encore que bien rarement l'utilité de l'enseignement ménager, il faut reconnaître, à leur excuse, que le travail d'une fille en âge de suivre avec profit les cours de l'école ambulante, c'est-à-dire de quinze ans et au-dessus, représente pour eux un gain assez sérieux ou une perte de services qui doit être évaluée dans le budget de l'exploitation.

Pour la même raison, et étant données les exigences de la culture en ce temps de main-d'œuvre rare et chère, les cours qui s'adressent aux filles de petits propriétaires et d'ouvriers agricoles ne pourront guère avoir lieu que de novembre à mai, en tenant compte de certains travaux (cueillette des châtaignes, arrachage des betteraves et récolte des pommes de terre) auxquels, dans certains villages, les jeunes filles ont l'habitude de prendre part.

En fixant l'ouverture de l'école à 9 heures, on permet aux élèves de franchir une assez longue distance, ou bien, si elles habitent près du lieu de réunion, de prendre leur part des travaux du ménage avant de s'absenter. Tous ces détails ont leur influence sur la popularité du cours auprès des familles, et il importe de ne pas l'oublier. Un autre argument à faire valoir en faveur du cours de six semaines, c'est que si simple, si bien adapté aux besoins des élèves que nous le supposions, il exigera presque forcément, de leur part, un effort mental pénible pour des jeunes filles déshabituées de tout travail intellectuel. Écrire des recettes, faire ses comptes, fixer son attention, écouter ce que dit la maîtresse, ce n'est qu'un jeu pour une enfant entraînée au travail, mais cela devient un rude exercice pour la petite paysanne qui lit à peine, écrit plus péniblement encore et ignore absolument l'orthographe. Il y a un point de saturation qui ne peut guère être dépassé, sous peine de provoquer la fatigue et l'ennui. Dans ce cas, mieux vaut pour la maîtresse, et pour l'avenir de l'enseignement ménager dans le pays, partir au milieu des regrets, en laissant l'espoir d'un retour plus ou moins éloigné, que de prolonger pendant plusieurs semaines des leçons qui n'excitent plus ni intérêt ni curiosité et de voir tous les jours diminuer le nombre de ses auditrices.

« Mais, dira-t-on peut-être, est-il possible, en si peu de temps, d'obtenir des résultats sérieux et surtout durables ? » Certes, si l'enseignement est pratiquement compris. Il ne doit rien avoir d'abstrait, ni de livresque. Ce qu'il faut à ces parents incrédules et défiants, à ces jeunes filles ignorantes, à ces ménagères irréfléchies et routinières, ce sont des explications claires, des recettes précises, des procédés dont elles puissent faire immédiatement l'application dans leur famille, et la maitresse aura d'autant moins de peine à se faire comprendre qu'elle se trouvera généralement en présence de femmes ou de jeunes filles déjà aux prises avec les difficultés du travail matériel, faisant tous les jours, bien ou mal, ce qu'on veut leur apprendre à faire avec méthode, et par conséquent à même de saisir immédiatement le pourquoi des conseils qu'on leur donne.

Il semble nécessaire de faire une large place, dans le programme des cours, à l'enseignement professionnel, en tenant compte des habitudes et des cultures du pays ; toute la popularité de l'école en dépend. Et c'est la raison qui s'oppose, au moins en ce qui regarde l'enseignement ménager ambulant, qui est surtout professionnel, à l'établissement d'un programme unique. Les besoins de chaque région sont trop différents, les caractères trop tranchés pour se plier à une règle uniforme. Une des garanties de succès de l'école ménagère serait, au contraire, d'avoir un caractère régional assez marqué. Ainsi, dans un pays où l'industrie beurrière est développée, on donnerait, par exemple, des leçons de laiterie, on étudierait les soins à donner au bétail, aux étables, à la porcherie ; ailleurs, aux portes d'une ville, la culture maraîchère et horticole, des renseignements sur la conservation des œufs, des légumes et leur agencement en vue de la vente, sur la présentation et l'emballage des volailles seraient probablement fort appréciés et fort utiles.

Il sera bon également de faire entrer dans le programme de l'école ambulante, qui s'adresse surtout à des adultes, quelques notions de puériculture, de soins à donner aux malades, aux blessés, quelques bandages usuels. Ces connaissances, ignorées dans la majorité des campagnes, sont fort appréciées par les paysans, qui en sentent l'utilité, et plusieurs cours, commencés au milieu d'une indifférence décourageante, leur ont dû leur succès final.

Sans doute, en six semaines, la maîtresse n'aura guère le temps d'entrer dans le détail de chaque partie du programme : elle devra se contenter des éléments strictement nécessaires, mais, en toute occasion, elle s'efforcera de relever le rôle de la femme, de montrer ses responsabilités dans l'administration du ménage, dans l'éducation de l'enfant ; elle cherchera à inspirer à la jeune fille le désir de se perfectionner, de poursuivre avec les moyens mis à sa disposition (conférences, bibliothèques, expositions agricoles) une éducation si heureusement commencée. Ainsi l'école ménagère ambulante pourra se flatter, malgré le peu de temps dont elle dispose, de faire une œuvre utile, d'exercer une influence féconde et vraiment sociale.

Telles sont les principales formes qu'a revêtues jusqu'ici, dans notre pays, l'enseignement ménager. Il se prête, vous le voyez, à des applications très diverses, en rapport avec l'âge, le degré d'instruction des élèves et les nécessités locales. Il n'est pas d'œuvre plus féconde pour l'avenir de la famille laborieuse, aussi j'espère que beaucoup d'entre vous, Mesdemoiselles, auront à cœur de le répandre et de le perfectionner dans nos campagnes.

NOTES

RENSEIGNEMENTS PRATIQUES POUR L'ORGANISATION D'UNE ÉCOLE MÉNAGÈRE RURALE

I

CHOIX ET FORMATION DE LA MAITRESSE

La première condition de succès pour une école ménagère rurale, la condition essentielle, c'est d'avoir une bonne maîtresse, originaire, autant que possible, du pays où elle doit exercer ses talents, au courant des habitudes, des usages avec lesquels elle se trouvera en conflit et des ressources qui l'aideront à remplir sa tâche.

Toute jeune fille qui sort du cours normal a une première épreuve à subir : il lui faut adapter les notions qu'elle vient d'apprendre — très hâtivement parfois — aux besoins de celles qu'elle doit instruire. Ce n'est point chose aisée ! Mais si, sans avoir jamais habité la campagne, elle y est transportée brusquement, ce n'est point seulement une adaptation, c'est une refonte, une orientation toute neuve de son enseignement qui s'impose dans la plupart des cas, et la difficulté grandit d'autant. On a beau dire que ménage et ménage c'est toujours la même chose ; entre la façon de le tenir en ville et à la campagne, il y a une fameuse différence ! La cuisine, par exemple, ne doit pas être enseignée à une paysanne comme à une ouvrière. Celle-ci doit savoir acheter économiquement, utiliser le plus petit reste, ménager scrupuleusement bois et charbon, parce que tout a une valeur en ville. Par contre, il lui est relativement facile de varier ses repas et de les soigner sans nuire à ses autres occupations. La paysanne vit dans l'abondance de ce que produit le domaine et n'achète presque rien au dehors. Certes, elle doit être économe ; en fait, elle n'en est pas à une bûche ou à une once de beurre près. Mais elle doit se contenter d'un ordinaire à peu près uniforme, fourni en grande partie par les ressources de la ferme, du jardin ou des champs, de plats vite faits, ne réclamant pas une grande surveillance, parce que sa besogne l'appelle à la fois à des points éloignés de sa maison. La laiterie est pour elle une source de travaux, de profits considérables. A côté du ménage, une foule de petites industries réclament son temps et son intelligence : c'est l'entretien du rucher, l'élevage de la volaille, du jeune bétail, la porcherie, le soin de la conservation des œufs. Il faut que la maîtresse connaisse très bien toutes ces industries, puisse entrer dans des détails pratiques, indiquer les bonnes méthodes, les procédés les plus simples, les plus avantageux, en un mot, affirmer sa supériorité réelle, ce qui donnera confiance. Enfin, au-dessus de l'enseignement, il y a l'esprit dans lequel il doit être donné, esprit duquel dépendent, en grande partie, ses résultats éducateurs. Or, pour inspirer l'amour de la campagne, le goût de la vie saine et libre, mais un peu sévère du travailleur des champs, il faut y avoir fixé pour longtemps, sinon pour toujours, le cadre de sa destinée. Autant que possible, choisissons nos maîtresses rurales sur place, quittes à les faire former ailleurs : elles n'en seront que mieux à même d'être comprises, lorsqu'à l'expérience de la vie quotidienne, elles joindront le savoir acquis dans un bon cours normal.

II

MOYENS QUI ASSURENT HABITUELLEMENT

LE SUCCÈS D'UNE ÉCOLE OU D'UN COURS MÉNAGER

I. — *Une bonne maîtresse.*

1º L'enseignement ne doit pas être confié à des mains inhabiles. Une préparation sérieuse et méthodique est absolument nécessaire. Les connaissances que possède la maîtresse seront parfaitement assimilées ; elle aura tout au moins quelques principes de pédagogie élémentaire.

2ʲ La maîtresse doit connaître le milieu social de ses élèves.

3º Elle s'attachera à reproduire les conditions (mobilier, occupations, nourriture) dans lesquelles se trouvent les jeunes filles.

4° Son programme sera établi d'après les exigences du milieu ; elle s'efforcera de diminuer les branches secondaires et de rendre le cours aussi simple et aussi agréable que possible.

II. — *Du côté de la jeune fille.*

L'âge de l'élève augmente la valeur du cours ménager ; lorsqu'il s'agit, en particulier, de l'école ambulante, qui donne une large part de son temps à l'enseignement professionnel, une certaine maturité est nécessaire (quinze à vingt ans semble être, dans ce cas, l'âge à conseiller).

III. — *Du côté des parents.*

1° Avant l'installation de l'école ou du cours ménager, s'efforcer de gagner les mères de famille, tout en ménageant leur amour-propre par des entretiens familiers, des tracts, au besoin une conférence exposant le but et les avantages de l'œuvre.

2° Pendant la durée des cours, inviter les jeunes filles à reproduire quelques plats dans leur intérieur, à apporter du linge à repasser ou à raccommoder.

3° Terminer le cours par un petit examen devant un jury... indulgent, et faire une petite exposition des travaux des élèves que les parents seront conviés à venir admirer.

LOCAL ET MOBILIER

Une grande pièce ou, à son défaut, deux petites communiquant entre elles suffisent pour installer convenablement une école ménagère rurale : l'une des pièces servira plus particulièrement de cuisine et de salle de repassage, l'autre d'atelier de coupe et de couture. Un bûcher ou une petite cave, dans lequel on mettra la provision de bois ou de charbon, serait encore utile. Quelques chaises, une table, un tableau noir, une armoire et parfois une machine à coudre, compléteront l'ameublement. La batterie de cuisine devra se rapprocher, autant que possible, de celle en usage dans le pays : rien de compliqué ni de luxueux ; il faut absolument, pour réussir, adopter les objets dont les enfants ont l'habitude.

Les ustensiles suivants semblent indispensables : un fait-tout, un fourneau (dans certains pays, celui-ci peut être remplacé par la grande cheminée qui, avec ses trépieds et ses chaudrons, rend de nombreux services ; dans ce cas ajouter un petit poêle à pétrole ou à charbon de bois pour les sauces), trois casseroles émaillées de taille différente, une petite casserole de fer-blanc, une petite marmite, une poêle à frire, deux ou trois plats allant au feu, une passoire, des pots à lait, une écumoire, une louche, six à douze couverts et couteaux, quelques brocs, une bassine à vaisselle, des boîtes pour le sel, le sucre, la farine, le riz, voilà le minimum.

Vaisselle : douze assiettes à soupe, douze verres, vingt-quatre assiettes plates, trois plats ronds, un plat long, un compotier, une saucière, une cafetière en terre, six bols, quelques assiettes à beurre, un saladier, une soupière, un huilier, deux salières.

Ustensiles de ménage : un balai, brosses à habits, à chaussures, et d'autres pour le nettoyage, une éponge de cuisine, une lessiveuse, un cuvier, des planches à laver et à repasser, des fers et un petit fourneau à repasser. A la rigueur, on peut se passer de celui-ci et faire chauffer les plaques sur le fourneau, mais ce sera beaucoup plus long.

Si l'école ménagère comporte un cours de laiterie, on ajoutera à ces divers objets une écrémeuse d'un modèle simple, solide et facile à nettoyer, une baratte rotative, un malaxeur, un crémomètre, un lacto-densimètre, quelques moules et spatules en bois pour travailler le beurre et différentes terrines pour la crème.

Pour la fabrication du fromage, il faut : un ou deux récipients pour faire chauffer le lait en grande quantité, des moules en fer-blanc, des paillassons et égouttoirs, une petite armoire pour la conservation du camembert ; cette armoire peut être fabriquée, au besoin, avec une vieille caisse.

Si le cours a lieu en hiver, se munir de fortes lampes éclairant bien toute la pièce. Ne pas oublier enfin les cahiers, plumes, encre, patrons, fils, aiguilles, etc. (1).

(1) Les prix ont tellement varié, depuis la guerre, qu'il est impossible de donner exactement le devis d'une installation d'école ménagère ; il est à remarquer, d'ailleurs, que lorsqu'il s'agit d'une école ambulante, la plupart des objets peuvent être prêtés.

PROGRAMME DE L'ENSEIGNEMENT MÉNAGER
DE GOUAREC (1)

ÉDUCATION MÉNAGÈRE ET ÉCONOMIE DOMESTIQUE

Octobre. — Rôle de la femme dans le ménage et à la ferme.

Novembre. — Qualités de la bonne ménagère, ses devoirs, sa journée. — Tenue du ménage. — Choix des domestiques. — Devoirs envers eux.

Décembre. — Entretien du mobilier. — Meubles. — Vaisselle. — Couverts. — Verres et vitres.

Janvier. — La cave, les bouteilles. — Peintures et tapisseries.

Février. — La lingerie. — Comptabilité ménagère. — Budget. — Les achats.

Mars. — Tenue des livres de compte. — Caisses d'épargne. — Les assurances.

Avril. — Impôts. — Notions de droit usuel. — La vente. — L'échange.

Mai. — Notions de droit usuel. — L'hypothèque. — L'enregistrement. — Transcription. — Conventions. — Le bail.

Juin. — Notions de droit usuel (*suite*). — Successions. — Testaments. — Donations. — Contrats.

Juillet. — Revision.

ALIMENTATION

Octobre. — Utilité des aliments. — Étude du tube digestif.

Novembre. — Transformation des aliments. — Sang, cœur, vaisseaux. — Division des aliments. — Quaternaires, ternaires, graisses.

Décembre. — Aliments complets. — Régime de l'homme. Salubrité dans l'alimentation. — Lait, œufs, beurre, fromage.

Janvier. — Viandes. — Volailles. — Gibier. — Poissons. — Graisses.

(1) Programme d'une école ménagère agricole dont les cours durent un ou deux ans, suivant la capacité de chaque élève.

Février. — Farines. — Riz. — Orge. — Pâte. — Pain. — Légumes.

Mars. — Légumes, herbacées. — Condiments, vinaigre. — Condiments aromatiques et exotiques. — Sel. — Sucre.

Avril. — Fruits. — Eau.

Mai. — Café. — Cacao. — Thé. — Bière. — Vins. — Cidre.

Juin. — Alcool. — Alcoolisme. — La bonne ménagère doit le combattre.

Juillet. — Revision.

<h3 align="center">CUISINE</h3>

Octobre. — Termes de cuisine. — Recettes culinaires.

Novembre. — Observation sur la cuisson des légumes verts et secs. — Recettes culinaires.

Décembre. — Les repas, la table. — Comment l'orner, la rendre agréable. — Manière de présenter les plats.

Janvier. — Comment accommoder les restes. — Recettes culinaires.

Février. — Conserves de légumes. — Recettes culinaires.

Mars. — Conserves de légumes. — Recettes culinaires.

Avril. — Confitures et gelées. — Recettes culinaires.

Mai. — Liqueurs et sirops. — Recettes culinaires.

Juin. — Installation d'une cuisine. — Entretien des ustensiles. — Recettes culinaires.

Juillet. — Revision.

<h3 align="center">HYGIÈNE ET PANSEMENTS</h3>

Octobre. — Anatomie du corps humain.

Novembre. — Physiologie.

Décembre. — Hygiène de l'air, de l'eau, de l'habitation. — Chauffage. — Éclairage.

Janvier. — Hygiène des vêtements, de la peau. — Des microbes.

Février. — Hygiène des blessés. — Pansements. — Hémorragies. — Plaies en général.

Mars. — Brûlures. — Gelures. — Fractures des membres.

Avril. — Maladies en général. — Soins. — Fièvres, rougeole, scarlatine, tuberculose.

Mai. — Hygiène des enfants. — Maladies infantiles.

Juin. — Notions de pharmacie. — Infusions. — Tisanes. — Petite pharmacie.

Juillet. — Revision.

AGRICULTURE ET HORTICULTURE

Octobre. — Composition du sol. — Engrais. — Différentes espèces d'engrais. — Le jardin. — Choix du terrain et exposition.

Novembre. — Amendements. — Aménagements des eaux. — Assolement. — Jardin. — Culture potagère. — Semis. — Couches.

Décembre. — Culture du froment, seigle, avoine, orge, sarrasin. — Jardin. — Éclaircissage, repiquage, transplantation, binage et buttage.

Janvier. — Culture des céréales. — Semis, hersage, roulage. — Travaux du printemps. — Jardin. — Choix des porte-graine. — Culture des légumes. — Travaux du mois.

Février. — Culture des plantes fourragères graminées. — Prairies. — Entretien. — Jardin. — Culture des légumes. — Travaux du mois.

Mars. — Culture des plantes fourragères légumineuses. — Trèfle, ray-grass, sainfoin, luzerne, chou. — Jardin. — Culture des légumes. — Travaux du mois.

Avril. — Culture des racines fourragères. — Navet, rutabaga, betterave, chou. — Jardin. — Culture des arbres fruitiers. — La taille. — Travaux du mois.

Mai. — Récoltes. — Conservation des grains, fourrages. — Jardin. — Culture des arbustes et plantes d'ornement. — Culture des fleurs.

Juin. — Alimentation et engraissement des animaux domestiques. — Bœuf, mouton, cheval, chien, porc. — Apiculture.

Juillet. — Revision.

AVICULTURE ET LAITERIE

Octobre. — Installation d'un poulailler. — Hygiène, race, choix d'une race. — Alimentation raisonnée. — Laiterie. — Lait de vache, composition, production, propriétés.

Novembre. — Alimentation *(suite).* — Rationnements. — Laiterie. — Crémage. – Diverses espèces. — **Crémage centrifuge.**

Décembre. — Alimentation des pondeuses. — Sélection. — Production des œufs. — Anatomie de l'œuf. — Conservation. — Emballage et expédition. — Laiterie. — Crémage *(suite).*

Janvier. — Maladies des poules. — Remèdes. — Laiterie. — Le beurre. — Fabrication. — Diverses méthodes. — Bon et mauvais beurre.

Février. — Incubation naturelle. — Poule couveuse, reproducteurs. — Laiterie. — Conservation du beurre. — Délaitage, malaxage, salaison, fusion, rajeunissement.

Mars. — Incubation artificielle. — Pratique. — Soin des poussins. — Engraissement des volailles. — Laiterie. — Beurre artificiel. – Vente et emballage.

Avril. — Sacrifice de la volaille. — Vente et emballage. — Laiterie. — Fromage. — Préparation. — Présure. — Classification.

Mai. — Les canards. — Races, alimentation, ponte, incubation, engraissement. — Laiterie. — **Fromage cuit, mou et à pâte molle.**

Juin. — Lapins. — Race, alimentation, reproduction, engraissement. — Sous-produits de la basse-cour. — Laiterie. — Fromage *(suite).* — Utilisation des sous-produits.

Juillet. — Revision.

BLANCHISSAGE ET REPASSAGE

Octobre. — Lessivage. — Diverses opérations. — Repassage. — But. — Mouchoirs, serviettes, etc.

Novembre. — Lessivage *(suite).* — Taches d'encre, rouille, vin. — Repassage. — Chemises de femmes, pantalons, flanelle et lainage.

Décembre. — Lessivage *(suite).* — Taches diverses. — Repassage. — Amidon cru. — Repassage et glaçage des cols.

Janvier. — Repassage et glaçage des cols et chemises d'hommes.

Février. — Lessivage *(suite).* — Blanchissage au pré. — Action de l'oxygène. — Repassage. — Amidon cuit. — Chemisettes, rideaux, jupons.

Mars. — Lessivage. — Théorie des savons, carbonates, cendres. — Repassage des tissus. — Soies, velours, dentelles, crêpes.

Avril. — Reprise du programme d'octobre et de novembre. — Exercices pratiques.

Mai. — Reprise des leçons de décembre et janvier. — Exercices pratiques.

Juin. — Reprise des leçons de février et mars. — Exercices pratiques.

Juillet. — Revision.

DÉGRAISSAGE ET NETTOYAGE

Octobre. — Dégraissage et lavage des couleurs. — Ingrédients pour le nettoyage. — Vaisselle.

Novembre. — Dégraissage et lavage des flanelles et lainages. — Fourneaux et cuivres.

Décembre. — Dégraissage des lainages (*suite*). — Objets fer, fonte, émail, zinc, étain, acier.

Janvier. — Dégraissage des tissus. — Divers procédés. — Argenterie. — Couteaux, carafes, verres, métal blanc.

Février. — Dégraissage des tissus (*suite*). — Parquets, carrelage, bois blanc peint, ciré.

Mars. — Suite du mois précédent. — Meubles cirés et vernis, meubles acajou et chêne.

Avril. — Dégraissage. — Vêtements d'hommes. — Cadres dorés, cuivres dorés, bronzes, vitres, glaces.

Mai. — Dégraissage des tissus clairs. — Ravivage des couleurs. — Apprêts. — Marbres. — Objets de toilette, peignes, brosses, éponges.

Juin. — Dégraissage des tissus clairs. — Nettoyage objets de fantaisie.

Juillet. — Revision.

COUPE

Octobre. — Bavoir.

Novembre. — Le tablier.

Décembre. — Chemise de femme et d'enfant.

Janvier. — Pantalon de femme et d'enfant.

Février. — Camisole de nuit.

Mars. — Chemisette.
Avril. — Chemise d'homme.
Mai. — Chemise d'homme.
Juin. — Pantalon de garçon.
Juillet. — Revision.

PROGRAMME
D'UNE ÉCOLE VOLANTE MÉNAGÈRE AGRICOLE
(COURS DE SIX SEMAINES)

Cours de laiterie. — Avantages de la laiterie. — Composition du lait. — Causes qui font varier la quantité et la qualité du lait ; manière de connaître la quantité de crème contenue dans le lait ; manière de bien traire ; soins à donner au lait après la traite. — Écrémage du lait. — Démonstrations pratiques des avantages de l'écrémage centrifuge. — Avantages des laiteries coopératives. — Valeur et utilisation du lait écrémé. — Soins à donner à la crème avant le barattage. — Précautions à prendre. — Choix d'une baratte, son entretien. — Instruction sur le barattage rationnel. — Soins à donner au Beurre : délaitage, malaxage, salaison, mise en mottes, emballage. — Beurre de conserve. — Installation d'une laiterie à la ferme.

Cours de zootechnie. — Définitions et avantages. — Manière d'améliorer les races d'animaux. — Hygiène du bétail. — Nourriture des animaux à l'étable. — Précautions à prendre. — Ration alimentaire d'une bonne vache laitière. — Manière de reconnaître l'âge de la vache. — Conformation et choix d'une vache laitière et beurrière. — Élevage nouveau des veaux. — Maladies des veaux. — Instructions sur les meilleures races de vaches recommandables dans notre contrée au point de vue du lait et de la boucherie. — Traitement à suivre en cas d'avortement contagieux, en cas de tuberculose et de fièvre aphteuse, etc. — Mesure de préservation. — Premiers soins à donner en cas d'accidents. — Installation des étables.

Cours de fromagerie. — Définition du fromage ; avantages de cette fabrication. — Causes qui font varier la dose de présure à employer. — Fabrication pratique du camembert et les soins à lui donner pendant la maturation. — Fabrication des fromages blancs à manger frais. — Installation d'une petite fromagerie à la ferme. — Conditions de réussite.

Cours d'aviculture. — Importance de la basse-cour à la ferme. — Conditions de réussite. — Production des œufs, des poussins, des poulets gras. — Avantages de l'incubation artificielle. — Nourriture des poussins. — Sélection. — Les meilleures races de poules pour l'engraissement et pour la ponte. — Divers procédés d'engraissement. — Installation du poulailler.

Cours d'économie domestique. — But de l'école ménagère. — Mission de la femme ; qualités qui lui sont nécessaires pour bien remplir son rôle. — Choix de l'habitation ; manière de l'entretenir et de l'embellir. — Influence moralisatrice de la propreté. — Désinfection. — Entretien des meubles et du mobilier. — Choix et achat du linge et des vêtements. — Repassage et amidonnage. — Entretien du linge blanc et de couleur. — Hygiène domestique et corporelle. — Soins aux malades.

Cours de cuisine. — Conditions d'une bonne alimentation. — Influence moralisatrice de la bonne cuisine. — Conseils généraux. — Recettes de cuisine économiques et pratiques pour l'alimentation du travailleur. — Organisation d'un dîner. — Conserves alimentaires, confitures et liqueurs.

Cours de comptabilité. — Importance et manière de la tenir.

PROGRAMME D'UN COURS MÉNAGER VOLANT (1)
(SYNDICAT AGRICOLE DE LA CHAMPAGNE)

1ᵉʳ *Cours.* — A) La mission morale de la ménagère. Revue des travaux domestiques qui en sont la conséquence ; choix de ceux qu'on veut étudier plus particulièrement à X... — B) Soins à donner à une plaie (asepsie-antisepsie), aux brû- lures. — Divers traitements.

Pratique : pansement du doigt.

(1) Un cours ménager volant : but, organisation pratique, par S. Vimont. (Société des Agriculteurs de France, 8, rue d'Athènes, Paris.)

2ᵈ *Cours.* — A) Les provisions. Les conserves de saison. — B) Théorie sur l'alimentation à la campagne, choix des mets, selon les travaux ou la saison, au double point de vue de l'hygiène et de l'économie.

Pratique : cuisine.

3ᵈ *Cours.* — A) La maison et le vêtement. La tenue de la maison : cuisine, chambre à coucher, dépendances. — B) Coupe, notions préliminaires.

Pratique : moulage, doublure de corsage.

4ᵉ *Cours.* — A) L'hygiène en général. — B) Et en particulier celle qui dépend de la ménagère, celle qui est le plus utile : 1ᵒ dans son pays ; 2ᵒ dans sa maison. Aération, action de la lumière, désinfection. La ménagère auxiliaire du médecin : questions et réponses sur ce thème.

Pratique : confection d'un cataplasme, d'une tisane, d'un lait de poule, etc...

5ᵉ *Cours.* — A) La cuisine de la ménagère pressée. Ce que l'on emporte aux champs, ce que l'on retrouve à la maison. — B) Accommodement des restes, bonnes soupes (complément du 2ᵉ cours), recettes.

Pratique : cuisine ou repassage.

6ᵉ *Cours.* — A) Le lavage, le pliage et le repassage du linge. Théorie et recettes diverses. Lainages, rubans, dentelles, etc... — B) Empesage, amidon cuit et cru.

Pratique : repassage.

7ᵉ *Cours.* — A) La cuisine des enfants et des malades. Théorie de leur alimentation. — B) Idées et recettes pour développer les premiers, soutenir ou reconstituer les autres.

Pratique : cuisine.

8ᵉ *Cours.* — A) Confection des vêtements. Avantages et inconvénients des différents tissus. Choix approprié, calcul du métrage nécessaire, etc... — B) Transformations, raccommodages.

Pratique : coupe ou raccommodage.

9ᵉ *Cours.* — A) La cuisine du dimanche. Comment la préparer d'avance et lui donner un air de fête. — B) Recettes dans ce but.

Pratique : cuisine ou repassage.

10ᵉ Cours. — A) Nettoyage des différentes parties du vêtement : habits, robes, chapeaux, chaussures, gants. Divers procédés. — B) Propreté corporelle : dents, cheveux, bains ; médecine domestique ; les contusions, les révulsifs, sinapismes, sangsues, ventouses.

Pratique : pose des ventouses.

11ᵉ Cours. — A) La cuisine du vendredi. Les légumineuses, les entremets utilisant le sucre, énergétique qui remplace avantageusement l'alcool ; emploi du riz, des pâtes. — B) Quelques recettes.

Pratique : cuisine ou repassage.

12ᵉ Cours. — A) La basse-cour. Les petits profits de la ménagère et des enfants. — B) Installation, hygiène ; nourriture des lapins, des canards et autres volailles ; chèvres, porcs, etc...

Pratique : coupe ou raccommodage.

13ᵉ Cours. — A) Le lait et les œufs. Théorie. Soins pour leur emploi et leur conservation hygiénique. — B) Le laitage dans l'alimentation ; diverses transformations du lait, recettes.

Pratique : cuisine ou repassage.

14ᵉ Cours. — A) Le choix et le nettoyage des ustensiles de cuisine ; recettes diverses pour leur entretien (casseroles neuves, cuivre, étain, émail, etc.). — B) Médecine domestique : remèdes qu'il faut avoir chez soi ou que l'on peut y préparer ; soins que la ménagère peut avoir à donner : congestion, submersion, strangulation, syncopes, hémorragies, morsures ou piqûres suspectes.

Pratique : les différents pansements.

15ᵉ Cours. — A) La comptabilité ménagère. Le budget. — B) Les associations professionnelles. Les institutions de prévoyance.

Pratique : cuisine ou repassage (1).

(1) Les cours suivants reprendront les points essentiels de ce programme de « première année », selon la convenance *du temps* et *du pays*, s'attachant à combler les lacunes du premier cours.

RAPPORT DE M⁰⁰ LA BARONNE DE PAGES

PRÉSENTÉ AU MINISTÈRE DE L'INSTRUCTION PUBLIQUE, EN 1869,

POUR RÉCLAMER LA CRÉATION D'UNE ÉCOLE D'AGRICULTURE

FÉMININE (1).

... Le foyer est le poste d'honneur de la femme ; il faut donc qu'elle apprenne à le protéger et à le défendre avec toutes ses armes.

La plupart des institutions créées en faveur des filles pauvres ont pour but de leur procurer un accès facile dans les arts, l'industrie ou le commerce ; mais, par cela même, elles les vouent aux séductions, aux mécomptes et aux chômages qui peuvent, à tout moment, ruiner leurs espérances et les livrer à la merci de l'adversité, mauvaise conseillère.

Au-dessous, ou plutôt à côté de ces établissements, dont les bienfaits répondent plus directement aux intérêts secondaires de la société qu'à ses besoins réels, ne pourrait-on admettre un *institut agricole* résolument consacré à former des fermières et des servantes de ferme?

Voilà l'émancipation légitime de la femme ! Un bon métier, dont l'outillage est partout, dont les labeurs assainissent et fortifient l'âme en même temps que le corps, dont les produits sont de nécessité absolue et universelle. Un tel métier ne renferme-t-il pas de meilleures garanties que le plus séduisant et le plus lucratif des arts libéraux ou industriels, à moins de vocation manifeste !

Dans cet ordre d'idées, voici quel serait le plan sommaire de l'Institut agricole pour les jeunes filles :

On disposerait, dans une dépendance de quelque ferme modèle ou d'un domaine de l'État, les bâtiments et les terrains convenables pour l'administration et l'aménagement de cette fondation, qui devrait être établie à peu de distance de Paris, pour rester à portée de tous les secours officiels et scientifiques, comme aussi des débouchés favorables à la vente des produits de toute nature.

(1) Extrait des comptes rendus de la Société des Agriculteurs de France.

Les environs de Saint-Cloud conviendraient particulièrement à cette installation, tant sous le rapport sanitaire que
sous celui de l'accès facile et des ressources pour l'enseignement.

L'Institut serait mis sous la protection de sainte Geneviève
et porterait le nom de cette patronne de Paris.

La direction en serait confiée à une femme mariée résidant sur les lieux avec son mari.

Au besoin, des religieuses seraient chargées de l'instruction spirituelle et morale, de la surveillance incessante et
des soins à donner aux pensionnaires.

Des professeurs spéciaux et des monitrices enseigneraient
les diverses parties du programme.

Les élèves seraient choisies parmi les jeunes filles les
plus saines et les plus robustes des orphelinats, et, à titre
de récompense, dans les familles d'anciens soldats et de serviteurs de l'État. On donnerait la préférence à celles dont
les pères seraient morts au service, ou bien par suite de
dévouement ou d'accidents.

L'enseignement comprendrait tous les éléments propres
à former d'habiles fermières et des paysannes instruites, au
courant de tous les progrès de l'économie domestique et de
la science agricole.

On ferait aussi exécuter aux élèves des travaux manuels
produisant des bénéfices. Une partie de ce gain constituerait
pour elles une dot en capital, qui, jointe à leur dot en savoir,
d'une bien autre importance, pourrait contribuer à les faire
rechercher en mariage par de petits propriétaires ruraux,
assurés de trouver en elles de laborieuses ménagères et des
mères de famille pieuses et intelligentes.

Le surplus du profit réalisé sur le travail manuel s'ajou-
terait au prix de la vente des produits de toute espèce ; ces
recettes diminueraient d'autant les frais d'entretien et arrive-
raient peut-être même à couvrir, tôt ou tard, les dépenses,
ce qui ne peut avoir lieu dans les instituts agricoles pour les
hommes.

L'administration s'attacherait à suivre de sa sollicitude
et de ses conseils toutes ses élèves, dans les conditions suc-
cessives qu'elles occuperaient.

Il leur serait remis, à leur sortie, un diplôme et une
médaille qu'on les engagerait à porter toujours ostensible-

ment suspendue à leur cou et qui, bientôt connue, les
signalerait et les ferait choisir entre toutes.

Les diverses régions de la France sentiraient bientôt l'importance de posséder des instituts analogues, plus directement appropriés aux usages et aux travaux particuliers à
chaque contrée.

On pourrait aussi composer un comité de patronage,
comprenant le plus grand nombre possible de dames ayant
des propriétés foncières et qui accepteraient de devenir
chacune la marraine adoptive et la protectrice des filles de
Sainte-Geneviève.

Ce plan demanderait, pour être complet, de plus amples
développements, si l'on voulait surtout entrer dans le
détail des avantages qu'il recèle ; mais il suffit de ce simple
aperçu pour, indiquer l'idée fondamentale du projet. Tous
les éclaircissements complémentaires seraient, au besoin,
fournis avec empressement.

Il a cependant paru nécessaire de joindre à cet exposé un
tableau des principales études devant être la base de l'enseignement à l'Institut Sainte-Geneviève.

Instruction. — Catéchisme ; histoire sainte ; chant religieux ; lecture ; écriture ; un peu d'histoire et de géographie.

Calcul. — Poids et mesures ; comptabilité agricole et
ménagère.

Hygiène. — Soins à donner aux enfants, aux malades et
aux blessés ; pharmacie domestique ; herboristerie ; éléments
de médecine vétérinaire ; gymnastique ; natation.

Histoire naturelle appliquée à l'agriculture. — Connaissance des bêtes utiles et nuisibles ; application des principes propagés par la Société protectrice des animaux.

TRAVAUX DES CHAMPS

Agriculture pratique. — Semailles, moissons, fanages,
vendanges ; cultures et récoltes spéciales aux diverses zones
de la France.

Botanique. — Étude des simples et des plantes utiles ;
culture des fleurs pour la parfumerie et l'herboristerie.

Arboriculture fruitière. — Verger ; acclimatation.

Culture maraichère. — Primeurs ; fleurs pour la vente ; soin du jardin et du potager.

Chimie agricole. — Amélioration des terres ; fumiers ; engrais.

TRAVAUX DE MÉNAGE

Lessive et blanchissage.

Service de la table et des appartements.

Cuisine. — Préparation des aliments pour les maîtres, les gens et les animaux ; fabrication des conserves de légumes et de fruits ; confitures, liqueurs, etc. ; confection de la charcuterie.

Fabrication du pain et de la pâtisserie.

Laiterie. — Fabrication des fromages et du beurre.

Cave. — Cellier ; brasserie.

Fruiterie. — Conservation et hivernage des fruits et légumes.

SOINS DES ANIMAUX

Vacherie. — Élevage des veaux, vaches, etc...

Bergerie. — Élevage des agneaux ; lavage et tonte des laines.

Porcherie.

Basse-cour. — Couverie : éclosion et élevage artificiels des oiseaux de chasse et de basse-cour ; éducation et engraissement des poules, dindons, oies, canards, pigeons, etc. ; récolte de leurs plumes et duvets ; lapins ; élève des jeunes ; récolte et vente des peaux et poils.

Faisanderie. — Volière ; acclimatation de races nouvelles.

Pisciculture. — Soins des étangs et viviers ; multiplication et élève du poisson.

Apiculture. — Ruches et miel.

Sériciculture. — Magnaneries modèles pour faire des expériences et des éducations productives ; grainage de vers à soie du mûrier, du chêne, de l'ailante et du ricin.

TRAVAUX MANUELS

Repassage et plissage.

Couture ; tricot ; crochet ; couture mécanique.

Art de tailler, confectionner et raccommoder les vête-ments ; entretien du linge.

Filage au fuseau et rouet.

Teillage du lin, du chanvre et de la ramie.

Fabrication des chaussons de lisières.

Fabrication des filets de pêche et leur raccommodage.

Vannerie. — Tressage de la paille.

L'ŒUVRE DU TROUSSEAU

MESDEMOISELLES,

L'enseignement ménager et l'Œuvre du Trousseau, dont je dois vous parler aujourd'hui, se complètent admirablement. Et, cependant, les deux organisations sont de nature un peu différente. Comme tout enseignement, la première se propose tout d'abord une formation, la création chez les élèves d'habitudes salutaires dont le bénéfice se prolongera toute la vie ; elle n'envisage pas l'avantage immédiat, le gain concrétisé par un résultat matériel. « L'élève ménagère coud pour apprendre à coudre et non pour confectionner une pièce de lingerie. La seconde, au contraire, est une association qui, tout en visant un bénéfice moral, poursuit immédiatement un avantage palpable : la confection d'un trousseau. C'est une association de production (1). » Ces paroles de Mlle Gahéry posent admirablement la question du trousseau à la campagne ; elles

(1) La substance de cette causerie est empruntée aux rapports si intéressants du premier Congrès national des Œuvres du Trousseau (1913).

vous aideront à comprendre comment cette œuvre peut être considérée, tour à tour, comme un prolongement de l'école ménagère, un attrait nouveau donné au patronage, ou bien une première application de l'esprit de prévoyance et de solidarité développé par d'autres œuvres.

En somme, l'idée du trousseau consiste essentiellement à faire confectionner, pièce à pièce, par la jeune adhérente, dans l'espace de plusieurs années, un ensemble de soixante-treize à soixante-quinze objets de lingerie choisis parmi les plus nécessaires dans un ménage d'ouvriers, et cela au moyen de cotisations minimes, calculées de façon à offrir aux jeunes filles, à la fois, les meilleures garanties de solidité pour leur linge et les plus économiques conditions d'achat possibles.

Le Trousseau, comme beaucoup d'autres initiatives charitables, fut d'abord une œuvre de ville. C'est à une institutrice de la ville de Paris, Mme Béguin, directrice de l'école de la rue Riblette, que l'on doit cette idée féconde. Mme Dufourmantelle, une de ses plus zélées propagandistes, nous a raconté avec beaucoup de charme, dans une communication faite à la Société des Agriculteurs de France, en 1914, comment chaque vendredi, « après la classe du soir, Mme Béguin gardait un certain nombre d'enfants d'âge scolaire, entre neuf ans et treize ans. Réunies dans le préau de l'école, elles apprenaient à coudre, sous l'œil vigilant de leurs maîtresses et de leurs mères, car la dévouée institutrice avait tenu à associer quelques mères de famille à l'œuvre à laquelle participaient leurs filles. Les unes rangeaient les armoires, les autres préparaient le travail et coupaient les étoffes. Aucune rivalité, aucune jalousie ni parmi les mères, ni parmi les enfants, mais une légitime fierté d'apporter leur concours à une œuvre dont elles avaient si bien compris l'utilité.

« La plupart de ces mères de famille avaient souffert dans leur ménage du manque de linge ; les quelques pièces qu'elles avaient dû acheter, au fur et à mesure de leurs besoins, avaient été une lourde charge pour leur budget et elles avaient dû constater, à l'usage, que la qualité laissait souvent à désirer.

« L'Œuvre du Trousseau leur montrait, comme à leurs filles, par un exemple pratique, l'utilité de s'associer. L'achat en commun est une économie ; le travail et l'épargne en commun sont des stimulants pour l'effort individuel.

« Qu'est-ce donc qu'une Œuvre du Trousseau ? C'est une association de jeunes filles qui veulent, par leur seul effort, se constituer une dot en linge personnel et en linge de maison.

« Par leur seul effort, car, chaque semaine ou chaque mois, elles verseront une somme suffisamment minime pour pouvoir la prélever sur leurs économies ; cette somme servira à acheter des étoffes qu'elles transformeront peu à peu en draps, serviettes, chemises. Le trousseau est une marchandise bien réellement payée par celles qui en bénéficient, une sorte de coopérative où les fonds sont versés suivant le développement du Trousseau (1). »

S'il est, en effet, un principe sur lequel les fondatrices de l'Union nationale des Œuvres du Trousseau insistent avec le plus de force, c'est celui de la *non gratuité*. Demandez une cotisation aussi minime que vous le voudrez, mais exigez qu'elle soit payée régulièrement, répètent-elles sans cesse. « Un trousseau gratuit devient forcément une œuvre de charité et n'atteint pas le but qu'il se propose. L'effort, l'épargne, l'association, tout

____

(1) Communication de Mme Dufourmantelle.

est annulé par la gratuité ; les meilleures parmi les jeunes filles, froissées dans leur dignité, s'éloignent et refusent d'accepter un trousseau qui devient une aumône (1). »

Au point de vue financier, un trousseau doit donc être en absolue balance, comme dépense, avec le prix payé par la sociétaire. Les premières années, la somme versée annuellement sera plus forte que la somme dépensée ; les excédents amassés et reportés aux années suivantes permettront les achats d'étoffes plus coûteuses, comme les draps, par exemple. Il faut songer, dès le début, à ces achats et ne pas compter, comme certaines d'entre vous, Mesdemoiselles, pourraient être tentées de le faire, sur la générosité des membres bienfaiteurs que vous auriez pu recruter ou les dons aléatoires et toujours intermittents de vos amis. Sans doute, partout où ce sera possible, vous tâcherez d'avoir des membres hono-raires : les cotisations de ceux-ci sont nécessaires pour payer les frais de loyer, de chauffage, la maîtresse de coupe et de couture, assurer le fonds de roulement nécessaire à la continuité de l'œuvre et le fonds de réserve qui permettrait, au besoin, de pallier les incon-vénients d'une hausse excessive des tissus (2).

Les membres honoraires peuvent encore stimuler le zèle des jeunes sociétaires en distribuant annuellement, à titre de récompenses, quelques coupons d'étoffes, quelques objets supplémentaires qui ajoutent au confort et à l'élégance du trousseau. Dans plusieurs associations, par exemple, une jolie et touchante coutume veut que toutes les adhérentes se réunissent pour offrir à la jeune

---

(1) Mᵐᵉ Dufourmantelle.

(2) Il est à peine besoin de faire remarquer qu'une hausse exagérée comme celle que nous subissons du fait de la guerre est une très lourde épreuve pour les Œuvres de Trousseau.

mariée son voile et sa couronne d'oranger ; ailleurs, ce sera une machine à coudre, ce meuble si désiré de l'ouvrière, qu'on lui apportera en grande pompe, avec son trousseau, la veille de la cérémonie.

Des fillettes de milieux différents peuvent encore s'associer pour aider à la propagande de l'Œuvre. « Les petites amies du Trousseau, par exemple, s'imposent une légère cotisation et confectionnent, chaque année, un objet qui vient grossir le trousseau de la petite sociétaire pauvre. » Enfin, dans quelques endroits, celle-ci peut racheter sa cotisation au moyen de bons points dont chacun représente un sacrifice, une victoire remportée sur l'étourderie ou la paresse. Vous voyez que si le principe de la non gratuité est fidèlement suivi, on s'efforce, cependant, par d'ingénieuses et charitables inventions, de faciliter aux plus misérables le petit effort pécuniaire qui leur est demandé.

Telle est, dans ses grandes lignes, l'organisation d'une Œuvre de Trousseau en ville. Est-il possible de l'introduire dans un milieu absolument rural ? Pourquoi pas ? L'épreuve a été faite avec succès, et, de l'avis des directrices d'écoles et de patronages, c'est une des œuvres qui réussissent le plus vite et le plus aisément. Sans doute, dans une petite commune, il faut s'appuyer sur une organisation déjà existante ; les frais seraient hors de proportion avec les résultats s'il fallait, pour une séance d'une ou deux heures par semaine, immobiliser une maîtresse, payer un local, des frais de chauffage, d'entretien, d'installation. Le milieu d'élection de l'Œuvre du Trousseau, c'est donc l'école, soit libre, soit communale, ou encore le patronage. Vous comprenez que la tâche des organisatrices est bien simplifiée lorsque les frais d'installation se réduisent à faire établir une série de cases ou d'armoires portant le nom

de chaque sociétaire, petites alvéoles d'une ruche laborieuse où chaque fillette vient déposer, un à un, les objets patiemment cousus, orgueil de la bonne ménagère.
Sans doute, pour acclimater l'Œuvre à la campagne,
quelques petites modifications s'imposent ; le « trousseau type » que l'Union nationale des Œuvres du
Trousseau (1) envoie volontiers à ses adhérentes, tout en
étant très simple, étonnerait peut-être dans une bourgade
perdue de Bretagne ou des Landes, encore que, depuis
quelques années, depuis la guerre surtout, le confort et
jusqu'à un certain point le luxe, qui ne se rencontre pas
toujours avec le nécessaire d'ailleurs, se soient singulièrement répandus ! Dans beaucoup d'endroits, il sera plus
sage d'établir ce trousseau d'après les modèles du pays,
auxquels on tient tant dans nos familles terriennes.
Vous éviterez encore de proposer à une enfant déjà en
place dans une ferme, qui a peu de temps à elle et
encore moins d'argent, la composition d'un trousseau
compliqué de soixante-quinze, voire même de cent
vingt pièces. Faire simple, dans ce cas, c'est le secret
du succès.

Voici une idée qui plairait, je crois, à la campagne,
pour ouvrir l'esprit des enfants... et des parents. Une
Œuvre de Roubaix avait imaginé d'offrir aux enfants
qui vont faire leur première communion un petit
trousseau de lingerie personnelle à confectionner : une
chemise, un pantalon, une camisole, un jupon de flanelle, deux mouchoirs ordinaires, un mouchoir à broder,
le tout pour 5 fr. 20 (2), payables par cotisations hebdomadaires. Le travail se faisait le jeudi, de 2 h. 1/2 à
4 h. 1/2. Ceci pourrait être essayé partout où il existe un
patronage.

(1) 185, rue de Charonne.
(2) Prix d'avant guerre !

Les exemples si heureux de l'Œuvre du Lion d'Angers (trousseaux de vingt-trois pièces), du canton de Pavilly (Normandie), où l'on a créé un trousseau réduit en faveur des petites servantes de fermes qui se placent à treize ans, montrent tout le parti que vous pouvez tirer de cette idée féconde en restant dans les conditions les plus humbles (1). La seule démarche réellement délicate, c'est d'obtenir de la famille une cotisation, si minime soit-elle, tout au moins dans certains pays où les antécédents de tout genre prédisposent les esprits à trouver toute naturelle et presque due la gratuité de chaque initiative charitable. Les propagandistes de l'Union nationale du Trousseau conseillent, dans ce cas et presque toujours d'ailleurs, de s'adresser tout d'abord aux enfants : « Groupez autour de vous quelques fillettes dont vous connaîtrez déjà la bonne volonté, dit Mme Dufourmantelle, faites-leur comprendre et apprécier le bonheur qu'elles auront à remplir leur case de bon linge fait et payé par elles-mêmes ». Vis-à-vis des mères hésitantes, « il faudra faire agir leur intérêt, leur montrer d'un côté la liste du trousseau, de l'autre la somme si minime à verser chaque mois, l'enfant habituée toute petite à apprécier le linge, à ranger son armoire, à épargner les petites pièces de la tirelire, apprenant non seulement à faire du neuf, mais

---

(1) Au Lion d'Angers, les enfants commencent à huit ans et apprennent à coudre avec une rare facilité. La confection du petit trousseau (six chemises, deux pantalons, six mouchoirs, trois serviettes toilette, deux jupons, deux camisoles) dure quatre ans, en y travaillant le jeudi seulement. Le premier trousseau livré a donné beaucoup de courage à toutes. La cotisation est de 5 centimes par semaine la première année, de 10 centimes les autres. L'Œuvre prend indistinctement les enfants de l'école libre et de l'école communale.

(Communication de la baronne de Cholet.)

encore à raccommoder et à repriser les vêtements de ses frères (1). »

Un dernier argument qui a son prix et que vous pouvez employer, Mesdemoiselles, il aura toujours du succès : « Les jeunes filles qui font partie d'une Œuvre de Trousseau se marient plus vite et mieux que les autres : elles ont la réputation d'être adroites, actives, persévérantes ; elles apportent non seulement une dot en linge, déjà appréciable, mais un capital de vertus morales qu'un travailleur sérieux ne dédaigne pas et qui est pour le futur ménage la meilleure des garanties de bonheur ».

Un curé des Hautes-Alpes, qui a eu le mérite de se faire le promoteur de l'Œuvre dans sa paroisse, résume ainsi les résultats obtenus : « Tout y gagne, le savoir-faire, la vertu, la piété, et j'espère qu'à la longue, cette modeste semence donnera une jolie moisson de bien sous tous les rapports ». On ne saurait faire, en termes plus simples et plus discrets, un meilleur éloge d'une idée juste, bienfaisante, facile à réaliser partout et qui tentera sans doute quelques-unes d'entre vous.

Je dois ajouter que toutes les indications que je vous donne ici se rapportent à l'avant-guerre. Les prix excessifs de la toile et du coton rendent singulièrement difficile la tâche des organisatrices de l'Œuvre

______

(1) Il semble que pour cette Œuvre du Trousseau tout au moins, où le gain matériel est tangible, la cotisation s'obtient assez facilement. Aux Gobelins, les jeunes filles payent 0 fr. 50 par mois, cotisation doublée en juin et juillet... Dans un centre minier, des cotisations, s'élevant à 1 fr. 80 par mois, étaient régulièrement payées. A Pontarlier, soixante jeunes filles font partie du Trousseau et paient très bien. En Normandie, trousseau de quatre-vingts pièces évalué à 80 francs, fait en huit ans, de huit à quinze ans, cotisation de 1 fr. à 1 fr. 50 par mois, toujours payée.

du Trousseau. La création de nouveaux groupes pourra sembler trop onéreuse pendant quelques mois encore, mais la fécondité du principe reste entière, et lorsque la vie normale aura repris son cours, il faudra multiplier partout ces petites associations, dans lesquelles le profit matériel se double d'un gain moral incalculable.

NOTES

RENSEIGNEMENTS PRATIQUES CONCERNANT
LES ŒUVRES DU TROUSSEAU

L'Union nationale des Œuvres du Trousseau a établi un *Manuel* pour faciliter l'établissement des Œuvres locales. Elle se tient à la disposition de celles-ci pour leur donner toutes les explications et éclaircissements supplémentaires susceptibles de les aider dans leur tâche.

Plusieurs formules de trousseaux peuvent être consultées dans ces bureaux ; le type le plus recommandé est celui de soixante-treize pièces, coûtant 80 francs (en 1914 !) Dans les milieux ruraux, où l'on fait grand cas de la toile pour le linge de maison, les prix subissent, de ce chef, une certaine augmentation.

Un trousseau type est mis à la disposition des organisatrices, expédié sur simple demande et, moyennant la consignation d'une somme de 100 francs, il peut être gardé quinze jours. Un trousseau plus réduit peut être également prêté moyennant consignation d'une somme de 20 francs.

Un trousseau modèle est exposé en permanence au siège de l'Œuvre (185, rue de Charonne).

. . . .

On considère que le fonds de roulement nécessaire pour faire marcher l'Œuvre doit être évalué à environ 20 francs par tête.

Toute personne qui aurait le désir d'établir chez elle une Œuvre de Trousseau ne saurait avoir de meilleur guide que le lumineux rapport de Mme Despréaux, la dévouée secrétaire générale de l'Œuvre, rapport présenté au premier Congrès national des Œuvres du Trousseau. Nous nous permettons d'en donner ici de larges extraits :

« Mettez-vous, si vous le voulez bien, dans la situation d'une personne de bonne volonté ayant à côté d'elle un noyau d'enfants qui semble favorable à l'éclosion d'une œuvre. Comment devrez-vous procéder ? Quels seront les principes directeurs d'organisation et de fonctionnement que vous devrez observer ? Comment avez-vous chance de réussir à fonder l'œuvre et surtout à la faire vivre, ce qui est plus difficile ? Ce sont tous ces points que nous allons étudier ensemble, si vous le voulez bien.

« *Choix des enfants*. — Il s'agit d'abord, dans le milieu choisi, de faire une sélection parmi les enfants, sélection qui restera utile les années suivantes, mais qui est absolument indispensable lorsque l'œuvre débute. Ne prenez pas les enfants trop misérables : très rapidement, elles ne paieraient plus, et nous verrons tout à l'heure l'importance qu'il faut attacher au paiement. Ne les prenez pas trop fortunées : elles dédaigneraient les avantages que vous leur offrez et, en grandissant, abandonneraient leurs trousseaux. Essayez, plutôt, de choisir quelques enfants régulières, de familles modestes mais travailleuses, et expliquez-leur *à elles*, avant de voir leurs parents, ce que vous attendez de leur effort et de leur bonne volonté. Faites-leur comprendre que vous les traitez en grandes filles (même si elles ont neuf ans !) parlez-leur de la petite case qui sera bien à elles, à elles seules, et où, de suite, des torchons payés avec leurs sous et ourlés par leurs doigts vont venir, un à un, faire une belle douzaine qu'on attachera d'un beau ruban rouge ! Dites-leur bien que vous avez confiance en elles, et qu'avant de voir leurs mères, vous voulez être sûre qu'elles ont envie d'être des ouvrières de la première heure !

« Et quand vous aurez conquis votre public, enflammé ces petites cervelles sur ce modeste rêve de quelques mètres de toile cousue, allez voir les parents, et montrez-leur les avantages qu'en tireront leurs enfants.

« *Parents*. — Là, il faut parler plus à l'intérêt qu'au cœur, hélas ! et l'abord est parfois méfiant, presque hostile... On vous objectera d'abord la question d'argent. Il est facile de la réfuter quand on ne demande par mois qu'une modeste pièce de dix sous, attendant les années de gain pour demander plus, et qu'on peut répondre à la mère que son enfant dépense plus que cela, sou à sou, chez l'épicier, en cornets de bonbons. Puis la question de temps. Répondez qu'au début vos petites ouvrières coudront le jeudi, au Patronage ; à l'école, à la séance du Trousseau, si celui-ci est autonome. Plus tard, quand l'enfant travaillera, si l'effort est trop grand de coudre le soir, après la laborieuse journée finie, il y aura toujours les mortes-saisons où le linge en retard pourra être achevé pour être prêt à la fin de l'année,

comme le veut le programme... Montrez à cette mère hési-
tante, d'un côté, la liste du trousseau : soixante-dix à
soixante-treize pièces en général, dont deux paires de draps
de grand lit, et, de l'autre, la somme demandée : 68, 70,
80 francs. Demandez-lui ce qu'elle aurait, au jour du
mariage, pour cette petite somme. Montrez-lui qu'achetée en
gros, par vous, la matière première revient à sa fille moins
cher qu'à elle, si elle l'achetait. Enfin montrez-lui que son
enfant, habituée toute petite à apprécier le linge, à ranger
son armoire, à épargner les petites pièces de la tirelire
pour payer son trousseau, sera vite, pour sa mère, une aide
au foyer... Enfin, dans les pays où l'ouvroir a disparu, les
enfants ne savent plus coudre ; dites que l'enfant apprendra
au Trousseau non seulement à faire du neuf, mais à raccommoder et à repriser...

« *Direction.* — La première question à trancher est celle de
la direction, si vous-même ne pouvez assumer cette tâche... Il
vous faut, pour la bien conduire, deux personnes sûres,
ayant — si je puis dire — *l'esprit de la chose*, et joignant aux
qualités matérielles de lingères et de professeurs l'amour
des enfants et la foi en votre idée, qui deviendra leur. L'une,
plus spécialement maîtresse de couture, apprendra patiemment aux enfants les mystères du surjet et de la bouton-
nière, tandis que l'autre fera les appels, inscrira les pré-
sences, les bons points, tiendra les livres, fera la lecture ou
une petite conférence durant la séance, et qui seront, si
vous le voulez, la directrice et la secrétaire-trésorière, vous
réservant, si vous le pouvez, la tenue des grands livres et la
direction générale comme présidente.

« Mais ce qu'il faut surtout trouver en vous-même,
comme en vos aides, c'est l'entrain, la gaité, la tendresse qui
transformeront la salle du Trousseau en une salle de famille
où enfants et directrices se sentiront chez elles, ne laissant
près d'âmes d'enfants confiantes et affectueuses que de
grandes amies, confidentes des peines et des joies, et tout
indiquées, quand ces petites seront devenues des femmes,
pour les guider et les soutenir.

« *Age initial.* — Le véritable terrain de création d'un
Trousseau, en ce qui touche à l'âge, est l'enfance, avant dix
ans, presque dès le moment où l'enfant peut enfiler un dé à
son doigt minuscule. Méfiez-vous des enfants déjà grandes !

Ne bâtissez pas votre maison sans en avoir posé solidement les fondations, car, sans cela, le premier coup de vent emportera cet édifice brillant et coquet qui ne repose que sur des murs creux ! De même l'enthousiaste jeune fille de quinze ans, habile ouvrière, payant facilement, qui aura adhéré avec joie à l'idée de ce trousseau séduisant, étant mal formée à l'idée, n'y voyant que la jouissance immédiate et non l'effort à donner, se laissera emporter par le premier souffle de folie qui passera à son côté, et deux ans, trois ans peut-être après le début, vous réclamera non terminé un trousseau dont elle ne sera plus digne...

« *Question financière.* — Au début des Œuvres du Trousseau, on admettait généralement qu'une somme de 1.000 francs était nécessaire comme fonds de roulement, et c'est encore vrai pour beaucoup d'œuvres faisant de lourds approvisionnements de linge. Mais ce chiffre devient tout à fait inutile pour celles qui, profitant de notre service d'achats de l'Union nationale, ne prennent plus le linge qu'au fur et à mesure de leurs besoins et de leurs rentrées.

« Pour celles-ci, j'estime, en me basant sur les chiffres d'un trousseau de 68 francs semblable à celui indiqué au *Manuel*, et fait en neuf ans, qu'il suffira, par tête d'enfant, d'une somme de 15 à 20 francs pour assurer indéfiniment le fonds de roulement d'une lignée d'adhérentes.

« Tout autre, évidemment, est le calcul des faux frais d'une installation, et une Œuvre de Trousseau obligée de payer un local, des armoires, du chauffage, et peut-être aussi des maîtresses, sera très lourdement chargée...

« ... Il faut encore prévoir deux choses :

« 1° La hausse des tissus, qui, à certaines années, dépasseront les prix prévus au budget, créant, par conséquent, un déficit passager, qu'il faudra payer ;

« 2° L'achat des Bons de Trousseau, qui, tous les ans, viennent récompenser, en linge, les points de travail, de régularité et de conduite de vos petites sociétaires. Et, à propos des récompenses, je vous signalerai, en passant, une forme d'aide que j'affectionne particulièrement, peut-être avec un peu de la partialité qu'on a toujours pour ses enfants, celle de l'Œuvre des Petites Amies du Trousseau...

« Cette œuvre, composée de petites filles et de jeunes filles nées dans les milieux plus fortunés où le trousseau

viendra à son heure, complet et sans effort, donne, chaque
année, aux jeunes filles du Trousseau dont elle s'occupe,
une petite cotisation pour la caisse de réserve et un objet
confectionné pour les récompenses...

« Permettez-moi d'ajouter un principe qui, pour venir le
dernier, n'est pas le moins important... et que je voudrais
vous voir accepter sans exception : le principe *absolu* de la
non gratuité.

« Si j'y insiste, après que tout ce que je viens de dire
démontre assez que, dans notre esprit, un trousseau doit
être en absolue balance, comme coût à l'Œuvre, avec le prix
payé par la sociétaire, c'est que je sais que quelques Œuvres
encore, et non des moindres, ne peuvent arriver à adopter
ce principe, qui est pourtant indispensable au succès moral
d'une Œuvre de Trousseau.

« Enlevez l'effort, distribuez gratuitement les étoffes en
dons à vos jeunes sociétaires, immédiatement celles-ci,
humiliées par cette charité, inquiètes de savoir ce que vous
leur demandez en échange de cette aumône, et persuadées
que vous n'agissez que dans un mobile intéressé qui leur
échappe, se méfieront, s'écarteront de vous, et si ces sangsues qui ruinent toutes les œuvres, en quêtant à toutes les
portes, vous restent encore fidèles, et continuent à coudre,
excitées par l'appât d'un trousseau à recevoir, les plus
fières, les meilleures de vos jeunes filles, froissées dans leur
dignité, s'éloigneront et refuseront d'accepter votre cadeau.
Et comme preuve de ce que j'avance, j'en appelle à tous
ceux qui, s'occupant d'œuvres de couture, le jeudi, savent
avec quelle facilité les ouvrages sont abandonnés par les
jeunes ouvrières quand celles-ci ne peuvent leur attribuer
une valeur pécuniaire palpable.

« Donc, Mesdames, *jamais, nulle part, sous aucun prétexte,*
ne fondez de trousseaux gratuits. Vous n'auriez que la lie de
la jeunesse qui vous entoure, vous rabaisseriez la dignité
de vos jeunes adhérentes et les amoindririez, et si, dans
les Œuvres qui sont ici représentées, il se trouve de ces
Œuvres gratuites, je les supplie, s'il n'est plus temps de
changer leurs bases, d'introduire au moins une nouvelle
branche ou une amélioration qui leur permette de demander
cet effort de l'épargne qui les aidera si puissamment, dans
l'avenir, à faire leur Œuvre prospère ! »

ORGANISATION D'UN TROUSSEAU A LA CAMPAGNE

EXTRAIT, DU RAPPORT DE Mlle LOUISE BLANC

Voici comment s'organisa, à la campagne, l'Œuvre du Trousseau dijonnais, fondée par le Cercle « Le Rayon », en 1906 :

Il était à prévoir que toutes les adhérentes n'attendraient pas six années avant d'avoir besoin d'un trousseau ménager et il fallait trouver le moyen de leur en constituer un plus rapidement. D'autre part, elles n'étaient pas riches et le système des cotisations s'accordait seul à leurs faibles ressources. Tel était le problème : composer un trousseau suffisant pour qu'il soit vraiment utile ; le payer, toutefois, au moyen de cotisations modestes, et encore laisser au paiement de ces cotisations la liberté d'être avancé ou même retardé, selon le besoin. Et voici quelle fut la solution. Le coût du trousseau serait d'une centaine de francs environ ; la cotisation mensuelle serait fixée à 1 fr. 50 : un sou par jour, et les six années prévues deviendraient un délai purement théorique, pouvant être allongé ou raccourci. Une bourse généreuse s'ouvrit alors pour nous prêter, au seul taux de notre reconnaissance, l'argent nécessaire pour acheter les premières toiles et créer un fonds de roulement qui fut augmenté plus tard par les cotisations accumulées. Puis comme celles-ci, en pratique, ne pouvaient être mensuelles que pour le petit nombre, voici ce qui fut imaginé afin que les versements et les comptes se fissent commodément et simplement. Chaque adhérente à l'Œuvre du Trousseau devient titulaire, pour le prix de 0 fr. 35, d'un carnet à souche de soixante-dix bons de 1 fr. 50. Ce carnet est aux mains de la trésorière, qui détache un bon et le remet comme reçu chaque fois qu'on lui verse 1 fr. 50. Ainsi, une cotisation mensuelle n'est qu'une base logique, et chacune peut opérer ses versements plus ou moins vite à son gré et selon ses ressources. Toutefois, les cotisations, ou plutôt les soixante-dix bons, sont partagés en six séries : cinq de douze bons et une de dix que, pour la commodité du langage, on désigne par le numéro d'ordre des six années théoriques.

Chaque série correspond, dans le trousseau, à un groupe

de pièces dont la valeur est approximativement égale ; en effet, si la jeune adhérente doit attendre, pour commencer son trousseau, qu'elle en ait payé une partie notable, quel serait alors l'avantage de notre Œuvre ? Il ne serait pas non plus raisonnable de le lui confier tout entier, en bloc, après quelques francs versés, ou de la laisser choisir à sa fantaisie les pièces qui lui plaisent. Du reste, voici le devis établi dès l'origine, auquel nous nous tenons fidèlement : une douzaine de torchons, une douzaine de serviettes de table, une douzaine de serviettes toilette, six essuie-mains, une douzaine de mouchoirs, huit chemises, quatre taies d'oreiller, quatre camisoles, quatre pantalons, trois paires de draps de toile.

L'organisation de notre Œuvre à la campagne est aussi simple qu'il est possible. Une seule personne, dans chaque groupe, accepte la charge de tenir les carnets à souche, de percevoir les cotisations et d'envoyer à Dijon, tous les trois mois, l'argent qu'elle a reçu. Elle demande et reçoit la toile, elle la distribue et emmagasine les pièces confectionnées des trousseaux. C'est avec elle que nous correspondons et nous ne connaissons qu'elle. Elle seule est responsable à notre égard. Outre le prix minime des carnets et frais de transport, supprimés à chaque envoi, dont la valeur atteint 25 francs, les groupes extérieurs sont tenus de payer à l'Œuvre centrale une taxe de 5 francs pour dix trousseaux ou fraction de dix trousseaux souscrits. Cette cotisation légère représente leur part dans les frais de correspondance et les autres frais généraux. Mais c'est tout ce qu'elles ont à débourser.

<hr>

ORGANISATION D'UNE ŒUVRE DE TROUSSEAU
AU PROFIT DE JEUNES OUVRIÈRES

COMMUNICATION DE Mlle MOREL D'ARLEUX

Règlement de l'Association.

Conditions. — Se faire inscrire chaque année, en janvier. Verser régulièrement la cotisation de 0 fr. 25 chaque lundi. En cas de non versement pendant un mois, l'associée est considérée comme démissionnaire : l'ouvrage équivalent à l'argent versé est gardé à son nom, dans l'armoire, jusqu'au 31 décembre. Le remboursement ne se fera jamais qu'en nature.

Cotisations. — 0 fr. 25 par semaine, payables d'avance. Total : 13 francs par an.

Composition du trousseau, quatorze pièces (1) :

Janvier......................	2 torchons.
Février......................	2 essuie-mains.
Mars........................	2 serviettes toilette.
Avril........................	2 serviettes table.
Mai.........................	1 taie d'oreiller.
Juin........................	1 taie d'oreiller.
Juillet......................	1 tablier.
Août........................	1 jupon.
Septembre.................	1 jupon.
Octobre....................	2 mouchoirs.
Novembre..................	1 chemise.
Décembre..................	1 chemise.

Le même travail se répétera trois années de suite, ce qui permet aux associées de réunir six serviettes de chaque sorte ; mais le jupon est remplacé par une camisole, puis, la troisième année, par un pantalon.

A qualité égale, le prix de chaque objet est réduit, l'acquisition des fournitures en commun étant faite à meilleur compte.

Confection du trousseau. — Le lundi et le jeudi de chaque semaine, au Jardin, de midi 30 à midi 55.

Les jeunes filles qui cessent de travailler dans le quartier peuvent continuer, à condition de confectionner les objets chez elles et d'apporter chaque mois, régulièrement, en prévenant de l'heure qui leur sera possible, leurs cotisations et leur travail terminé.

Remise des objets confectionnés. — Le 31 décembre, chaque associée reçoit le paquet des objets faits par elle et signe un reçu. Il est joint, à titre de récompense :

La première année : une nappe ; la seconde année : un drap ; la troisième année : un drap.

______

(1) Ce trousseau, très réduit comme composition et comme temps employé, pourra servir de modèle dans un village pauvre où les jeunes filles sont absorbées de bonne heure par le travail des champs et disposent de peu de loisirs. C'est à ce titre que nous l'ajoutons aux autres documents.

LA CAISSE DOTALE

Comme l'Œuvre du Trousseau, dont nous avons parlé dans notre dernière réunion, la Caisse dotale est une association qui poursuit à la fois un but éducatif et un résultat pratique. Elle se propose, en effet, de constituer une petite dot à la jeune fille ou au jeune garçon moyennant le versement régulier, pendant plusieurs années, de cotisations personnelles variant de 5, 10 et 20 francs, espérant, de cette manière, faciliter aux jeunes gens l'entrée en ménage, toujours dispendieuse, quelque raisonnables que soient les conjoints, en même temps qu'elle les habitue de bonne heure à l'économie, à la prévoyance, au sacrifice en vue de la famille future.

S'il y a une idée faite pour conquérir la sympathie de la jeunesse, c'est bien celle-là. A dix-huit ans ou à vingt ans, la fille la plus sérieuse rêve toujours un peu au mariage. Rêve permis, rêve inoffensif même pour nos petites rurales, destinées presque toutes à devenir de bonnes mères de famille, mais combien il serait préférable de substituer à ces aspirations vagues et plus ou moins raisonnées la pensée réfléchie du foyer futur, l'habitude d'en faire le centre de leurs espoirs et de leurs affections. Ainsi le mariage, loin d'être considéré comme une occasion de divertissements et d'émancipation, deviendrait le grand acte qui fixe la vie et que toute l'adolescence doit préparer. Petites privations, efforts courageux, travail persévérant, tout convergerait vers lui. Cette cotisation de 5, 10, 20 francs, ce n'est presque rien comme argent, mais cela représente la fantaisie qu'on s'est refusée à quinze ans, le plaisir dont on s'est passé, la toilette inutile pour la jeune fille ; cela représente, pour le garçon, la résistance à des tentations plus dangereuses encore, celles du jeu, de la boisson, de l'inconduite. Ainsi le gain n'est pas seulement dans les pièces blanches ou le billet bleu qui tombent, chaque année, dans la caisse de la Mutuelle dotale, il est surtout dans les vertus acquises qui, mieux que n'importe quel capital assuré, seront un jour la force et la stabilité du foyer futur.

Nous sommes, je crois, toutes d'accord sur ce principe, mais où la difficulté commence, c'est lorsqu'il s'agit de l'appliquer : aussitôt les objections surgissent. et, il faut le reconnaître, toutes ne sont pas sans valeur. Tout d'abord, l'établissement d'une Caisse dotale n'est-elle pas plus facile dans une ville, dans un centre industriel, où tout travail se paie en argent ? Lorsque l'on touche son salaire tous les huit ou tous les quinze jours, il est aisé de prélever quelques pièces blanches pour la Caisse dotale, mais à la campagne, l'enfant a peu d'argent : au début, il ne gagne presque rien. Comment ferait-il les frais de cotisations qui devront être relativement élevées, si l'on veut que la dot soit ronde ? Il est certain que, à la ville comme à la campagne, si on accepte le garçon ou la fillette dès l'âge de trois ans, les parents devront, tout d'abord, faire acte de prévoyance pour eux en se chargeant de la contribution annuelle.

Mais l'esprit d'épargne du paysan n'est-il pas légendaire ? On arrivera plus vite à faire comprendre l'utilité de la Caisse dotale à des agriculteurs habitués déjà à l'économie et à la privation, qu'à des ouvriers insouciants et trop souvent avides de plaisirs et de distractions. Ici, comme en toute autre œuvre, le tout est d'inspirer confiance. Le petit cultivateur fera volontiers quelques sacrifices, d'ailleurs limités, s'il est certain que ses avances ne seront pas inutiles, qu'à vingt ou vingt-cinq ans son fils ou sa fille toucheront bien réellement l'argent promis et qu'en cas de mort, leurs cotisations lui seraient rendues. Cette réserve est indispensable, il ne se déciderait jamais à courir un risque, si léger fût-il...

A partir de huit ans, alors qu'en ville l'enfant n'est encore pour les siens qu'une charge de plus en plus lourde, le petit paysan commence à gagner, au moins dans les pays d'élevage, comme pâtour. Si petite que soit la part de salaire qu'on lui abandonne, que de menus gaspillages déjà, que de pièces blanches dissipées chez l'épicier, en bonbons ; à la foire, en rubans, perles de verre, en bibelots inutiles et si laids ! Sans doute, il faut des jouets à l'enfance : il serait bien cruel de sevrer ces pauvres innocents de toutes joies, alors que les grandes personnes elles-mêmes sont si souvent en quête de plaisirs et de distractions. Mais la Caisse dotale n'en demande pas tant ! Le but de l'Œuvre est simplement d'apprendre à l'enfant à ne pas céder immédiatement et toujours à l'attrait sensible, à préférer quelquefois le bien-être futur à la jouissance passagère. En somme, cette résistance à la tentation, sous quelque forme qu'elle se présente, fait partie de toute éducation bien comprise.

Si la famille est intelligente, si elle est capable de comprendre l'idée directrice de la Caisse dotale, il lui sera facile de seconder ses efforts par toutes sortes de petites industries qui stimulent le zèle de l'enfant et le mettent bien vite à même de se procurer la pièce de 5 francs qui sera, pendant plusieurs années, son seul apport. Une fermière abandonnera, par exemple, à sa fillette, chargée de l'entretien et de la surveillance du poulailler, le treizième de ses recettes en œufs, beurre et lapins ; un petit garçon obtiendra de son père la permission d'élever un ou plusieurs animaux : oies, mouton, cochon, à *mi-fruit*, c'est-à-dire que la moitié des bénéfices sera réservée à sa tirelire. Il y a les pourboires attrapés ici et là, la pièce de vingt sous du grand frère, de la marraine. Bref, si nos petits ruraux faisaient leur compte, à la fin de l'année, ils seraient tout étonnés de l'argent qui leur est passé entre les doigts. Ceci est vrai à dix et douze ans déjà, mais à partir de quinze ans, aujourd'hui surtout, les jeunes gens gagnent des salaires d'hommes, salaires inconnus aux générations précédentes ; les jeunes filles elles-mêmes ont vu monter leurs journées du double. Hélas ! que font-ils de cet argent ? Bien peu l'abandonnent à leur famille. C'est alors que se prennent les mauvaises habitudes d'intempérance et de gaspillage qui ruinent le plus bel avenir. Interrogez les habitants de n'importe quelle province, ils vous diront que, depuis la guerre, le luxe s'est déplacé, que jeunes gens et jeunes filles de la classe populaire ne se refusent rien, à la campagne comme à la ville. Comme il serait plus sage de grossir leur petit pécule, de réserver cet argent pour les jours difficiles qui viendront, sans nul doute. Et quand même ils trouveraient, pendant plusieurs années après la guerre, du travail bien rémunéré, ne leur faudra-t-il pas monter leur ménage, leur ferme, acheter cher les meubles et le linge indispensable à l'entretien de la maison ?

L'utilité de l'économie est généralement admise par tous ceux qui réfléchissent, aussi ce n'est pas de ce côté que la Caisse dotale aura à vaincre les plus fortes résistances.

Mais, objecteront les gens ennemis des complications, à quoi sert d'avoir une caisse spéciale pour recueillir l'épargne d'une pastourelle de douze ans ? Ne peut-elle confier ses quelques sous au bas de laine ou à l'armoire maternelle ? Certes, mais le procédé est dangereux : épargnons la tentation aux faibles... Que de parents, pressés par une facture inattendue, une dépense impérieuse, feraient volontiers des emprunts à la modeste tirelire, au risque de tuer à tout jamais l'esprit d'épargne chez l'enfant. Avec la Mutuelle dotale, rien de semblable à craindre : les cotisations sont à l'abri des revendications des parents, des titulaires eux-mêmes ; elles ne sont rendues qu'au mariage ou dans certains cas déterminés par les statuts.

La constitution d'une Caisse dotale est, d'ailleurs, moins compliquée qu'elle ne paraît au premier abord. Il suffit de la greffer sur le Syndicat agricole ou le Cercle de Fermières, dont nous parlerons dans une de nos prochaines réunions, moyennant quelques formalités et l'ouverture d'un compte spécial.

Et ici, Mesdemoiselles, avant d'entrer dans quelques détails qui vous paraîtront peut-être un peu arides, permettez-moi d'ouvrir une parenthèse.

Nombre de personnes, des femmes surtout, répugnent à donner à leurs organisations une forme légale. C'est à la fois une erreur et une imprudence : erreur, puisqu'on se prive ainsi de certains avantages consentis par les lois sociales aux organisations mutualistes, mais surtout grosse imprudence, car, lorsqu'il s'agit d'argent appartenant à des tiers, on ne saurait prendre trop de précautions. Mieux vaut s'imposer quelques écritures supplémentaires et être dans la règle.

Le fonctionnement de la Caisse dotale est, d'ailleurs, fort simple : l'enfant verse ses cotisations jusqu'à vingt, vingt-cinq ou trente ans ; l'intérêt de son argent est calculé au taux le plus avantageux possible, et à cet intérêt vient s'ajouter annuellement, dans certaines Caisses, le montant de la prime constituée par la répartition au profit de tous les adhérents, des bonis provenant des dons, legs, subventions et cotisation des membres honoraires ; d'autres Mutuelles prévoient seulement une majoration de dot prise sur les bénéfices et le fonds de réserve de la Société au moment du mariage. A l'âge indiqué par les statuts, ou bien à l'occasion du mariage (le lendemain, généralement, pour éviter que l'argent ne passe en frais de noces, ou au 1ᵉʳ janvier suivant), le montant de la dot est remis au titulaire.

En cas de décès, les cotisations sont rendues, sans intérêts, aux ascendants ou frères et sœurs du défunt ; en cas de radiation, le sociétaire reçoit ses cotisations sans primes ni récompenses et avec un intérêt inférieur à 4 fr. 50 °/₀ (1).

Les Caisses dotales ont eu, au début de leur organisation, quelques petites difficultés. Pendant quelques années, elles furent constituées sous forme de Sociétés de Secours mutuels approuvées, conformément à la loi de 1898 : un grand nombre, conçues sur ce modèle, reçurent d'abord l'approbation du Ministère du Travail,

---

(1) On trouvera plus loin des extraits d'un remarquable rapport de M. l'abbé Thouvenin sur l'organisation et le fonctionnement des Caisses dotales et un exemple donnant la comptabilité d'une Mutuelle.

mais à partir de 1909, celui-ci changea d'opinion et refusa de reconnaitre toutes les sociétés organisant simplement la dotation jusqu'à ce que le Conseil d'État eût statué sur la question (1).

Cette situation équivoque se prolongea un certain temps, non sans entraver le mouvement d'expansion des Caisses. Enfin, le 28 décembre 1913, le Conseil d'État rendait un arrêt décidant que les Caisses dotales ne pourraient prétendre aux bénéfices accordés par la loi du 1er avril 1898 aux Sociétés de Secours mutuels (c'est-à-dire placement des fonds avec intérêts à 4 1/2 °/₀ à la Caisse des Dépôts et Consignations et subventions supplémentaires de l'État).

C'était un rude coup pour ces institutions, qui perdaient ainsi toutes les facilités et les avantages accordés aux mutualistes. Ceux-ci, cependant, ne se découragèrent pas. Ils eurent l'idée d'utiliser une loi toute récente, du 3 juillet 1913, sur les Caisses d'épargne. « Dans une série d'articles parus dans son bulletin, *le Mutualiste français*, M. Dedé, avocat au Conseil d'État, a très nettement dégagé les idées fondamentales de cette loi, voulait bien nous dire, à ce sujet, M. Toussaint (2), secrétaire général adjoint à l'Union centrale des Syndicats, dont on connait la compétence dans les questions juridiques. La loi du 3 juillet 1913 (3) englobe toutes les

(1) Détails empruntés au rapport de M. l'abbé Thouvenin, Toulouse, 1911.

(2) Au printemps de 1914, M. Toussaint, secrétaire général adjoint de l'U. C. des Syndicats, fit, à la Section des Dames, une communication sur le fonctionnement des Caisses dotales, rapport où la solidité du fond ne nuisait en rien à l'agrément de la forme et que nous regrettons de ne pouvoir reproduire en son entier.

(3) Le numéro du *Mutualiste français* du 15 mars 1914 a donné des statuts types spécialement étudiés au point de vue de la loi du 3 juillet 1913.

sociétés qui ont pour objet de réunir et de capitaliser en commun les épargnes de leurs adhérents.

« C'est ce que fait la Caisse dotale, qui n'aura plus pour vivre, si elle accepte une capitalisation ne dépassant pas quinze années, qu'à déposer sur papier timbré, à la Sous-Préfecture, ses statuts et la liste de ses administrateurs et à prendre le nom de *Caisse d'épargne dotale*. Ce sera ensuite le rôle de son Conseil de direction de placer à un taux avantageux les fonds déposés par les adhérentes.

« Rien ne sera, par suite, plus facile que de créer une Caisse d'épargne dotale. Après avoir fait quelques visites préparatoires et obtenu d'avance plusieurs adhésions, on réunira toutes les personnes susceptibles de s'intéresser à la formation de cette petite Caisse pour leur en exposer le fonctionnement et faire adopter les statuts proposés.

« Cette Mutuelle sera *communale*, à circonscription restreinte (à moins, cependant, que les communes ne soient trop petites. Car, dans ce cas, il vaudrait mieux l'étendre au canton). Elle acceptera des cotisations de 6 francs au minimum et recueillera, par les parents, les adhésions des jeunes filles de un à vingt-cinq ans (mieux vaut ne les admettre qu'à trois ans, en raison de la mortalité infantile).

« Ainsi, par le fait seul de cette création, les prévoyantes pourront se constituer, grâce à leurs économies et aux petits sacrifices faits par leurs parents, un léger pécule, dont le tableau suivant fait pressentir l'importance.

« Si les versements avaient été annuellement de 10 francs, qu'ils aient commencé quand l'enfant avait un an et que les placements aient été faits à 4 1/2 %, ce petit trésor serait de 56 francs, de 125, de 212, de 320,

de 455 francs, lorsque l'adhérente aurait successivement
atteint l'âge de cinq, dix, quinze, vingt et vingt-cinq ans,
et je ne parle pas de l'augmentation qu'auraient pu procurer, d'une part, les subventions de l'État ou des communes, de l'autre, les cotisations des membres honoraires. Car le versement annuel étant ainsi doublé, la
jeune adhérente aurait reçu, à vingt-cinq ans, non plus
455 francs, mais un millier de francs » (1).

. . . .

« Sur ce tableau séduisant peut se clore le chapitre
de la Caisse dotale. Peut-être cette somme de 1.000 fr.
paraîtra-t-elle bien minime à celles d'entre vous qui ont
trouvé dans leur berceau, à défaut du bonheur qu'aucune fortune humaine ne saurait garantir, toutes les
superfluités du luxe et de l'élégance. Qu'importe, c'est un
peu plus de bien-être et de dignité au foyer du pauvre,
c'est surtout le symbole de cette autre richesse dont
tous nos efforts doivent tendre à doter la jeune paysanne :
« savoir épargner ».

(1) Le conférencier faisait remarquer ici qu'il s'agissait d'un tableau
type établi par les Mutuelles lorraines et qui ne pouvait plus servir
qu'à titre documentaire... A plus forte raison depuis la guerre.

FONCTIONNEMENT DES MUTUELLES DOTALES

Rapport de M. l'Abbé Thouvenin au Congrès de Toulouse
(mai 1911).

Faut-il créer une Mutuelle indépendante, ou bien ajouter la dotation aux services d'une Mutuelle existante ?

En principe, il ne faut pas multiplier les Sociétés, surtout dans les milieux agricoles, où il est parfois difficile de trouver des administrateurs ; d'ailleurs, une Mutuelle ne faisant que la dotation se recrute parmi les enfants, qui ne peuvent être administrateurs. Il vaut mieux que la Société de Secours mutuels, déjà approuvée par la maladie ou la retraite, fasse encore la dotation. C'est d'ailleurs, actuellement, le moyen d'éviter des difficultés au point de vue de l'approbation.

Quelle sera la circonscription de la Caisse dotale ?

Pour faciliter l'administration de la Société dont les directeurs rendent service gratuitement, pour diminuer ou même supprimer les frais de gestion, pour activer la vie sociale déjà communiquée à nos villages par diverses associations agricoles, nous croyons avantageux que la Mutuelle dotale ait pour circonscription une seule commune ou plusieurs communes très rapprochées.

Quel sera le montant de la cotisation annuelle ?

Nous ne croyons pas que la cotisation doive être invariable ; la Caisse dotale, en effet, enrôle les enfants dès leur naissance et elle comprend des jeunes gens de vingt et même vingt-cinq ans. Ce sera bien beau si l'on verse 5 francs au nom des premiers ; les seconds, au contraire, pourront apporter, dans un an, 20 et peut-être 50 francs. Il y a, d'ailleurs, un maximum à ne pas dépasser ; d'après l'article 28 de la loi du 1er avril 1898, le capital assuré, ici la dot, ne doit pas dépasser 3.000 francs ; il faut régler les versements en conséquence.

A quel âge peut-on entrer dans la Société ?

Plusieurs Caisses dotales ont fixé un an comme limite inférieure et vingt ans comme limite supérieure. D'une part, il semble utile d'inscrire les petits enfants seulement quand ils ont dépassé la période de grande mortalité et, d'autre part, la dot des jeunes gens entrant après leur vingtième année serait bien minime.

A quel moment la Société verse-t-elle la dot ?

Plusieurs Caisses donnent la dot au jour du mariage, dans la corbeille de noce ; nous pensons plus pratique de verser la dot au 1er janvier qui suit le mariage ; la comptabilité de la Caisse est ainsi rendue plus facile ; d'ailleurs, les achats importants du jeune ménage sont souvent payables au 1er janvier ; enfin n'y aurait-il pas à craindre que la dot versée au mariage ne fût employée à payer des frais de noce exagérés et non pas à monter un ménage ?

L'équivalent d'une dot est versé au sociétaire qui n'est pas marié à vingt-cinq ou trente ans, suivant les statuts.

Qu'arrive-t-il en cas de radiation ou de décès ?

Dans certaines Sociétés, la démission, la radiation et l'exclusion ne donnent droit à aucun remboursement ; même en cas de décès, les cotisations restent acquises à la Caisse. Ces règles nous paraissent rigoureuses. Nous proposons de rembourser les cotisations versées, mais sans intérêt et seulement aux ascendants, aux frères ou sœurs du titulaire décédé. Aux sociétaires rayés des contrôles, on rend également leurs cotisations sans intérêt.

Quel sera le montant total de la dot ?

Telle est la question que nous posent, dans leurs lettres, nos correspondants et, dans nos conférences, nos auditeurs.

Cette question est, en effet, très intéressante, mais on ne peut y répondre d'une façon complète. En effet, ordinairement, dans nos Sociétés, la cotisation des membres participants est variable : faible pour les enfants, beaucoup plus forte pour les jeunes gens qui travaillent. D'ailleurs, en général, les statuts ne fixent pas absolument l'époque des versements, ce qui empêche de prévoir des résultats tout à fait rigoureux. De plus, la majoration de dot dépend de beaucoup d'inconnues : nombre de décès, des abandons et des radiations, générosité des bienfaiteurs et des membres honoraires, montant des subventions.

Après avoir montré comment on peut calculer la dot proprement dite, nous indiquerons comment on peut obtenir la majoration de la dot.

Comment calculer la dot ?

Plusieurs sociétés ne donnent aucune indication ni sur le

calcul, ni sur le montant de la dot. Est-il prudent de laisser au Conseil d'administration ou à l'Assemblée générale de fixer le montant de la dot ? Ne sera-t-on pas trop généreux ? Nous croyons qu'il vaut mieux que les statuts fixent le règlement de compte.

Voici une méthode qui est appliquée dans beaucoup de Sociétés approuvées :

La dot est égale à la somme que produisent les cotisations placées au taux servi par la Caisse des Dépôts (c'est-à-dire à 4 fr. 50 %, à intérêts composés, à partir du premier jour du trimestre qui suit le versement des cotisations jusqu'au paiement de la dot). Le sociétaire reçoit sa dot le 1er janvier qui suit le mariage, ou bien, s'il n'est pas marié, le 1er janvier qui suit sa trentième année.

Voici comment peut s'appliquer la règle précédente. Supposons que, la première année, un sociétaire verse pour la dotation 3 francs au premier trimestre, 7 francs au deuxième, 4 francs au troisième et 6 francs au quatrième, soit un total de 20 francs. Il y aura comme intérêt de ces versements, au taux de 4 fr. 50 pour cent :

$$\text{Pour 3 fr. pendant 3 semestres} : 3 \times \frac{4,50}{100} \times \frac{3}{4} = 0,10.$$

$$\text{Pour 7 fr. pendant 1 semestre} : 7 \times \frac{4,50}{100} \times \frac{1}{2} = 0,16.$$

$$\text{Pour 4 fr. pendant 1 trimestre} : 4 \times \frac{4,50}{100} \times \frac{1}{4} = 0,04.$$

Les 6 derniers francs ne portent pas intérêt cette année. Au 31 décembre, il y aura donc :

$$20 + 0,10 + 0,16 + 0,04 = 20 \text{ fr. } 30.$$

Pour la seconde année, on verse 4 francs au deuxième trimestre et 6 francs au troisième, soit 10 francs au total. Il y aura pour intérêt :

$$4 \times \frac{4,50}{100} \times \frac{1}{2} = 0,09 \text{ ; et } 6 \times \frac{4,50}{100} \times \frac{1}{4} = 0,07 \text{ par versement.}$$

De plus, les 20 fr. 30 rapporteront 0 fr. 91. Il y aura donc, à la fin de la deuxième année :

$$20 \text{ fr. } 30 + 10 + 0,16 + 0,91 = 31 \text{ fr. } 37.$$

Nous résumons tous ces calculs dans le tableau ci-contre, qui sera transcrit sur le Grand-Livre du trésorier et le carnet du sociétaire.

COTISATION TOTALE	INTÉRÊTS DE CETTE COTISATION	INTÉRÊTS DU MONTANT DE DOT au 31 déc. précédent.	MONTANT DE LA DOT AU 31 DÉCEMBRE
20 »	0,30	0,91	20,30
10 »	0,10		21,37

Nous allons donner le montant de la dot proprement dite,
ainsi obtenue, en supposant, pour simplifier, une cotisation
de 10 francs par an. Nous comparons ces résultats avec
ceux qu'on obtiendrait en faisant les mêmes versements
dans une tirelire et à une Caisse d'épargne ou à une Caisse
rurale.

MONTANT DE LA DOT OBTENUE POUR UNE COTISATION ANNUELLE DE 10 fr.

DURÉE DU VERSEMENT	TIRELIRE ZÉRO °/₀	CAISSE D'ÉPARGNE ET CAISSE RURALE		CAISSE DOTALE 4,50 °/₀
		2,75 °/₀	5 °/₀	
5 années.	50 fr.	53 fr.	51 fr.	56 fr.
10 —	100 »	115 »	116 »	125 »
15 —	150 »	185 »	189 »	212 »
20 —	200 »	270 »	273 »	320 »
25 —	250 »	358 »	370 »	455 »
30 --	300 »	463 »	483 »	623 »

Comment calculer la majoration de dot provenant, d'une
part, des bonis procurés par les décès, les démissions, les
exclusions et les abandons, et, d'autre part, des dons, des
subventions et des cotisations des membres honoraires ?

Dans certaines sociétés, surtout dans celles qui sont très
nombreuses, cette majoration est calculée d'avance, suivant
des barèmes basés sur le taux d'intérêt, les tables de mortalité et les chances de radiation.

Cette méthode, qui ne peut tenir compte des subventions
des pouvoirs publics et surtout des cotisations des membres
honoraires, ne saurait convenir aux petites sociétés, dans
lesquelles ne peut jouer la loi des grands nombres.

Pour ces Caisses dotales ne comptant pas beaucoup de membres, nous avons proposé de calculer ces majorations de dot d'après les résultats constatés, ce qui se fait par une division et une multiplication très simples.

Le dividende sera la somme obtenue, en additionnant, d'une part, les bonis produits par les décès, radiations, abandons..., et, d'autre part, les dons, subventions, cotisations des membres honoraires...

Pour avoir le diviseur, on additionne le nombre d'années de sociétariat de tous les membres participants. Le quotient forme la majoration accordée par année de sociétariat. On multiplie ce quotient par le nombre d'années de sociétariat du membre participant ; le produit est la majoration totale accordée à ce sociétaire.

Enfin, pour que la Mutuelle dotale porte bien son nom, il y a lieu de régler statutairement les avantages qui sont attribués à tous les sociétaires à l'occasion de leur mariage. A notre avis, la majoration de dot ne devrait être accordée qu'à ceux qui se marient.

Exemple de règlement. Supposons un sociétaire qui a versé 20 fr. par an pendant vingt ans, soit au total 400 fr. Cette somme, augmentée des intérêts capitalisés chaque année au taux de 4 fr. 50 %, devient 610 fr. La majoration de dot, si le coefficient annuel est de 5 fr., s'élève à 100 fr.

Différents cas peuvent se présenter :

Premier cas. — Le sociétaire meurt sans héritiers du premier ou du deuxième degré ; tout son avoir reste à la Mutuelle.

Deuxième cas. — Il meurt, mais il a comme héritiers son père, sa mère, ses frères ou ses sœurs ; ceux-ci touchent 400 francs, montant des cotisations versées ; le surplus forme un boni de la Caisse dotale.

Troisième cas. — Il démissionne ou il est exclu ; il reçoit les 400 francs qu'il a versés.

Quatrième cas. — Il néglige de toucher en temps voulu les sommes auxquelles il a droit ; au bout d'un certain nombre d'années, il y a prescription.

Cinquième cas. — A trente ans, il n'est pas marié ; il touche 640 francs, capital et intérêts.

Sixième cas. — Il se marie ; il reçoit au total une somme de 740 francs, comprenant 610 francs de dot proprement dite et 100 francs de majoration.

SOCIÉTÉ DE SECOURS MUTUELS DE SAINTE-GENEVIÈVE
Service de la Dotation.

Années.	Nombre de sociétaires.	1° COMPTE DE DOTATION							2° RÉSERVE							Montant de la réserve au 31 décembre.
		RECETTES			DÉPENSES				RECETTES				DÉPENSES			
		Montant des cotisations.	Intérêts à 4 fr. 50 %.	Total.	Dots payées.	Remboursements divers.	Total.	Montant du compte au 31 décembre.	Dons et subventions.	Intérêts à 4 fr. 50 %.	Bonis divers.	Total.	Complément statutaire des dots.	Bonification de dot.	Total.	
1903	13	195	» »	200 »	0	0	0	200 »	28 75	» »	0	28 75	0	0	0	28 75
1904	14	200	9 »	204 »	0	0	0	404 »	2 50	1 29	0	3 79	0	0	0	32 54
1905	18	260	18 18	278 18	0	0	0	682 18	8 75	1 46	0	10 21	0	0	0	42 75
1906	20	265	30 70	295 70	0	0	0	977 88	9 25	1 92	0	11 17	0	0	0	53 92
1907	20	295	44 »	339 »	0	0	0	1.316 88	8 75	2 43	0	11 18	0	0	0	65 10
1908	20	285	59 26	344 26	0	0	0	1.661 14	8 75	2 93	0	11 68	0	0	0	76 78
		1.500	161 14	1.661 14					66 75	10 03		76 78				

Extrait du Compte Rendu du VII° Congrès National des Syndicats agricoles (Rapport de M. l'abbé Thouvenin).

OEUVRES PROFESSIONNELLES

CERCLES DE FERMIÈRES

INDUSTRIES AGRICOLES

CERCLES DE FERMIÈRES

Le Cercle de Fermières, dont je dois vous entretenir aujourd'hui, peut être étudié à deux points de vue. Il complète admirablement une École ménagère, dont il perpétue les leçons, en même temps qu'il met à la portée des femmes qui ont passé l'âge de s'asseoir sur les bancs de la classe un enseignement domestique précieux, et cela sous une forme qui ménage leur amour-propre. Le Cercle est, en outre, une *association professionnelle* sur laquelle peuvent se greffer la plupart des organisations dont il est question dans nos conférences. A ce double titre, il mérite donc de vous intéresser. Du reste, si le nom est nouveau et a même eu une certaine peine à s'acclimater en France, le principe est ancien et a déjà fait ses preuves. Aussi cette organisation américaine, répandue tout d'abord en Belgique, puis en France et en Pologne, a-t-elle été, presque partout, accueillie avec faveur.

En 1914, à la veille de la guerre, on pouvait raisonnablement espérer un rapide développement des Cercles français. Que reste-t-il aujourd'hui de ces premiers efforts ? Peu de chose, sans doute : la plupart des Cercles ont dû, pour une raison ou pour une autre, cesser leurs réunions, un grand nombre appartenant aux pays envahis, et il n'en reste aujourd'hui que des ruines. Mais ces ruines peuvent et doivent revivre. Demain, le Cercle de Fermières, comme le Syndicat agricole, peut devenir un des meilleurs agents de relèvement et de restauration de nos villages envahis, auxquels des malheurs communs auront cruellement appris la nécessité de s'unir et de s'entendre pour triompher des circonstances difficiles. Dans d'autres pays moins éprouvés, le Cercle faciliterait cet effort général vers la production, cette intensification du travail qui permettrait à la France délivrée de panser ses blessures et de reprendre la place qui lui convient dans l'empire mondial. Enfin, là où des associations à caractère nettement religieux n'auraient aucune chance de s'implanter, le Cercle peut offrir un terrain d'entente non suspect aux bonnes volontés soucieuses de travailler au bien du pays. Pour toutes ces raisons, il vous est utile de connaître, au moins dans leurs grandes lignes, l'histoire de ces organisations et le mécanisme de leur fonctionnement.

C'est au Canada que revient l'honneur d'avoir organisé le premier des Cercles de Fermières. Le mouvement a pris naissance dans la province d'Ontario, encouragé par le gouvernement qui accorde des subventions aux Cercles et charge même des fonctionnaires de les aider dans leur mission.

Dès les premières années, les résultats furent concluants : « L'accroissement du nombre des Cercles est de 25 % par an, écrivait M. l'inspecteur général Putnam, mais ce n'est pas seulement par ces chiffres qu'il faut apprécier les progrès accomplis. Maîtresses de maison et mères de famille ont reçu des directions utiles pour

la conduite de leur intérieur ; garçons et filles de ferme
ont été amenés à mieux comprendre leur part de responsabilité dans l'intérêt de la maison qui les emploie, en
même temps que les fermières trouvaient une occasion
qui leur avait manqué jusque-là de se rapprocher des
autres femmes et d'élargir leurs idées en augmentant
leurs connaissances par suite de cet échange de
vues ».

En 1914, la seule province d'Ontario comptait plusieurs centaines de Cercles ; dans l'Alberta, le Saskat-
chewan, le Manitoba, des efforts avaient été tentés avec
succès pour répandre ces Associations. Un Congrès
annuel réunit de cinq à six cents délégués qui attachent
la plus grande importance aux questions d'éducation
familiale, de puériculture, d'hygiène infantile, etc., et,
chaque année, les Cercles organisent des cours d'enseignement ménager et d'économie domestique.

L'institution avait gagné les États-Unis et s'y déve-
loppait rapidement. Dans le vieux monde, la Belgique
avait suivi l'exemple du Canada avec une merveilleuse
rapidité, puisque de deux associations comptant cent
quinze adhérentes en 1906, elle passait, en 1913, à
vingt et un mille quatre cent soixante et un. Conférences, expositions, cours ménagers, tombolas, tout
était mis en œuvre pour intéresser les adhérentes, par-
faire leur éducation professionnelle et développer, en
même temps, chez elles, le sentiment de leurs devoirs et
de leurs responsabilités.

L'Union des Femmes polonaises, fondée en 1910,
comptait, en 1913, déjà quatre-vingt-douze Cercles de
Fermières, auxquels venaient s'ajouter soixante et un
Cercles de Propriétaires-Foncières. Des journées ménagères, des conférences d'aviculture, de jardinage, de
pédagogie, d'hygiène.étaient données, chaque année,

dans tous les Cercles. Le Comité central a fondé une section d'aviculture de laquelle dépendent douze stations avicoles, et, tous les ans, une exposition avec distribution de prix et de diplômes avait lieu à Varsovie, en octobre.

L'Union des Femmes irlandaises, constituée également en 1910, cherchait surtout à améliorer la condition de la paysanne, rendue très pénible, dans ce pays, par l'isolement et la pauvreté. Dans ce but, elle forme un certain nombre de gardes-malades et les met à la disposition des mères et des enfants, avec la charge d'instruire les premières et de soigner les seconds. Elle organise aussi des distributions de lait, dans certains centres ruraux où, à cause de la rareté de la main-d'œuvre et du voisinage des villes, le lait devient, en hiver, extrêmement rare et cher, pour le plus grand préjudice des nouveau-nés.

L'Union Internationale agricole et horticole, qui a son siège à Londres, s'efforce de faciliter aux femmes qui en font partie l'exercice de leur profession ; elle leur procure des débouchés pour leurs produits, organise des conférences agricoles, des expositions, etc.

La Hongrie avait fondé, en 1911, ses premiers Cercles dans le but de renseigner la femme rurale sur ses devoirs maternels et les connaissances nécessaires à sa profession. Le Luxembourg, la Hollande comptaient aussi quelques Cercles.

En France, à part quelques exceptions, le mouvement a été un peu plus tardif (1) et, dans son ensemble,

---

(1) Il convient de remarquer qu'à défaut de Cercles de Fermières proprement dits, les groupements de femmes étaient très répandus dans nos campagnes, depuis une quinzaine d'années, sous forme de Ligues de Femmes ou de Mères chrétiennes. La nouveauté du Cercle est d'être un groupement professionnel.

il ne date guère que de 1911. La Société des Agriculteurs de France, l'Action sociale de la Femme, les différentes Ligues féminines ont fait aux Cercles de Fermières une active propagande. Sous l'énergique impulsion de Mgr Gibier, évêque de Versailles, du Syndicat de Champagne et d'autres organisations agricoles, les Cercles se multiplient à partir de cette date, notamment dans l'Est et dans l'Ile-de-France. Officiellement, la question était à l'étude : une circulaire de M. le ministre Clémentel prescrivait aux professeurs d'agriculture, aux directrices d'Écoles ménagères départementales, de fonder ces Associations partout où ce serait possible. Tout faisait donc espérer que la France ne resterait pas en arrière et que bientôt un bienfaisant réseau d'associations professionnelles s'étendrait sur nos campagnes, développant partout l'esprit d'initiative et l'amour du progrès.

La guerre a changé tout cela !... Il est hors de doute que, presque partout, un patient travail de recommencement s'impose. Mais, pour rénover les anciens Cercles comme pour en créer de nouveaux, il est nécessaire d'étudier la question par rapport au pays où on veut les établir et aux nécessités auxquelles chaque Association aura à faire face. Le rôle d'un Cercle de Fermières ou de Ménagères, dans un pays sinistré où tout est à reconstruire, à réédifier, à refaire moralement autant que matériellement, pourra être très différent et parfois beaucoup plus étendu que celui d'un simple groupement cantonal ou départemental dont les membres n'auront pas connu les tristesses de l'invasion.

« Mais enfin, qu'est-ce donc, au juste, qu'un Cercle de Fermières ? » demandait-on un peu partout, en 1914, avec une pointe de malice. Car, il faut bien l'avouer, à l'origine, cette expression n'a pas été toujours bien comprise en France ; il s'y est mêlé parfois un peu d'équivoque et de confusion. Quelques personnes n'aiment pas ce vocable : « Cercle », auquel il est difficile de renoncer, car il est en quelque sorte consacré par l'usage des pays qui nous ont devancés ; pour d'autres, le Cercle se confond avec l'enseignement ménager ; elles disent : « C'est la même chose ». Et, sans doute, il y a entre les deux œuvres des rapports naturels. Par ses tracts, ses conférences, ses expositions, par l'activité qu'il provoque autour de lui, le Cercle propage l'enseignement ménager ; c'est ce qui a permis à M. de Vuyst d'écrire « qu'il en était, en quelque sorte, le prolongement et l'extension ». Mais le Cercle en lui-même n'est pas plus une École ménagère qu'un Syndicat n'est un cours d'adultes ! Le Cercle de Fermières et de Ménagères est avant tout *une association* et *une association professionnelle*, c'est pourquoi il devrait en principe, et tout en gardant son autonomie, se rattacher toujours, par un lien quelconque, au Syndicat ou à l'Union régionale agricole, représentants autorisés de la corporation.

Cette Association a pour but de *propager les notions d'hygiène, d'économie domestique et d'enseignement ménager, d'enrayer l'exode rural en augmentant sur place les ressources des campagnes, de répandre des idées plus pratiques sur l'éducation rationnelle des enfants, de développer chez tous ses membres un esprit de corps très favorable au progrès, enfin de chercher, par tous les moyens possibles, à améliorer la situation morale et matérielle de la population.* Son grand moyen d'action est la conférence suivie de discussion, et plus encore les réunions fréquentes qui apprennent aux membres à se connaître, à s'apprécier, à se découvrir des intérêts communs.

Le fonctionnement de l'Association est à peu près

uniforme partout. Au Canada, en Belgique, et dans un certain nombre de Cercles français, elle se réunit, en moyenne, quatre fois par an, pour entendre deux ou trois rapports : les uns traitant une question d'hygiène, de morale, de pédagogie, d'art appliqué à la ferme même ; les autres, un sujet tout à fait pratique, tel que l'établissement d'une laiterie ou d'une basse-cour, la fabrication du beurre ou du fromage, la culture du jardin potager, etc. Ces réunions sont d'autant plus appréciées qu'elles sont plus simples, plus pratiques, et répondent mieux aux difficultés que la mère de famille et la maîtresse de maison rencontrent dans leur intérieur. Leur programme est vaste, puisqu'il comprend :

1° L'instruction professionnelle et agricole de la femme ;

2° Les soins physiques, moraux et intellectuels à donner aux enfants ;

3° Enfin l'éducation générale des fermières et futures fermières (1).

La conférence doit être proportionnée au degré de culture et d'entraînement des auditrices. Impossible, on le comprend, de formuler ici une règle uniforme.

Avant tout, il faut plaire et intéresser, varier souvent les sujets, car l'attention de l'auditoire se lasse vite ; ne pas lui présenter des notions vagues, des théories livresques et inapplicables au village dont il saisirait vite le défaut et qui discréditeraient les réunions.

« Ce qui fait l'attrait et l'efficacité des conférences habituelles, écrit fort bien la comtesse de Pontbriand, présidente du Cercle de Fermières de Celles (Belgique), c'est qu'elles sont faites, le plus généralement, par des

____

(1) Voir, aux Renseignements pratiques, différents sujets de conférences.

spécialistes en la matière. Qu'il s'agisse de l'éducation de l'enfant, l'on fait appel à des psychologues autorisés ; si l'on traite des questions d'hygiène, ce sont des médecins qui en sont chargés ; de même des infirmières sont désignées lorsqu'il s'agit de parler des soins à donner aux blessés. Des démonstrations pratiques sont, le plus possible, jointes aux conférences, de manière que rien ne reste dans le domaine du vague, et toutes choses, au contraire, sont précisées pour être rendues plus facilement applicables et fécondes en résultats. »

Au début, et lorsque l'on a affaire — ce sera souvent le cas à la campagne — à des esprits peu entraînés au travail intellectuel, il semble prudent de ne pas trop charger le programme ou du moins la partie sérieuse du programme. Trois conférences à la fois, comme dans les Cercles belges, c'est peut-être beaucoup. Les Cercles de Seine-et-Oise, qui étaient, avant la guerre, en pleine prospérité, préfèrent se réunir plus souvent, une fois tous les mois ou toutes les six semaines, et avoir des séances moins chargées. Ils auront, par exemple, une allocution sur un sujet moral et une causerie d'une demi-heure, faite par un spécialiste ; c'est plus que suffisant pour bien des auditoires. En outre, à peu près généralement, on supprime les conférences pendant l'été, de juillet à octobre, les travaux de la moisson ou la surveillance des ouvriers temporaires absorbant alors l'activité des fermières.

Après la conférence vient, ou plutôt devrait venir, la discussion, toujours difficile à mettre en train, et cela est grand dommage, car les auditrices, demeurées plutôt passives pendant la conférence, auraient là un excellent moyen de vérifier, d'éprouver leurs idées personnelles et d'éclaircir ce qu'elles auraient imparfaitement compris ; mais enfin, c'est un fait : les femmes, que l'on accuse

volontiers d'être bavardes, montrent presque toujours,
réunies, un silence impressionnant.

Si l'on veut réussir, il faut préparer la discussion,
soit en confiant à trois ou quatre auditrices un certain
nombre d'objections qu'elles présenteraient à tour de
rôle, soit en utilisant, comme en Belgique, une sorte de
tirelire, dans laquelle chacune dépose les questions, les
remarques, voire même les réclamations qu'elle n'aurait
pas eu le courage de formuler tout haut.

A la réunion suivante, la présidente ou quelqu'un
des membres du bureau répond à ces questions, et on
voit tout de suite le parti qu'une personne intelligente
et renseignée peut tirer de cette invention pour animer
le débat.

En plus des conférences, certains Cercles, désireux
de rendre leurs réunions plus intéressantes, plus sugges-
tives, organisent, de temps à autre, des excursions agricoles, des tombolas d'objets de ménage, des concours de
beurre, confitures, conserves ménagères, etc. Toutes
ces innovations contribuent à attacher les adhérentes à
l'Association en leur persuadant qu'elles ont toujours
quelques avantages à en tirer.

Le Cercle peut rayonner sur l'arrondissement, le
canton ou la commune ; quel que soit son champ d'action, les moyens de l'établir et de le faire prospérer sont
à peu près identiques. Il faut tout d'abord faire connaître l'idée, gagner trois ou quatre personnes influentes
de la localité, qui, mieux qu'une étrangère, sauront
convaincre leur entourage de l'utilité et des avantages
de l'Œuvre.

Ce premier point obtenu, on choisira, pour la réunion
constitutive, un moment favorable suffisamment éloigné
de la récolte, pour ne gêner aucune famille. Celle-ci
coïnciderait heureusement, par exemple, avec la clôture

d'un cours d'enseignement ménager ambulant. Après avoir vécu côte à côte pendant six semaines, les jeunes filles ont un certain regret de se quitter. Les rivalités et les petits froissements d'amour-propre, s'il y en a eu, s'effacent devant la joie du diplôme. Elles saisissent avec plaisir l'occasion de se retrouver et les mères, un peu défiantes au début, sont disposées à la bienveillance par le succès de leurs enfants et la pensée flatteuse, après tout, que « l'on va aussi s'occuper d'elles ».

Que la conférencière sache profiter de cet état d'esprit, qu'elle soit simple, précise, et, en même temps, suffisamment convaincue pour entraîner son auditoire, et le succès est assuré.

Immédiatement après la conférence, on procède à la nomination du bureau dont les membres (présidente, vice-présidente, secrétaire, trésorière) doivent avoir été pressenties d'avance, afin d'éviter les hésitations qui entraveraient l'élan général. On recueille ensuite les adhésions en ayant soin de prévenir du chiffre de la cotisation ou, mieux encore, de distribuer de petites feuilles exposant l'idée générale de l'Œuvre et les conditions d'admission.

Des statuts très simples, signés par le bureau, doivent être déposés, en double exemplaire, à la Mairie et à la Préfecture du département. Il sera prudent d'affilier le Cercle de Fermières au Syndicat agricole local ou à l'Union centrale des Syndicats, afin de le faire bénéficier des avantages consentis par la loi de 1884 aux associations syndicales.

Le taux de la cotisation dépend des ressources des membres. Il peut varier de 25 centimes à 2 francs. Toute minime qu'elle soit, cette cotisation est nécessaire ; elle permet de payer une partie des frais de conférences, de bulletin, de bibliothèques, etc., et attache davantage les adhérentes à une Association qui leur demande un effort personnel.

Mais enfin, dira-t-on peut-être, cette organisation exige beaucoup d'efforts, de démarches et de persévérance. Croyez-vous que cela serve à grand'chose ? Quels sont les résultats positifs, les résultats tangibles des Cercles ? Avouons-le, il est difficile de les évaluer immédiatement en chiffres connus, comme le rendement d'un champ de blé à l'hectare. Toute œuvre d'éducation est, par son objet même, à longue portée, et ce n'est que peu à peu que nous apprécierons le bienfait de ces associations.

Voici cependant quelques avantages qui ne peuvent guère leur être contestés :

Le Cercle est d'abord un moyen d'éducation, de formation : il permet de donner aux jeunes filles qui, soit pauvreté, soit éloignement, ne peuvent fréquenter aucune école ménagère, aux mères de famille trop âgées pour revenir sur les bancs de l'école, des conseils utiles, des notions d'hygiène, d'économie domestique, d'éducation familiale totalement ignorées de la plupart, et cela en ménageant leur amour-propre, ce qui est un grand point.

Au début, sans doute, il y a parfois un peu d'incertitude et de défiance dans l'auditoire : toutes ne comprennent pas l'utilité de ce qu'on leur enseigne ; elles trouvent même parfois que c'est une complication gênante dans leur existence, car l'ignorance et la pauvreté engendrent trop souvent une sorte d'apathie, de paresse résignée qu'il faut combattre ; mais bientôt la lumière se fait dans leur esprit, leurs occupations journalières leur deviennent plus aisées, moins monotones ; elles y prennent goût, elles s'habituent à parler ensemble de ce qui les intéresse. A-t-on signalé quelque procédé nouveau qui permet d'obtenir un meilleur résultat tout en diminuant la fatigue de la ménagère, il se trouvera bien quelque audacieuse pour l'appliquer, ne fût-ce que pour voir ; les autres suivront et, peu à peu, le progrès se répandra dans tout le village, comme le premier rayon de l'aurore, après avoir touché les cimes, illumine jusqu'aux plus obscurs recoins du vallon.

Un autre avantage du Cercle, c'est de faire naître et de développer chez ses membres un esprit de corps, très étranger à la majorité des femmes. En les réunissant pour leur parler des choses de leur profession, en les invitant à s'entendre en vue d'obtenir un avantage pécuniaire, de faciliter l'écoulement de leurs produits à un prix avantageux, de se garantir contre certains accidents, vous leur faites comprendre qu'elles ont des intérêts communs, toucher du doigt, en quelque sorte, les bénéfices de l'Association.

Comment, dès lors, la paysanne montrerait-elle pour le Syndicat qui garantit à son mari les mêmes bienfaits, pour la Société de Secours mutuels qui donne à toute la famille son assistance dans les heures douloureuses de la vie, pour la Caisse dotale qui facilite l'établissement de ses fils et de ses filles, l'hostilité qu'on lui reproche si souvent ? Mieux instruite, elle entraînera les siens à faire partie de ces associations, elle saura mettre de côté la petite contribution personnelle demandée et les uns et les autres se sentiront relevés, agrandis à leurs propres yeux par la conscience de faire partie d'un corps organisé, nécessaire à la prospérité du pays.

D'un autre côté, quels services les Cercles de Fermières ne pourraient-ils pas rendre aux industries agricoles intéressant la femme ? Il semble qu'il y ait un lien naturel entre ces deux idées : association et industrie, soit que l'industrie agricole ait été amenée, rendue possible

par les efforts de l'association, qu'elle soit, par exemple,
la conséquence logique des connaissances recueillies et
des résolutions prises au Cercle de Fermières ; soit, au
contraire, qu'elle ait précédé celui-ci et amené tout
d'abord un groupement d'intérêts purement commer-
cial. Une fermière peut bien rarement créer et organiser seule une industrie agricole. Pour mériter ce nom,
il faut, en effet, que les objets produits dépassant la
consommation locale s'écoulent au dehors. Or, n'a-t-on
pas avantage à s'entendre, à se grouper pour faire les
expéditions à frais communs, diminuer le nombre des
intermédiaires et les charges de toute sorte qui restrei-
gnent d'une façon notable les bénéfices ?

Mais pour s'associer aux entreprises de ses voisins,
il faut les connaître, obtenir certaines garanties qui
entretiennent la confiance. Le Cercle de Fermières for-
merait donc un cadre tout trouvé à ces coopératives de
production si répandues dans certains pays et si anciennes déjà, puisqu'on en trouve des traces en Jura et
en Franche-Comté dès les xiiie et xive siècles.

Qu'il s'agisse de beurre, de fromages ou de fruits,
certaines conditions doivent être réalisées pour faire de
bonnes affaires : triage rigoureux, bonne présentation
des articles, emballage soigné et expédition régulière de
la marchandise.

Nos attachés commerciaux ne cessent d'insister sur
ces points et, il faut l'avouer, il y a là toute une éducation à faire pour nos paysannes, qui se contentent trop
volontiers de l'à peu près. Mais, cette éducation, nul
n'est plus à même de l'entreprendre et de la mener à
bien que le Cercle, association professionnelle qui unit
non seulement les intérêts, mais les esprits et les cœurs,
met en commun les préoccupations et les ressources de
chacune et fait profiter toute la collectivité de l'expé-

rience ou du savoir d'une seule. Cela semble tellement
indiqué et naturel que, dès leur constitution, plusieurs
Cercles se sont lancés dans cette voie.

Nul doute que nos Associations de Fermières venant
à se développer, plusieurs ne proposent ce but à l'activité de leurs membres.

Connaissances pratiques répandues dans nos campagnes ; organisations procurées aux fermières pour la
vente rémunératrice de leurs produits ; distractions
saines, rompant la monotonie de la vie rurale, ce sont là
des avantages matériels appréciables et qui suffiraient à
montrer l'opportunité de l'œuvre. Au début, sans doute,
ce sont surtout ces facilités ou ces agréments qui seront
remarqués, compris et vaudront à l'Association le plus
grand nombre de ses adhérentes, mais borner là son
ambition, ne jamais envisager dans ces réunions que le
côté utilitaire et étroitement positif, ne point parler de
Dieu, de la patrie, du devoir, en vérité, ce serait mutiler
l'idée féconde qui anime ces groupements, méconnaître
les aspirations de l'âme populaire et, en particulier, de
l'âme rurale, si riche de bonne volonté, de courage,
d'inconsciente poésie.

Il suffit de l'avoir approchée avec une suffisante
sympathie pour découvrir en elle, par delà des préoccupations de gain parfaitement légitimes, puisque l'existence même de la famille y est attachée, certains sentiments simples et forts, précieux héritage de l'âme nationale, qui demandent, eux aussi, à être satisfaits et patiemment cultivés jusqu'au moment où ils deviennent,
dans la conscience spiritualisée, des forces pour le
bien.

Patriotisme, respect des traditions, culte des gloires
du pays, foi religieuse jalousement préservée, éternels
foyers auxquels s'alimente l'énergie vitale d'une race,

vous viendrez ennoblir les travaux, vivifier les efforts, communiquer enfin aux rudes labeurs de la vie quotidienne un reflet de cet idéal qui transfigure les actions de l'homme.

Qu'on ne dise point que c'est là rêver, pour une Association de Fermières, un apostolat chimérique et d'impossibles destinées. Pourquoi ? Toute idée généreuse intéressant la famille, la profession, le pays, peut et doit trouver son écho dans les réunions du Cercle, pourvu qu'elle soit présentée sous une forme accessible à la plupart des auditrices. Que de campagnes fécondes à entreprendre, depuis la lutte contre l'alcoolisme, la protection de la jeune fille, jusqu'à l'éducation morale et religieuse donnée à l'enfant par la famille, jusqu'à la lutte antituberculeuse qui, grâce à la généreuse propagande américaine, est en train de gagner tant de terrain dans nos campagnes.

On le voit, un champ immense s'ouvre donc devant les organisatrices du Cercle. Est-ce à dire que leur tâche soit toujours facile ? Non, certes, et je ne puis vous le dissimuler. Si, contrairement à beaucoup d'autres œuvres, les débuts sont relativement faciles, si les conférences sont accueillies presque partout avec satisfaction et quelquefois même avec enthousiasme, les difficultés, pour être remises à plus tard, ne sont pas abolies. Au bout de quelques années, les sujets de discussion les plus attachants ont été abordés, l'attrait de la nouveauté ne captive plus les adhérentes et la présidente du Cercle a parfois fort à faire pour conserver aux réunions leur animation et leur intérêt. C'est pourquoi il est bon qu'à côté de l'enseignement par la parole et par l'exemple réciproque, dont les bienfaits ont été exposés plus haut, le Cercle ait encore un objet défini qui en soit, en quelque sorte, la raison d'être et le prétexte permanent : une petite industrie agricole locale, par exemple, une coopérative de production ou d'achat organisée pour les ménagères du Cercle, etc. Dans notre prochaine réunion, je vous donnerai quelques exemples qui vous montreront ce que l'on a pu réaliser, ici et là, en étudiant les besoins, les aspirations, les possibilités locales, qui demeurent ici, comme toujours, les meilleurs guides.

RENSEIGNEMENTS PRATIQUES

Liste de Conférences

Données dans les Cercles belges et français

ÉCONOMIE DOMESTIQUE

Le rôle de la fermière comme ménagère, mère et fermière.

L'alimentation, la conservation et la préparation de la viande de porc.

L'emploi du lait et du lard à la ferme.

Altération du lait et du beurre, moyens de les prévenir et d'y remédier.

De l'ordre dans le ménage.

L'emploi du lait écrémé.

Les qualités d'une bonne ménagère.

L'usage des légumes dans l'alimentation.

L'alimentation du cultivateur.

Les légumes à la ferme.

Le vêtement de la fermière.

La conservation des légumes et des fruits.

Les attraits de la maison.

Des devoirs à accomplir vis-à-vis des écoliers et écolières.

La propreté d'une ménagère.

L'économie.

Les trois facteurs de la production (nature, travail, capital).

L'ornementation de la ferme.

Les conserves à la ferme.

Le dégraissage des vêtements.

Conservation des œufs.

HYGIÈNE, PUÉRICULTURE

La mortalité des enfants.

L'éducation physique des enfants.

Des premiers soins en cas d'accidents.

Le repos du cultivateur.
L'alcoolisme. Rôle de la femme.
La pharmacie domestique.

AGRICULTURE, INDUSTRIES DOMESTIQUES DE LA FERMIÈRE

Élevage et sélection des porcs.
Aviculture.
Élevage des veaux par le lait écrémé.
La fumure des arbres fruitiers.
La culture maraîchère.
L'aménagement du jardin potager.
La météorisation chez les ruminants.
L'hygiène des animaux et leur logement.
Emploi de la farine de lin dans l'alimentation du bétail.
La parturition des vaches.
Alimentation de la poule.
Soins à donner à la volaille en cas de maladie.
Les premières notions de l'enseignement agricole, la restitution des engrais.

ÉDUCATION, MORALE, MUTUALITÉ

Avantages d'une caisse de secours mutuels.
Le Carême.
Le chant du Cercle de Fermières.
Des réprimandes utiles à donner aux enfants.
La culture de la volonté.
L'éducation de la jeune fille.
Les causes des ménages malheureux : 1° mauvaise préparation au mariage ; 2° l'abus des boissons chez le mari ; 3° le manque d'ordre chez la femme ; 4° l'irréligion.
L'association pour la vente des œufs en commun.
La Caisse dotale.
La comptabilité agricole (1).

(1) On peut s'aider des livres suivants : *La Comptabilité agricole à la portée de tous*, par M. JOANOT, ancien notaire, Dampierre (Aube), 1906. — *Méthode de comptabilité agricole à la portée de tous*. — *Manuel pratique de la comptabilité agricole*, DECLOUX et NIQUEL (Baillière, éditeur).

PLANS DE CONFÉRENCES
POUR LE CERCLE DE FERMIÈRES

L'Association

I. — L'individualisme, ou le système du « chacun pour soi », ses effets déplorables dans quelques branches de l'activité humaine. Les montrer par des exemples concrets empruntés, autant que possible, à la vie des champs.

II. — L'Association remède contre l'individualisme. Association du travail et des intérêts dans la famille, dans la profession, dans le pays. L'union fait la force, système qui appuie la faiblesse de chacun sur la force de tous.

III. — Associations professionnelles agricoles. Le Syndicat, sa nature, ses opérations, son objet. Services matériels qu'il rend dans les campagnes. Services moraux et sociaux qu'il aspire à rendre.

IV. — Le Cercle de Fermières, association professionnelle ; ce qu'il est ; avantages qu'il procure ; droits et devoirs de ses membres. Conclusion.

Les Frontières que la femme doit défendre

I. — L'homme défend la frontière du pays, la femme a aussi des frontières à préserver : le foyer, le sol français, l'âme de la race.

a) Ce que le foyer est pour la femme ; ce qu'il représente pour l'humanité. Pour être fidèle à sa mission, le foyer doit être un abri, un sanctuaire, une pépinière ;

b) Ennemis contre lesquels il faut défendre le foyer : ennemis du dehors, ennemis du dedans.

II. — La femme doit défendre le sol français. La terre, comment la défendre ? Lutte contre l'émigration des campagnes. Pourquoi la femme n'aime plus la vie rurale. Préjugés : vie moins amusante, moins propice au développement de l'intelligence. Comment triompher de ces préjugés, de ces répugnances ? Montrer comment le travail, l'association, le dévouement donnent du charme à la vie rurale.

III. — Comment la femme peut défendre et préserver
l'âme de la race ; devoirs envers la patrie :

a) Dans le passé : la respecter, la faire aimer ;

b) Dans le présent : pour la rendre plus forte, s'améliorer,
se perfectionner soi-même, travailler au perfectionnement
moral de ceux qui nous entourent ;

c) Dans l'avenir, en préparant des générations fortes, des
fils vaillants, des femmes capables.

STATUTS DU CERCLE DE FERMIÈRES

MODÈLE D'UN CERCLE BELGE

ARTICLE PREMIER. — Il est fondé à   , un Cercle
de Fermières et de Ménagères du canton de   et
des communes voisines.

ART. 2. — Le Cercle de Fermières a pour but : d'instruire
ses membres de tout ce qui a rapport à la mission de la fermière, de chercher à améliorer sa position, de l'aider à
mieux en remplir les charges et les obligations.

ART. 3. — L'Association travaillera à atteindre ce but par
les moyens suivants :

a) Trois ou quatre réunions auront lieu, chaque année,
dans lesquelles on donnera une série de cours : soit sur
l'économie domestique, la laiterie, l'aviculture, la fabrication du beurre et du fromage, le jardinage, ou encore sur les
mutualités de retraite, l'hygiène infantile, etc. Une conférence sur l'éducation des enfants ou sur un autre sujet de
morale chrétienne terminera toujours la réunion ;

b) Une bibliothèque de livres et de brochures intéressant
la fermière sera mise à la disposition des membres ;

c) Un journal est créé : *la Fermière* (1), afin de donner
aux membres les comptes rendus des réunions. Il publiera
des articles utiles aux associées ;

d) D'autres moyens, tels que excursions, concours, seront
mis en œuvre pour réaliser le but poursuivi par l'Association.

(1) *La Fermière*, directeur M. l'abbé Polet, Leuze (Belgique).

Art. 4 — Sont membres effectifs toutes les personnes agréées par le Comité, payant la cotisation annuelle de 1 franc.

Sont membres protecteurs tous ceux qui contribuent, par leur générosité, à soutenir l'Association.

Art. 5. — Le Cercle de Fermières est administré par un Comité composé de : une présidente d'honneur, une présidente effective, dix membres et une secrétaire-trésorière.

Art. 6. — Les fonctions des membres du Comité sont purement honorifiques.

Art. 7. — Les ressources se composent des cotisations des membres, des dons des membres protecteurs, des subsides, etc.

STATUTS DES CERCLES DE FERMIÈRES
DE SEINE-ET-OISE

Article premier. — Il est fondé à   , un Cercle d'études des fermières du doyenné et des environs.

Art. 2. — Les fermières peuvent amener à ce Cercle leurs grandes jeunes filles.

Art. 3. — Le Cercle de Fermières a pour but : 1° d'instruire ses membres de tout ce qui a rapport à la mission de la fermière ; 2° de les aider à bien remplir les charges et les obligations de cette mission.

Art. 4. — L'Association travaillera à atteindre ce but par les moyens suivants :

1° Une réunion aura lieu chaque mois, dans laquelle une personne compétente traitera un sujet d'économie domestique. Une conférence sur un sujet de morale chrétienne terminera toujours la réunion ;

2° Une bibliothèque de livres et de brochures, intéressant la fermière, sera mise à la disposition des membres ;

3° Dans la suite, un journal pourra être créé : *la Fermière beauceronne*, afin de donner aux membres un compte rendu des réunions et des articles utiles. En attendant la création de ce journal, c'est le *Bulletin paroissial* de   qui rendra compte du fonctionnement du Cercle de Fermières.

ART. 5. — La cotisation annuelle des associées est de 1 franc. Elle est facultative.

Sont membres effectifs toutes les personnes assistant aux réunions.

Sont membres protecteurs tous ceux qui contribuent, par leur générosité, à soutenir l'Association.

ART. 6. — Le Cercle de Fermières est administré par un Comité composé de : une présidente d'honneur, une présidente effective, deux vice-présidentes, six membres et une secrétaire-trésorière.

ART. 7. — Les fonctions des membres du Comité sont gratuites et purement honorifiques.

ART. 8. — Les ressources du Cercle se composent des cotisations des membres effectifs et protecteurs, des dons, des subsides, etc.

ART. 9. — Le Cercle de Fermières est placé sous le patronage de la sainte Vierge, au titre de Notre-Dame-des-Champs. Toutes les réunions mensuelles commencent par la prière *Notre Père*, et finissent par un *Ave Maria* avec trois fois l'invocation : *Notre-Dame-des-Champs, priez pour nous.*

ART. 10. — Le Cercle de Fermières se rattache à l'Union des Agriculteurs catholiques de Seine-et-Oise. Ces messieurs de l'Union donneront au Cercle une direction, des conseils, des conférenciers. Ils favoriseront la création des bibliothèques agricoles cantonales.

<p style="text-align:center">~~~~~~~~~</p>

STATUTS D'UN CERCLE DE FERMIÈRES CANTONAL

COPIÉS SUR CEUX DU SYNDICAT AGRICOLE (nov. 1919)

Les soussignés ont l'honneur de déposer à la Mairie de   les statuts ci-dessous, arrêtés par le Cercle de Fermières de   dont le bureau est composé comme suit :

Présidente : Mme X...

Vice-Présidentes : Mmes X..., Y..

Secrétaire : Mme X...

Trésorière : Mlle M...

Statuts

ARTICLE PREMIER. — Il est formé, entre les soussignées et celles qui adhéreront aux présents statuts, une association professionnelle qui sera régie par la loi du 21 mars 1884 et par les dispositions ci-après :

ART. 2. — Cette Association prend le titre de Cercle de Fermières de   . Son siège est établi à   .

ART. 3. — Sa durée est illimitée, ainsi que le nombre de ses membres.

ART. 4. — Peuvent en faire partie, sans distinction de domicile, les femmes et les jeunes filles âgées d'au moins seize ans possédant un établissement dans le canton de   et communes limitrophes, à titre de propriétaires, fermières, ménagères, servantes ou industrielles exerçant une profession connexe à l'agriculture.

ART. 5. — Pour être admise à faire partie du Cercle, il faut être présentée par deux membres et acceptée par le bureau de l'Association.

ART. 6. — L'exclusion est prononcée par le bureau pour les motifs suivants : condamnation infamante, non exécution des engagements pris soit vis-à-vis des tiers, soit vis-à-vis de l'Association, inconduite notoire.

ART. 7. — Le Cercle a pour but de propager les notions d'hygiène, d'économie domestique, de soins ménagers, d'empêcher l'exode rural en augmentant les ressources et en développant les industries féminines connexes à l'agriculture ; de chercher, par tous les moyens, à améliorer la situation morale et matérielle de la population.

ART. 8. — Il pourra servir d'intermédiaire à ses membres pour la vente des produits agricoles et l'acquisition des objets nécessaires qu'il obtiendra.

ART. 9. — La cotisation annuelle est de 25 centimes.

ART. 10. — Le Cercle est administré par un bureau composé d'une présidente, de deux vice-présidentes, d'une secrétaire et d'une trésorière.

ART. 11. — Le bureau est élu en assemblée générale, pour une durée de cinq ans. Les membres sortants sont rééligibles.

Art. 12. — Le budget du Cercle se compose du montant des cotisations et des dons et legs qui pourront être faits. Sur ces ressources seront prélevées les sommes nécessaires pour couvrir les frais de correspondance et les a· .res dépenses faites dans l'intérêt de l'Association.

Art. 13. — Les membres du bureau ne contractent en raison de la gestion aucune obligation personnelle ni solidaire relative aux engagements de l'Association.

Art. 14. — Les membres qui cessent de faire partie de l'Association n'ont aucun droit sur l'actif social.

Art. 15. — Le Cercle de Fermières déclare adhérer au Syndicat agricole de   .

STATUTS D'UN CERCLE
DE MÉNAGÈRES ET FERMIÈRES DÉPARTEMENTAL

STATUTS

ARTICLE PREMIER. — Il est fondé un Cercle de Ménagères et Fermières dans le département de l'Aisne. Il a comme siège social la Salle Notre-Dame, boulevard Jeanne-d'Arc, Nº 2, à Soissons.

Ce Cercle prend pour devise : « Union et Charité » et se place sous le patronage de la sainte Vierge au titre de Notre-Dame-des-Champs.

Art. 2. — Le Cercle des Ménagères et Fermières a pour but de travailler au progrès religieux, moral et social de ses membres. Il les instruira de tout ce qui a rapport à la mission de la ménagère et de la fermière et les aidera pour bien la remplir.

Art. 3. — L'Association travaillera à atteindre ce but par les moyens suivants : 1º un cours ménager roulant sera donné à toutes les paroisses ou patronages qui en feront la demande ; 2º des réunions et des conférences seront faites pour propager les idées et instruire les membres du Cercle.

Art. 4. — Il est autorisé, tout en gardant son indépendance propre, à se rattacher à d'autres organismes féminins ou à coopérer avec eux.

SA COMPOSITION

ART. 5. — Ce Cercle se composera du bureau, du conseil, de membres fondateurs qui donneront 50 fr. par an, de membres bienfaiteurs à 20 fr., de sociétaires à 10 fr., de membres honoraires à 5 fr., les adhérents de 1 fr. à 5 fr. Tous recevront le journal spécial.

SON ORGANISATION

ART. 6. — Le bureau sera composé d'une présidente, d'une ou deux vice-présidentes, d'une trésorière, d'une secrétaire. Il étudiera les questions, se chargera de la gestion du Cercle et soumettra ses travaux au Conseil, qui discutera les questions importantes.

Les membres du Conseil seront choisis parmi les œuvres féminines déjà existantes et qui sont, par ordre d'ancienneté :

La Protection de la Jeune Fille.

La Ligue patriotique des Françaises.

L'Union des Patronages.

Deux conseillères seront prises dans chaque œuvre et un membre du bureau, ce qui fait six, plus le bureau.

INDUSTRIES AGRICOLES

Mesdemoiselles,

Parler d'industries, même agricoles, dans une réunion consacrée aux œuvres de la campagne, vous semblera peut-être inattendu et même inopportun. En effet, l'accord est loin d'être fait sur cette question. Combien de personnes s'effraient, et quelquefois à juste titre, de l'influence néfaste qu'une production intensifiée en vue du commerce peut avoir sur la famille. « En dirigeant l'activité de la femme vers le gain, vers le profit matériel, vous allez, disent-elles, la détourner du soin de son ménage, de ses enfants, vous allez lui apprendre à sacrifier à l'appât d'un bien-être problématique les devoirs et les intérêts supérieurs du foyer ! » Et, à l'appui de leur thèse, ces alarmistes apportent quelquefois, il faut bien le reconnaitre, des faits assez troublants. C'est ainsi qu'il y a quelques années, une enquête sur le « travail de la femme à la campagne, faite auprès des syndicats agricoles, provoquait, de la part d'un grand nombre de correspondants, une véritable levée de boucliers contre quelques-uns de ces travaux d'appoint, qui auraient eu pour effet, disait-on, de détourner la femme de la culture » (1).

« La broderie est néfaste, s'écriait l'un, la jeune fille trouve plus élégant de fabriquer des casquettes ou de border des gilets que de soigner ses vaches ou ses poules. » Un autre ajoutait : « Ici, la principale industrie des jeunes filles semble être de se fabriquer des toilettes ébouriffantes... Elles n'aspirent qu'à coudre devant leur porte ou au coin de leur feu. Pour les travaux les plus simples, il faut prendre des journalières. Que Dieu nous délivre des machines et des commandes de magasins ! » Je pourrais vous citer des centaines de réflexions de ce genre et je né doute pas que les faits rapportés ne soient exacts, mais les phénomènes sociaux sont tellement complexes, les cas d'espèces tellement innombrables, que la meilleure des initiatives risque d'avoir des répercussions inattendues. Presque toujours, à examiner les choses d'un peu près, on arrive cependant à la conclusion que le mal est moins dans le travail incriminé que dans la légèreté, la paresse et l'étourderie de la jeune fille, défauts que nous connaissons bien, hélas ! et que toutes nos œuvres s'efforcent de prévenir ou de corriger.

Ces préjugés contre l'industrie rurale semblent donc exagérés pour l'ensemble du pays. En réalité, d'ailleurs, le petit métier d'appoint — je ne parle pas ici de l'usine, dont l'établissement dans un village est généralement pour l'agriculture une calamité, mais d'un travail qui laisse la femme à son foyer, à sa besogne ordinaire, — ce métier d'appoint, dis-je, n'apparaît guère que sous la pression des circonstances. On n'y songerait pas, s'il ne fallait prévenir un mal plus grand, retenir, par exemple, au village des jeunes filles, des familles entières que la

(1) Voir *Une enquête sur le monde agricole féminin en 1913*, Autun.

modicité de leur salaire inciteraient à chercher ailleurs un gagne-pain plus rémunérateur. En sauvegardant leur foyer, duquel dépend si souvent leur vie morale, ne rend-on pas à la culture un service plus grand que si, par crainte d'inconvénients plus ou moins probables, on les abandonnait au mirage dangereux des gros salaires de ville et aux tentatives d'embauchage pour l'usine?

Conçues dans ce but et avec ces prudentes réserves, nos industries rurales, « faites pour les chômages d'hiver et qui ne doivent jamais faire délaisser le sol », ne soulèveront pas, sans doute, les mêmes protestations. Ces industries sont d'ailleurs extrêmement nombreuses et florissantes dans certaines régions.

Dans une première catégorie pourrait se ranger ce que nous appellerions « les arts de la femme », par exemple, la dentelle sous toutes ses formes (filet, irlande, cluny), le pailletage, le tricot, etc., travaux déjà usités depuis longtemps dans certaines contrées aux hivers longs et rigoureux tels que les Vosges, le Jura, l'Auvergne, et qui, par conséquent, représentent une formule déjà éprouvée, qui a rendu d'appréciables services. Depuis quelques années, de généreuses initiatives ont donné un nouvel essor aux travaux de ce genre. L'Aiguille au Foyer et l'Association des Dentellières lozériennes, œuvres trop connues pour qu'il soit nécessaire d'insister sur leur valeur, en sont d'excellents modèles. Leur exemple a été suivi dans toutes les provinces et, à l'heure actuelle, il serait impossible d'énumérer les innombrables ateliers ruraux, ouvroirs, centres de travail à domicile qui maintiennent chaque jour au village un grand nombre de jeunes filles.

L'industrie du jouet découpé, le travail sur bois, qui procure des gains appréciables à bon nombre de paysans suisses, a été aussi essayé en France avec succès.

Tout en rendant à ces initiatives un juste hommage
et en admirant les résultats obtenus, il me semble que
nous devons, à l'heure actuelle, donner nos préférences
aux industries qui se rattachent directement à la culture
ou à l'alimentation. C'est de ce côté que la fermière
avisée cherchera d'abord et surtout l'augmentation de
ses ressources. Et cela pour plusieurs raisons : sans
parler de la concurrence désastreuse que se font entre
eux certains travaux de lingerie exécutés à la campagne,
on ne peut songer sans frémir aux crises de chômage
qui menacent perpétuellement les industries dépendant
de la mode. A tout instant, il faut changer son outillage,
varier sa production, recommencer l'apprentissage des
meilleurs sujets. Rien de semblable à redouter dans
l'alimentation. Notre production d'œufs et de légumes
ne répond jamais à nos besoins. Même avant la guerre,
nous, pays agricole, favorisés par un climat presque
exceptionnel dans sa variété, nous étions trop souvent
tributaires de l'étranger pour un grand nombre de produits faciles à obtenir sur notre sol. Nous perdions sans
cesse des débouchés acquis par suite de fournitures mal
groupées, insuffisantes ou mauvaises. C'est ainsi que
l'Angleterre, si longtemps notre cliente pour les œufs et
le beurre, avait une tendance marquée à s'approvisionner
désormais en Danemark ou dans les pays du Nord.

Aussi est-ce dans cette voie pleine d'avenir que les
associations locales professionnelles telles que les Cercles de Fermières devraient pousser leurs adhérentes,
à l'exemple du Syndicat d'Avaux-le-Château (Champagne) (1), qui, il y a une dizaine d'années, avait orga-

(1) Le Syndicat de Ménagères et Fermières d'Avaux-le-Château
(Marne), si cruellement éprouvé par la guerre, donnait, en 1914,
l'exemple de la plus féconde activité. C'est un des Cercles qui doivent revivre et aux travaux duquel il nous semble juste de rendre hommage.

nisé la vente des œufs suivant la méthode préconisée
en Danemark. Elles y trouveraient un double avantage :
d'abord la plupart de ces industries existent déjà à la
ferme, au moins à l'état embryonnaire. Bien ou mal,
avantageusement ou à perte, suivant qu'elle est active
et débrouillarde, ou bien nonchalante et apathique, la
fermière a vendu ses poules, ses œufs, son beurre, elle
a récolté ses fruits, engraissé son porc. Il s'agit donc
moins de changer son travail que de lui apprendre à le
bien faire, à le rendre plus productif, à obtenir un
maximum de recettes avec un minimum de dépenses et
d'efforts.

En outre, aucun de ces travaux ne risque de la détourner, par l'appât d'une occupation plus agréable, plus
facile, de ses devoirs professionnels. Tout au plus, si
l'industrie qui a ses préférences devient très rémunératrice, sera-t-elle remplacée aux champs, dans les région
de plus en plus rares où elle a gardé l'habitude d'y aller
avec les hommes, et ceci ne serait, après tout, que demi-
mal, car, en temps normal, la place de la fermière est
au foyer, près des berceaux, et non dans les labours ou
parmi les moissonneurs, sous le chaud soleil de juillet.
Enfin, si, comme cela paraît à la fois avantageux et
logique, le choix de l'industrie est dicté par la production,
les facilités de transport et les habitudes de chaque
région, la tâche des dirigeantes d'œuvres, qui est d'éveiller
les énergies et de provoquer les initiatives, en devient
simplifiée, puisqu'elle se réduit, en somme, à faire pratiquer en grand et avec intelligence ce qui se faisait
peut-être depuis des siècles d'une façon routinière.

Il va sans dire que s'efforcer de développer une
industrie à l'aventure, sans une étude sérieuse du milieu,
des besoins, des possibilités locales, serait une impar-
donnable légèreté ! A la campagne, moins qu'ailleurs,

rien ne s'improvise et la première condition du succès est l'observation patiente de la réalité. Il me semble aussi qu'au début tout au moins, il ne faut pas voir *trop grand*. Tout apprentissage se paie et rien n'est décevant, après s'être lancé avec les plus beaux élans, le plus sincère désir de bien faire, dans l'élevage des poulets ou la culture des plantes médicinales, comme de découvrir, à la fin de l'année, que le gain se solde par plusieurs centaines ou milliers de francs... de déficit.

N'ayez pas trop d'illusions, Mesdemoiselles. En ce moment, l'agriculture est à la mode ; des circonstances toutes spéciales lui ont permis de réaliser des bénéfices inespérés : vous entendez parler de profits fantastiques. Hélas ! vous verrez bientôt, à l'usage, que beaucoup d'effort, de ténacité, de soin se traduisent par des chiffres très humbles et que dans la culture comme dans beaucoup d'autres métiers, l'homme ou la femme gagne bien réellement son pain « à la sueur de son front ».

Revenons à notre industrie... Il faut, avons-nous dit, s'inspirer, autant que possible, des usages du pays. Fait-on du beurre ? Il est tout indiqué d'apprendre d'abord aux paysannes à ne négliger aucun petit détail pour obtenir un meilleur produit, depuis la salubrité des étables, la nourriture des animaux, la régularité de la traite jusqu'à la propreté méticuleuse des récipients qui doivent contenir le beurre et le lait. Et il y a déjà là fort à faire ! Si la production est très abondante, il y aurait intérêt à faire remarquer aux cultivateurs les avantages d'une coopérative de laiterie qui leur permettrait de traiter leur lait, à frais communs, avec des machines perfectionnées, dans les meilleures conditions de température et d'acidité de la crème.

Cette idée ne prendra pas dans tous les milieux. Certaines provinces semblent particulièrement rebelles à toute idée de coopération. Cependant, ce n'est point précisément une nouveauté. « Dès le xııı^e siècle, l'industrie laitière et fromagère en coopération, connue sous le nom de fruitière, était très florissante dans le Haut-Jura, la Comté et les régions voisines (1). » Ces associations, devenues rapidement très nombreuses, ont traversé les âges, plusieurs existent encore aujourd'hui et ont inspiré l'organisation de laiteries coopératives modernes (2). En 1888 s'établirent les laiteries coopératives de Charente, suivies bientôt de créations semblables dans la Thiérache, l'Indre-et-Loire, la Bourgogne, les Ardennes, la Normandie, la Lorraine, les Alpes-Maritimes, etc.

En Danemark, la coopérative de laiterie existe partout, même dans les plus petites îles. Le produit est mieux fabriqué, mieux vendu, il revient sensiblement moins cher, c'est incontestable. Une coopérative met six fois moins de temps pour traiter 1.000 litres de lait que soixante ou quatre-vingts cultivatrices travaillant

(1) Rapports de M. Gavoty, président de l'Union des Syndicats des Alpes et Provence, aux Congrès de Nancy et de Toulouse.

(2) Un exemple très intéressant de laiterie coopérative a été donné par les montagnards de Guillaumes, petit village perdu dans la montagne, à 25 lieues de la mer. Voici les résultats obtenus : pendant la saison d'hiver, la coopérative de Guillaumes envoie chaque jour, à Nice, de 2.500 à 3.000 litres de lait, et la vente de ce lait produit également par jour 609 francs environ. Le lait se vendant 0 fr. 10 et 0 fr. 15 le litre, le producteur reçoit, tous frais payés, 0 fr. 20 par litre.

Autrefois, une vache rapportait 100 à 120 francs par an, représentant le prix du veau et le bénéfice de la vente de quelques litres de lait, tandis qu'actuellement, grâce à la vente coopérative, une vache rapporte 350 à 400 francs à son propriétaire.

Il faut ajouter que le progrès s'est étendu à l'amélioration des prairies et à une bonne sélection des vaches laitières, résultats qui ont rendu ce pays très prospère.

(Ces chiffres d'avant guerre soulignent douloureusement l'augmentation croissante du prix du lait, qui, en février 1919, se vendait, à Cannes, 1 fr. 10 le litre !)

chacune une quinzaine de litres, sans compter le temps
perdu pour porter le beurre au marché ; mais, d'un
autre côté, comme le mieux est souvent l'ennemi du
bien, le lait est devenu cher, ce qui rend la vie très
difficile aux pauvres. Il faut également compter que nos
paysannes ont une grande répugnance à céder leur lait ;
elles objectent, non sans raison, que le petit-lait qui
reste après la transformation de la crème en beurre leur
est nécessaire pour l'élevage des veaux, des porcs et de
la volaille. Il suffirait, dans ce cas, de stipuler que la
laiterie coopérative rend le lait aussitôt après l'écrémage ;
la fermière y gagne d'autant plus que ce lait écrémé est
bien meilleur pour l'alimentation des jeunes animaux
que le lait aigri qu'elle obtiendrait à la ferme.

La laiterie n'est pas, d'ailleurs, la seule industrie
dont l'esprit d'association puisse tirer un bon parti.
Habite-t-on, par exemple, un pays qui produit beaucoup
de fruits ou de légumes atteignant ensemble leur maturité, il y a lieu de créer une double industrie très avantageuse : l'expédition et la vente des produits de première
qualité sur un grand marché, après un triage soigneux
d'un côté ; et, de l'autre, l'utilisation sur place, en compotes, conserves, fruits séchés, confitures, etc., des fruits
de seconde qualité qui ne vaudraient pas le transport.

Puisque nous parlons des fruits, disons, en passant,
un mot de l'arboriculture, science bien négligée dans la
plupart de nos campagnes (1). Nombre de fermes n'ont
pas encore de vergers. Les arbres fruitiers poussent au
petit bonheur, à travers champs, sans être taillés ni
soignés d'aucune façon. Que de sol perdu, que de bandes
de terre inutilisées, par exemple, auprès des maisons !
Ne pourrait-on y planter quelques arbres qui donneraient

____

(1) Voir, dans la revue l'*Action sociale de la Femme*, une très
intéressante conférence de M⁰ˢ de la Rive sur ce sujet.

à la famille le parfum de leurs fleurs, leurs fruits, voire même leur bois à la fin de leur carrière ? La culture des arbres fruitiers est des plus rémunératrices ; il est facile de s'en rendre compte en observant l'aisance qui règne dans les pays où la taille est bien pratiquée. Dans certains coins de Bretagne ou de Normandie, les paysans paient leurs fermes avec leurs pommes ; aux environs de Dresde, les cerisiers valaient une petite fortune.

La flore d'un pays est-elle très abondante, l'apiculture s'indique tout naturellement. C'est, d'ailleurs, une des industries d'appoint les plus avantageuses pour le petit cultivateur, ou plutôt pour le petit propriétaire, car, dans une exploitation où toute la famille, hommes et femmes, travaille habituellement aux champs, on n'a pas le temps de soigner convenablement les ruches. Si, au contraire, la femme ou la fille de la maison dispose de quelques loisirs, elle a tout intérêt à ne pas négliger cette industrie, qui exige une toute petite mise de fonds, peu de surveillance, quelques soins en hiver et au moment de l'essaimage et de la récolte. Les frais sont couverts dès la première année, si l'on a débuté modestement. Une ruche pleine, c'est-à-dire contenant les abeilles et leurs provisions d'hiver, valait, avant la guerre, 15 francs ; une ruche ordinaire, à cadre, avec regard vitré, d'un modèle très pratique, de 20 à 25 francs (1). Comme chacune doit rapporter, bon ou mal gré, 20 kilos de miel, produit minimum d'une mauvaise année pour une ruche bien conduite (la récolte annuelle peut dépasser 50 kilos et au delà)

____

(1) Prix d'avant la guerre. Avec les variations actuelles, il est impossible de fixer les prix des ruches, mais chacun sait que celui du miel a atteint 13 et 14 francs le kilo dans les grands centres.

et que le miel se vend de jour en jour plus cher, le bénéfice est acceptable.

La récolte des plantes médicinales, industrie trop peu connue en France — presque entièrement monopolisée, hélas! par nos ennemis — pourrait encore ajouter un joli gain au budget de la ménagère en même temps que fournir du travail aux petites mains trop jeunes et aux vieilles mains trop lasses pour faire autre chose (1). Et, pour celle-ci, la mise de fonds se borne à réserver dans son grenier, bien à l'abri des rayons solaires, quelques châssis de toile et quelques cordes tendues sur lesquelles sécheront les plantes salutaires si libéralement jetées par la Providence à travers bois, champs et vallons (2).

Le climat convient-il à l'élevage de la volaille, ne négligeons pas cette source de revenus précieuse pour la fermière, sans oublie· toutefois qu'en général, celle-ci n'a pas le temps de se livrer à des manipulations compliquées et délicates comme celles de la couveuse et de l'éleveuse, et qu'il lui faut, par conséquent, préférer les races rustiques du pays, convenablement sélection-

---

(1) On trouvera de nombreux renseignements sur cette industrie dans une petite brochure, la *Récolte des plantes médicinales*, en vente à l'Union centrale des Syndicats, 8, rue d'Athènes. Consulter également le tract publié par les soins de la Chambre syndicale des Herboristes, 7, rue de Jouy.

(2) Il faut distinguer ici entre la culture et la récolte des plantes... La première entraîne plus de frais, demande plus d'expérience et rapporte naturellement davantage. La simple récolte des plantes médicinales répandues dans les bois, champs, vallons, etc., n'est avantageuse que si le prix de la main-d'œuvre de ramassage n'absorbe pas la majeure partie des bénéfices. Enfin le séchage, la mise en bouquets, la présentation de la plante, travaux très faciles en eux-mêmes, demandent cependant d·· soin, une grande régularité, beaucoup de minutie. C'est faut··· avoir méconnu ces nécessités que nombre de personnes, après des essais infructueux, se sont découragées.

nées et améliorées, aux sujets d'origine étrangère, presque toujours plus délicats.

Dans l'aviculture, on peut rechercher surtout la production des œufs ou la qualité de la chair. Les œufs, dont la consommation s'accroît chaque jour, sont d'un excellent rapport lorsqu'ils sont expédiés dans des conditions rigoureuses de grosseur, de fraicheur, de poids, et même de coloris, sur nos grands marchés, car les Anglais préfèrent les œufs jaunes et les Parisiens les œufs blancs. Ce sont des minuties, dira-t-on... Sans doute, mais c'est avec ces minuties-là que les associations danoises ont conquis le marché de l'Angleterre. Il n'est pas jusqu'à la plume, si habituellement dédaignée par nos paysannes, qui ne puisse avoir sa valeur marchande lorsqu'elle est convenablement triée et nettoyée. On compte que la plume d'une poule blanche peut rapporter 70 centimes. Multipliez ce chiffre par trente, quarante, cinquante, ce n'est point une recette à dédaigner dans un budget modeste comme celui d'un cultivateur (1).

En résumé, la laiterie, l'apiculture, la conservation des fruits et des légumes, l'élevage de la volaille paraissent être, en tenant compte des habitudes et du climat de chaque région, les industries les plus faciles à faire prospérer à la campagne. Il y aurait lieu de leur en adjoindre une dernière, qui intéresse toutes les autres et parait devoir prendre plus d'extension à mesure que les expéditions directes du producteur au consommateur se multiplient : c'est l'emballage et la présentation des produits agricoles. Personne n'ignore combien le coup d'œil, appétissant ou gracieux, de la marchandise influence favorablement l'acheteur, combien un embal-

____

(1) Tous ces chiffres sont d'avant la guerre.

lage soigneux en facilite la conservation. C'est là une
besogne toute féminine. Que de délicates richesses, dues
à notre sol, s'exposent chaque jour sur tous les marchés
du monde ! Avec un peu de soin, d'attention, leur
chiffre d'exportation, déjà respectable, pourrait doubler.
Nos femmes françaises ont un goût naturel, un sentiment inné de l'élégance, qui trouveraient, de ce côté,
des applications inattendues, en même temps que la famille y gagnerait une industrie vraiment rurale, étroitement rattachée à la culture. En combien d'endroits, le
soir, à la veillée, chacun travaillant selon ses forces, ne
pourrait-on fabriquer les corbeilles, les boîtes, les carton-
nages légers dans lesquels les doigts agiles de la ménagère enfermeraient ensuite les produits de l'exploitation
que le Syndicat ou l'Association locale se chargerait de
recueillir et d'expédier !

Ouvrons ici une parenthèse. A bien des reprises déjà,
le mot d'association est revenu dans nos conférences :
travailler au développement d'une industrie qui augmen-
tera le bien-être des familles rurales, les aider par des
tracts, des conférences, des expositions d'instruments
ou d'animaux, à produire mieux et à meilleur compte,
c'est, en effet, le rôle que remplissent déjà, depuis fort
longtemps, les Syndicats agricoles.

Nous ne saurions avoir de meilleurs guides. Mais le
succès peut quelquefois entraîner plus loin qu'on ne
l'avait prévu tout d'abord et, en terminant ce rapide
exposé des industries rurales au succès desquelles vous
pouvez être appelées à travailler, il me semble utile de
vous dire quelques mots de la question si délicate, si
controversée, des coopératives de production. Pour ne
pas sortir de notre domaine, prenons simplement le cas
d'une femme intelligente, présidente ou inspiratrice
d'un Cercle de Fermières. Pour donner plus de vie aux

réunions, elle imagine d'ajouter au sujet moral ou religieux que comporte chaque séance une étude professionnelle suivie : l'élevage de la volaille au point de vue, par exemple, de la vente, de la plume, des œufs, de la chair. Une série de conférences sont données sur ce sujet. Elles attirent peu ou beaucoup de monde, il n'importe. Mais quelques ménagères convaincues, désireuses de tirer parti de leurs ressources, persévèrent jusqu'au bout, et, à la fin de l'année, elles décident de s'entendre pour acheter à frais communs une couveuse ou bien des œufs choisis, des poulettes de race. Le Cercle de Fermières agit alors comme association syndicale, et il a les mêmes droits. Au bout d'un certain temps, quelques-uns de ses membres viennent trouver la présidente et lui proposent de se grouper également pour vendre leurs œufs et leurs poules à meilleur compte, de fonder, en un mot, une coopérative de production.

Que va-t-elle répondre ? Le fait demande de prudentes réflexions ! Sans doute, ce désir est la conséquence logique de tout ce que ces femmes ont appris au Cercle et, en soi, il manifeste un progrès. Qu'il y ait un lien naturel entre ces idées : production, association, vente en commun, cela est évident.

Une fermière ne peut pas créer une industrie à elle seule : pour qu'il y ait industrie, il faut que les objets produits dépassent la consommation familiale et même locale et s'écoulent au dehors. Mais comment les cultivateurs pourraient-ils trouver un bénéfice appréciable de leurs produits sans se grouper pour faire leurs expéditions à frais communs, pour diminuer le nombre des intermédiaires, qui prélèvent une part si onéreuse dans les bénéfices ?

« C'est une loi économique bien manifeste, dit M. Gavoty, dans son remarquable rapport sur les coopé-

ratives (1) que les industries en détresse ou en surproduction cherchent dans le groupement et la coopérative
la force qui leur manque pour tirer un meilleur parti de
leurs produits.

« Le principe de la coopérative de production est celui-
ci : quand les agriculteurs d'une région ont une culture
dominante et que, par suite du défaut de logement ou
d'outillage, ou par le fait de la surproduction, la vente
devient difficile, ils se réunissent pour traiter en commun de grandes quantités de ce produit dans des
locaux munis d'un outillage approprié, afin de diminuer
ainsi leur prix de revient. Pour ce faire, ils sont amenés
à créer une société coopérative sur le type des sociétés
civiles ou sur celui des sociétés commerciales anonymes
à capital variable.

« On constitue un capital formé par des parts de
25 francs, avec lequel on fait les premiers frais d'installation. Pour la suite, usant des facultés données par
la loi de 1906 (2), la coopérative naissante fait un
emprunt à la Caisse régionale (de crédit) et elle peut alors
développer son action. Une fois les premiers succès
acquis, les indécis se mettent de la partie et la coopérative apparaît comme l'organisme le plus indispensable
et le plus commode dont tout le monde veut user. En
effet, grâce à cette institution, le travail de l'agriculteur
est simplifié et réduit à la production. La transformation
du produit initial, qu'il s'agisse du lait, du raisin ou des

(1) M. Gavoty suppose à la base le Syndicat agricole, appuyé sur la
Caisse de crédit mutuel ; en ce qui nous concerne, nous pourrions
mettre le Cercle de Fermières, quand celui-ci a des statuts qui en font
une association syndicale.

(2) La loi du 29 décembre 1906 a autorisé l'allocation aux sociétés
coopératives agricoles d'avances à long terme sur les redevances que
verse annuellement au Trésor la Banque de France, en vertu de la con-
vention du 30 octobre 1896 approuvée par la loi du 17 novembre 1897.

olives, ne le regarde plus, non plus que le logement.
Enfin, pour la vente, il n'est plus obligé d'accepter,
dès la récolte, les prix de famine qu'on lui offrait
quand il était isolé. La coopérative, en effet, grâce à
l'appui de la Caisse de crédit, avance, dès la livraison
du produit, une partie du prix à l'agriculteur qui le
désire. »

Les explications si claires de M. Gavoty seraient de
nature à gagner à l'idée de la coopérative les personnes
actives et enthousiastes. Et cependant, ici, que de
réserves s'imposent lorsqu'il s'agit de femmes peu
habituées au maniement des affaires commerciales ! Ces
réserves, l'auteur du rapport lui-même les indique, en
ajoutant que la condition essentielle du succès est de
placer à la tête de la coopérative « un homme intelligent
et dévoué..., qui accepte de la diriger avec esprit de suite,
comme une affaire particulière » (1).

Cette condition, déclarée indispensable au succès
par un homme compétent, est de nature à faire réfléchir.
Certes, depuis cette terrible guerre, les femmes ont
prouvé qu'elles pouvaient être, partout et toujours, à la
hauteur des circonstances ; mais, dans l'ensemble, sont-
elles, dès aujourd'hui, suffisamment préparées à se servir
de ces rouages nouveaux ? Pas encore. Celles que leur
situation sociale, ou du moins leur désir de rendre service en l'absence de tout autre élément féminin capable,
pourraient désigner pour prendre la responsabilité de
la coopérative née du Cercle de Fermières, sont peu
familiarisées avec les lois et les usages commerciaux.
Dans leurs œuvres, dans leur comptabilité, elles ne sont
souvent ni précises, ni régulières ; elles préfèrent la

____

(1) M. Gavoty parle ici des coopératives vinicoles, d'un maniement particulièrement délicat, mais la remarque peut s'adapter à
toutes les autres.

bienfaisance à la justice. C'est une qualité peut-être au point de vue du cœur, mais non point de celles qui font prospérer une maison de commerce. Dans celle-ci, tout doit être réglé minutieusement, sinon l'échec est fatal, et mieux vaut ne pas se lancer dans une aventure qui peut avoir les plus désagréables conséquences.

Du côté des paysannes, les difficultés à vaincre sont plus grandes encore. Ici, ce n'est pas seulement un apprentissage, c'est une *éducation* qui s'impose. Dans toute vente en commun, le soin, la conscience et la loyauté de tous les participants sont absolument nécessaires, sans cela chacun pâtit de la faute du voisin. « La question qui prime tout, dans les expéditions à l'étranger, c'est le triage rigoureux, la bonne présentation et l'expédition régulière de la marchandise. » Hélas ! la paysanne est loin d'accorder à chacun de ces détails l'importance qu'ils méritent. Naturellement négligente, elle ne soigne pas ses envois : peu lui importe que la volaille ou les œufs soient présentés selon les goûts de l'acheteur ! Elle perd ainsi de nombreuses occasions de gain. En voici un exemple : avant la guerre, les dindons d'Italie, moins beaux, et de chair moins fine que nos solognots, venaient concurrencer ceux-ci sur les marchés de Hollande et d'Allemagne, où ils arrivaient en meilleur état, malgré la longueur du voyage. En outre, la ménagère rurale est quelquefois... comment dirai-je ? un peu « ilcelle ». Volontiers elle cherche à gagner quelques grammes sur le poids, à mélanger le beurre de première qualité avec celui de troisième, à dissimuler sous de belles pommes ou de magnifiques prunes des fruits de moindre valeur, etc. Ces procédés exaspèrent le commerçant étranger en l'obligeant à des vérifications multipliées qui compliquent beaucoup sa tâche et peuvent même nuire à la réputation de sa maison. Il n'en a pas fallu davantage pour fermer aux produits d'une région des marchés avantageux.

La coopérative qui veut se créer une marque devra donc, au début surtout, exercer une surveillance rigoureuse sur ses adhérentes et refuser impitoyablement tout produit qui ne présenterait pas les garanties désirées.

De là des heurts, des rancunes, un sentiment de mécontentement qu'il est dur de provoquer, fût-ce pour rendre service. Supposons que ce stade soit franchi, que toutes les participantes aient enfin compris l'importance de ces détails, qu'elles sont tentées d'appeler entre elles des minuties ridicules, il resterait encore à vaincre les répugnances de l'individualisme local, si peu préparé, dans la plupart de nos villages, à comprendre les bénéfices de l'association. Il faut encore compter avec l'attachement du paysan à ses procédés, à sa méthode, et, par-dessus tout, à l'ennui qu'il éprouve de mettre le voisin au courant de ses affaires.

Pour toutes ces raisons, il est probable que les coopératives resteront encore quelque temps, dans nos Cercles de Fermières, à l'état d'exception, malgré les incontestables avantages qu'elles peuvent présenter. Mais l'exception d'aujourd'hui peut devenir la règle de demain. Il est donc utile d'y penser, de le prévoir, de se mettre en état de tirer parti d'une organisation qui peut augmenter singulièrement la prospérité d'un pays.

Les femmes appelées par leur situation à exercer une influence sociale ne perdront donc pas leur temps en étudiant pour elles-mêmes ces rouages nouveaux, en comparant les résultats obtenus avec ceux de l'initiative individuelle. Il sera bon aussi que les idées d'entr'aide et de travail en commun soient souvent rappelées au Cercle de Fermières ou dans les réunions de jeunes filles, que les membres les plus intelligents de ces associations se familiarisent peu à peu avec le mécanisme de la coopération. L'expérience permettra ainsi de faire le départ entre ce qui est actuellement réalisable et ce qui demeure chimérique. Peu à peu, ces idées nouvelles s'acclimateront dans les esprits, les difficultés sembleront moins grandes, l'entente plus facile. Si la coopérative est nécessaire, elle se créera, en quelque sorte, sous la pression du besoin. La tâche de la ménagère en sera bien simplifiée, par le fait qu'elle n'aura plus à s'occuper que de la production. Ainsi s'achèvera l'effort de la petite industrie agricole et, en même temps, la formation professionnelle de la femme, couronnement de son éducation d'enfant et de jeune fille.

NOTES

RENSEIGNEMENTS PRATIQUES

CONCERNANT LES INDUSTRIES AGRICOLES

Afin de rendre plus claires les explications données ci-dessus, voici quelques exemples empruntés aux rapports présentés à l'Union centrale des Syndicats agricoles (1) qui permettront de se rendre compte dans quelles circonstances la création d'une coopérative de production devient nécessaire et quels services elle peut rendre.

« A Plougastel-Daoulas, dans le Finistère, on cultive la fraise et les petits pois de temps immémorial, mais la vente en Angleterre, pourtant très indiquée, était difficile. En 1906, les agriculteurs, groupés en syndicat coopératif, lancèrent deux vapeurs pour transporter régulièrement leurs produits à Plymouth. La fraise était prise au point de livraison par les commis du Syndicat, transportée à ses frais aux magasins où se fait l'emballage, et embarquée sur les vapeurs. Reçue à Plymouth, sous la surveillance de deux cultivateurs de la Coopérative, la marchandise est expédiée, par chemin de fer, à des courtiers anglais qui en soldent le port, la vendent à la criée, prennent 5 % de commission et adressent, dès le lendemain, des chèques aux expéditeurs. Cette Coopérative groupe deux cent quinze fraisiculteurs (2), c'est-à-dire environ le tiers des producteurs de la région. En 1908, elle a vendu plus de 667 tonnes de fraises et de petits pois, pour une somme de 385.215 fr., laissant aux producteurs un bénéfice de 197.656 fr., rémunération bien supérieure à celle qu'ils obtenaient avant la constitution de la Coopérative.

« A Millery, dans le Rhône, une organisation du même genre s'est fondée récemment pour la vente des pêches. On

---

(1) Rapports de M. Gavoty aux Congrès de Nancy et Toulouse, 1911.
(2) Chiffres de 1913.

reçoit les fruits, et, suivant leur qualité, on les divise en quatre catégories. La première se compose des fruits inférieurs, qui sont utilisés sur place ; les suivantes, par ordre de qualité, représentent des fruits choisis qui sont emballés avec soin et expédiés à des commissionnaires qui se chargent du placement.

« A Cabrières-d'Aigues, tout petit pays de Vaucluse, on cultive surtout les raisins de table tardifs ; ces raisins étaient vendus, à un prix fixé pour toute la saison, aux acheteurs des grands marchés de la région, livrables à leur fantaisie, condition très onéreuse, qui obligeait parfois les producteurs à laisser longtemps leurs raisins sur souche, exposés aux intempéries et aux dégâts des insectes. Une Coopérative fut fondée, en 1909, et, depuis, les raisins sont classés, emballés avec soin et envoyés, par colis postaux de 10 kilos, à Genève. A Saint-Jeannet, dans les Alpes-Maritimes, une organisation du même genre a permis d'envoyer sur d'autres marchés de la région ou à l'étranger le trop-plein des beaux raisins d'hiver qui encombraient autrefois le marché de Nice, où ils arrivaient tous à la fois et se vendaient à des prix dérisoires.

« Les communes de Lascours et de Roquevaire vivaient du produit de leurs arbres fruitiers, surtout de la vente de leurs abricots, récoltés en abondance. Mais comme, dans les années de grosses récoltes, le prix de vente des fruits frais baissait au point qu'il couvrait à peine les frais de cueillette ; comme, d'autre part, en fin de saison, bon nombre de fruits ne pouvaient plus aller à la vente et se perdaient, les syndicats de ces deux localités imaginèrent de créer une Coopérative qui eût pour but de faire, avec les pulpes de ces abricots, des conserves recherchées pour les emplois de la confiserie ou de la consommation culinaire.

« Cette association, pourvue d'un outillage industriel, sut tirer un excellent parti de cette matière première, dont une grande partie se serait perdue sans profit. Si l'abricot se vend bien, on le livre au commerce. S'il se vend mal, les agriculteurs le portent à la Coopérative, qui le transforme en conserves, dont la durée est très longue. Ces conserves, vendues au moment opportun, font ressortir le prix deux ou trois fois plus cher que celui qu'on aurait obtenu au moment de la cueillette. Le résultat a donc été heureux. Actuellement,

celte Coopérative fait pour 400.000 francs d'affaires par an (1),
au grand profit des producteurs.

« A Vallauris, dans les Alpes-Maritimes, une Coopérative
a été fondée, par le Syndical agricole, pour la vente en
commun de la fleur d'oranger, et, en cas de besoin, pour la
distillation de ce produit, dont les prix étaient tombés très
br.s, ces dernières années. Le commerce ne le payait, en effet,
que 0 fr. 50 le kilogramme, tandis qu'actuellement, grâce à
la Coopérative, qui compte mille quatre cents producteurs,
répartis sur plusieurs communes, et traite les trois quarts
des fleurs récoltées, les prix se maintiennent entre eux
1 fr. 50 et 2 fr. le kilogramme. Au bout de peu de temps, le
commerce a compris que l'entente valait mieux que la
guerre ; aussi, sur la hausse des prix, l'usine coopérative a
fermé ses portes, mais elle est prête à fonctionner pour le
cas où le commerce tenterait de nouveau d'avilir les prix. »

Ces exemples variés montrent le parti que l'on peut tirer
de l'association, à la fois pour obtenir un plus gros bénéfice et pour ramener à des pratiques plus équitables les
intermédiaires qui seraient portés à profiter des difficultés
de vente ou de la surproduction momentanée des produits
pour imposer au cultivateur des prix de famine. On le voit,
la coopérative est souvent un moyen de défense.

(1) Chiffres de 1913.

OEUVRES D'ASSISTANCE

ET DE

PRÉVOYANCE SOCIALE

LA DISTRACTION A LA CAMPAGNE

L'ASSISTANCE DU MALADE A LA CAMPAGNE

LA DISTRACTION A LA CAMPAGNE

Mesdemoiselles,

Peut-être serez-vous un peu étonnées de me voir ranger la distraction parmi les œuvres d'assistance, et cependant y a-t-il pour vous-mêmes une pratique plus juvénile de la charité fraternelle, une aumône plus jolie, plus délicate que celle qui consiste à répandre de la joie autour de soi, à apprendre à un pauvre être fatigué, déprimé par un travail trop rude, l'art d'utiliser ces moments de détente et de repos, indispensables dans toute existence, pour renouveler ses forces et en même temps cultiver son âme et s'arracher un instant à l'emprise des nécessités matérielles. La distraction ainsi comprise devient un trop précieux instrument d'éducation, de formation, d'apostolat même, pour que nous la négligions. Et, d'autre part, il semble que ce don gracieux et presque immatériel de nos forces, ce partage de notre allégresse et de notre puissance de rayonnement engendre une communion des esprits, susceptible de rapprocher, de la façon la plus naturelle et la plus bienfaisante, les différentes classes sociales.

Qu'est-ce qui nous sépare du peuple, en effet? Ce n'est

pas la douleur..., elle rapprocherait plutôt, car deux pauvres cœurs humains saignants, douloureux, torturés par les mêmes angoisses sont bien près d'être identiques. En tous cas, leur souffrance mutuelle est un lien. Mais le plaisir, voilà la barrière !... Plaisir de l'esprit que le pauvre envie sans le comprendre et sans le partager d'un côté ; plaisir grossier et bruyant de la foule qui impatiente et dégoûte le raffiné de l'autre. La jeunesse n'a pas ces répugnances : par nature, elle est exubérante ; les cris, les rires, un vacarme un peu excessif ne lui font pas peur. Moins sensible aux nuances, elle se trouve tout de suite à l'aise au milieu d'adolescents de son âge et, avec moins de peine, elle fait plus de bien. C'est tout le secret de certains patronages dont un jeune vicaire, un instituteur dévoué, quelquefois de jeunes collégiens en vacances assurent le succès !

Donc ne méprisons pas les distractions et cherchons à en assurer leur part à nos chères populations rurales.

. . . .

Il n'est peut-être pas de question plus controversée que celle des plaisirs. L'excès est ici si proche de la mesure, la pente si aisée entre ce qui est permis, légitime, bienfaisant même, et ce qui est dangereux et défendu, que certains esprits moroses entrent en défiance au seul mot de distraction.

Et pourtant qui voudrait abolir les jeux des enfants, l'innocente gaieté des jeunes filles, les saillies un peu bruyantes d'un repas d'amis ; qui voudrait bannir la joie de l'existence du travailleur ? Personne, assurément.

L'homme absorbé par un métier manuel a besoin de distraction autant qu'un autre, plus qu'un autre peut-être, car il ne trouve pas toujours dans sa besogne journalière un intérêt suffisant pour écarter l'ennui qu'engendre, à la longue, le dégoût d'une tâche uniforme et trop exclusivement matérielle.

Nul ne conteste, au contraire, les bons effets physiques et moraux d'une gaieté saine, franche, bien équilibrée. La joie repose le corps fatigué, l'esprit inquiet. L'Église, cette grande éducatrice des peuples, l'avait compris dès les premiers jours de son règne, et elle a toujours su tirer parti de cette disposition du cœur humain. Au temps où elle régnait sur les mœurs, elle savait rendre acceptable aux humbles le joug du métier, en le modérant, en le tempérant par des interruptions fréquentes; en sanctifiant les fêtes symboliques qui leur étaient chères et les attachaient à leur profession. Dans ces rites joyeux et touchants dont nous retrouvons tant de traces dans nos vieux conteurs, elle excellait en même temps à glisser aux maîtres, sous le voile d'une allégorie transparente, la leçon de tolérance et de charité qui transformait leurs serviteurs en amis (1).

Aujourd'hui, les salaires sont certes plus élevés. En apparence, la condition de l'ouvrier moyen paraît meilleure, et encore y aurait-il lieu de faire des réserves ; mais, dans son ensemble, la vie du travailleur est-elle aussi paisible, aussi stable ? (2) N'est-elle pas quelquefois terriblement monotone, à peine interrompue par un dimanche dont on n'observe plus le repos sacré, aussi favorable au corps qu'à l'âme ? Et cependant cet homme aurait besoin de variété, de distraction plus qu'autrefois peut-être, car il a vu davantage et souvent, au retour du régiment, la maison paternelle lui paraît triste et peu confortable.

(1) Voir notamment les usages si curieux et si touchants des fêtes de Noël en France et en Anglet·ire.

(2) Voir, à la fin du chapitre, quelques notes sur l'existence du paysan français au temps jadis.

Écartons cette impression dangereuse... Il ne faut pas que dans l'esprit du cultivateur, fût-il décidé pour son compte à rester fidèle à la terre, s'établisse une comparaison désavantageuse entre la campagne et la ville ; comparaison qui ferait de celle-ci une sorte de terre promise où les flonflons du bal public alterneraient avec les actualités du cinéma, tandis que le travail, dont on oublie trop volontiers les exigences, deviendrait simplement l'intermède entre deux plaisirs.

Cette conception est fausse : tous ceux qui ont vu de près la misère citadine savent combien, sous l'apparence et le placage d'un faux bien-être, la vie du pauvre est en réalité plus incertaine, plus resserrée, plus douloureuse dans une grande ville. Mais nos paysans l'ignorent et ce sont eux qu'il faut convaincre.

Or, on ne détruit bien que ce que l'on remplace. Pour combattre avec avantage ces plaisirs tant vantés, il faut que la campagne ait, elle aussi, ses fêtes, assez jolies, assez attirantes, pour lutter victorieusement avec n'importe quelle attraction faubourienne. Il faut que nous fassions de la joie un moyen d'action sociale susceptible de réussir ou d'entraîner là où les autres échoueraient.

Les distractions peuvent être familiales ou collectives, les unes et les autres ont leur utilité ; mais s'il fallait absolument choisir, toutes nos préférences devraient aller aux joies modestes du foyer dont la mère de famille est l'âme, à ces joies qui attachent l'enfant au vieux logis dont l'image, jalousement gardée dans le secret de la mémoire, le suit longuement et le préserve parfois de honteuses défaillances. Tout dépend ici de la mère... Être dévouée, laborieuse, attentive aux besoins de tous, ne suffit pas toujours. Pour que la maison rayonne, il faut encore que celle qui en est l'âme soit gaie, ou tout au moins sereine. Son entrain, sa bonne humeur, sa joie paisible déteindront sur son entourage. Question de tempérament, dira-t-on. Sans doute, mais encore et surtout question de volonté, d'empire sur soi-même, de résistance courageuse à la fatigue et au découragement. Comme il fait bon travailler avec une mère, avec une patronne comme celle-là ! Elle sait remonter le moral de son monde par une saillie honnête, une plaisanterie bienveillante, que dis-je ? par le son même de sa voix. Travailler joyeusement, c'est déjà se récréer : on pense moins à la longueur, à la difficulté de l'ouvrage quand l'atmosphère de la maison est légère, animée, heureuse. Seule la mère de famille y pense pour les autres : elle s'ingénie à organiser les moments de détente qui stimulent le zèle de ses enfants et de ses serviteurs et les rendront au travail dispos et de belle humeur. Par exemple, c'est aujourd'hui la fête du père, de la vieille aïeule qui vit avec ses enfants. Dès le matin, chacun a un petit air mystérieux que seul ne semble pas voir le héros ou l'héroïne de la fête. A midi, une nappe sur la table, un menu plus soigné, quelques fleurs qui n'ont coûté que la peine de les cueillir donnent un air de fête à l'humble logis. La porte s'ouvre : le père rentre de son travail, on l'acclame ; le plus jeune des garçons présente une page d'écriture, la petite fille une paire de chaussettes ; on l'embrasse, et une petite larme d'émotion perle au coin de ses paupières. Pendant un instant, cette famille modeste est heureuse, elle n'oubliera pas cette journée dans laquelle tous les cœurs, émus d'un même sentiment de reconnaissance filiale, ont battu à l'unisson. « Vous faites de la poésie, me dira-t-on, vous prêtez aux cultivateurs des raffinements auxquels ils ne songent guère... » Certes, je sais que de tels exemples sont rares, actuellement, dans nos campagnes, mais il m'a suffi de

15.

les rencontrer, d'observer leur influence sur l'éducation, sur le développement moral des enfants qui avaient eu le bonheur de naitre et de grandir dans ces foyers unis, pour avoir le désir de travailler à les rendre plus nombreux. Les joies de la famille sont un luxe permis aux plus pauvres, et quand bien même ces menus égards de la tendresse ne serviraient que de contre-poids à une vie toute matérielle, où serait le mal ? Le peuple a en germe, Dieu merci ! la plupart des vertus familiales ; à nous de les développer patiemment. Nous ne faisons d'ailleurs, ici encore, que revenir au passé. Notre paysan français n'a pas toujours vécu dans l'atmosphère de négation, de prosaïsme, de laïcité, où on veut le confiner, ses coutumes, ses vieilles légendes en sont la preuve. Autrefois, les fêtes familiales étaient nombreuses, les servantes elles-mêmes avaient leur jour de réjouissance à laquelle toute la famille rurale prenait joyeusement part. « En Angleterre, le matin, après la fête des Rois, chaque fermier fêtait ses laboureurs, et chaque ménagère ses servantes (1). Jeunes gens et jeunes filles rivalisaient de diligence à se lever : si l'homme pouvait attraper son fouet, son bâton, sa hachette, quelqu'un de ses instruments de travail, en un mot, avant que la fille ait mis sa bouilloire au feu, elle perdait le prix de la journée, qui appartenait à l'homme. Les serviteurs avaient, ce jour-là, un bon diner et la journée se passait en flâneries. »

La rentrée de la moisson, la fin des semailles servaient encore de prétextes, dans beaucoup de régions, à quelques petites réjouissances domestiques. Un poète du xvi⁰ siècle, auteur d'un traité d'enseignement ménager avant la lettre, Tusser, recommande en ces termes les

(1) HILMAN.

laboureurs à la générosité des ménagères : « Bonnes femmes, dit-il, Dieu vous enrichit ; n'oubliez pas les fêtes qui appartiennent au labour, car le courage et la joie sont les compagnons du bon travail... La moisson finie, faites plaisir à tous ceux qui vous ont aidés, hommes, femmes et enfants ; que personne ne soit déçu ».

Évidemment, il ne faut pas tomber dans l'excès contraire et multiplier les fêtes au point de nuire au travail. La mère de famille intelligente saura bien découvrir la mesure à garder. En dehors des grandes réjouissances, qui doivent rester assez rares pour conserver leur prestige, elle a surtout à réglementer, au point de vue de la distraction, deux périodes de temps quelquefois assez difficiles à occuper : les soirées d'hiver et les dimanches de la mauvaise saison. Les soirées ne sont guère iongues pour ceux qui ont rudement travaillé tout le jour et se remettent à l'ouvrage de bon matin ; cependant, en hiver, lorsque la nuit tombe vers 5 heures, il y a quelquefois deux ou trois heures de demi-liberté qui peuvent devenir dangereuses pour les grands garçons que travaille un désir d'indépendance, et qui n'ont pas, comme leurs sœurs, la ressource de l'ouvrage à l'aiguille ou les soucis d'un repas à préparer. Que de fois ils regardent du côté de la porte avec un geste d'impatience ! Dehors, c'est l'attraction de l'auberge, du jeu, de la boisson, peut-être de plaisirs plus dangereux encore ; c'est surtout la vanité de se prouver à soi-même qu'on est son maître, que « des idées de femmes n'ont plus d'influence sur nous ». La pauvre mère soupire... Elle voudrait tant retenir là, dans ce cercle aimé, sûr, fidèle, ce grand gamin boudeur, pas méchant au fond, mais léger, influençable, se laissant facilement monter la tête par les camarades. Qu'elle essaie donc de rendre sa maison attrayante, d'attirer quelques amis sûrs, d'occuper les heures dangereuses. J'ai vu, dans une maison très modeste, toute la famille réunie écouter les lectures que faisaient, à tour de rôle, les trois fils. On parcourait d'abord le journal, on y ajoutait quelques passages d'un bon livre, et la prière clôturait cette soirée, dont toute la famille s'était honnêtement récréée, même la vieille servante silencieuse, qui filait assise sur la pierre de l'âtre.

Mais pour que la lecture ne soit pas trop antipathique au cultivateur, il faut qu'il sache réellement lire et non pas ânonner laborieusement quelques syllabes : il faut qu'il comprenne ce qu'il lit sans avoir besoin de chercher le sens des mots, comme s'il s'agissait d'un texte étranger. Or, combien sont-ils, dans une commune, même parmi ceux qui ont fréquenté l'école pendant plusieurs années, les jeunes gens qui arrivent à ce résultat ? (1)

Il faut encore avoir des livres... Ici, du moins, me direz-vous, la difficulté n'est pas grande : le presbytère, l'école ou la mairie ont, dans presque tous les villages, une bibliothèque. Sans doute ; mais que de réserves à faire sur le choix des auteurs ! Dans ces intelligences naïves, si peu armées pour distinguer le vrai du faux, le bien du mal, on ne devrait verser que de l'excellent et de l'exquis. Mieux encore, la bibliothèque devrait être composée volume par volume, au point de vue de la famille rurale, de façon à ce que celle-ci puisse y trouver

(1) Dans certains villages, des instituteurs ont imaginé de faire faire, au cours d'adultes, des exercices de lecture dialoguée qui ont eu un vif succès. Ils sont arrivés à faire sentir et goûter ainsi à de jeunes paysans quelques-unes des beautés de nos grandes œuvres classiques. N'est-ce pas un exemple encourageant ?

à la fois de quoi s'instruire dans sa profession, des raisons d'aimer davantage la petite patrie, d'être plus fiers de la grande, enfin des récits capables d'amuser, de distraire honnêtement. Un tel choix de livres n'est pas facile.

A défaut de lecture, si les jeunes gens sont réfractaires à celle-ci, ils pourraient apprendre un de ces métiers faciles qui exercent les doigts sans enchaîner la langue, développent l'adresse manuelle et peuvent même devenir la source de fort jolis bénéfices : par exemple, la confection des paniers, la fabrication de petits jouets d'enfants, en bois découpé, ou bien encore certains travaux de menuiserie point trop appliquants. Dans quelques anciennes fermes, trop rares, hélas ! aujourd'hui, comme tout ce qui garde un caractère de terroir, on montre, avec orgueil, une vieille armoire, un lit clos, une horloge originale fabriqués par le grand-père. A défaut de valeur, — et ces bons vieux meubles n'en sont pas toujours dépourvus, — ils dégagent une impression de solidité, de fini, de conscience professionnelle que la camelote de bazar ne donnera jamais. Quand ces occupations n'auraient pour résultat que de retenir au foyer le grand fils, de lui donner le goût et l'amour du chez soi, l'habitude de trouver son plaisir dans ces communications intimes avec ses parents, ses frères et sœurs, elles rendraient déjà un immense service à la famille rurale.

Certains travaux, pour lesquels on fait appel au concours des voisins, peuvent encore devenir une occasion de distraction honnête, en groupant autour du foyer une assistance plus ou moins nombreuse. C'est ainsi que dans plusieurs pays, l'énoisage, le décortiquage des châtaignes, la préparation d'un trousseau se font en commun. Tandis que les vieilles femmes filent autour de la cheminée, quelque ancienne raconte une vieille légende et l'intérêt du récit soutient le courage des travailleuses.

Il n'y aurait que du bien à dire de ces réunions si la vigilance des familles s'étendait au retour tardif, à travers champs, des jeunes gens et des jeunes filles. Les inconvénients de ces promenades nocturnes sont faciles à comprendre et ont trop souvent jeté le discrédit sur ces soirées de travail. Ainsi l'abus d'une coutume, bonne en soi, produit des résultats détestables. Cependant une mère de famille prudente pourrait, de temps à autre, réunir quelques amies de ses filles pour un travail de longue haleine, à condition de les renvoyer avant la nuit ou de les faire accompagner par une personne sûre. Le dimanche, elle veillera à éviter pour ses enfants ces après-midis désœuvrées où chacun se traine, guetté par l'ennui, parce que l'équilibre habituel de la journée est rompu. Le repos, comme le travail, doit être réglé. Après les offices, la mère de famille tolérera, encouragera même quelques jeux susceptibles d'intéresser ses enfants sans craindre une gaieté un peu bruyante : pourvu que tout se passe décemment (et sa présence est ici la meilleure sauvegarde), qu'importe un peu de vacarme ! Au soir de leur journée de repos, les enfants seront satisfaits, détendus ; ils se mettront de meilleur cœur à l'ouvrage le lendemain.

Tout ce que je viens de vous dire des enfants peut aussi s'appliquer aux petits domestiques ruraux, dont la situation, dans certains pays, est souvent si misérable. Lorsqu'ils sont peu nombreux, ils font partie de la famille et partagent les travaux et les distractions des enfants. Il serait à désirer que, dans toutes les régions, il en fût ainsi ; car, de cette façon, une femme de cœur peut toujours exercer sur eux une influence bienfai-

sante et presque maternelle. Par contre, comment ne pas
plaindre un malheureux enfant de dix ans jeté brusquement loin de sa famille, au milieu d'étrangers qui
n'ont pour lui aucune sollicitude, aucune affection !...

Passons aux distractions collectives. On peut
discuter sur leur plus ou moins d'opportunité ; un fait
est certain, il y en a toujours eu, il y en aura toujours !
L'homme est un grand enfant : il lui faut, de temps en
temps, quelque spectacle qui rompe la monotonie des
journées laborieuses.

Ces distractions varient de province à province ;
presque toutes peuvent se ramener à trois catégories :
les jeux d'adresse et de force, les fêtes patronales ayant
gardé, en bien des endroits, un caractère religieux qui
les empêchent de tomber dans la foire ou la kermesse,
et les réunions professionnelles.

Toutes ces distractions peuvent concourir à l'éducation du peuple. Les jeux d'adresse et de sport prennent
une part de plus en plus importante dans la formation
de la jeunesse masculine de toutes les classes. Bien
compris, convenablement surveillés, ils sont une véritable école de discipline, d'endurance et de sobriété.
Les réunions professionnelles stimulent l'activité des
agriculteurs en mettant sous leurs yeux les résultats
obtenus dans des conditions que tout le monde
peut vérifier ; enfin il n'est pas jusqu'aux fêtes
patronales qui, en jetant une note d'idéal dans ces vies
trop matérialisées, ne leur rappellent poétiquement que
l'homme ne vit pas seulement de pain. Les jeux
d'adresse et de force, si à la mode aujourd'hui, peuvent
devenir un excellent terrain d'action sociale. Et pour
encourager nos futurs directeurs d'équipes sportives,
peut-être ne sera-t-il pas inutile de leur rappeler que la
plupart des jeux collectifs auxquels ils président

remontent à une haute antiquité. Pour ne parler que de ceux qui font fureur aujourd'hui, sait-on que le moderne foot-ball est notre vieille « soule », que les Anglais passent pour nous avoir empruntée au temps de la guerre de Cent Ans et dont Emile Souvestre se rappelait encore avoir vu des parties mouvementées, en Bretagne, dans les premières années du xixᵉ siècle (1).

La soule était le plus populaire des jeux de force au moyen âge : des gens de toute condition s'y livraient avec fureur, paroisse contre paroisse. Le même camp déjeunait souvent ensemble avant la partie, « car il est à remarquer qu'à ces époques de privilège, les classes sont bien moins séparées que dans notre temps de démocratie. »

Le jeu de l'arc était aussi très aimé de nos pères. Nous voyons des tirs à l'arc en Beauvaisis, dès 1367. En 1369, Charles V, désireux d'obtenir chez ses sujets les résultats qui avaient donné à l'Angleterre les meilleurs archers du monde, défendit, sous peine d'amende, presque tous les autres jeux : paume, quilles, soule, et ordonna de s'exercer au tir de l'arc et de l'arbalète, d'organiser des concours, de donner des prix... En 1382, Gautier de Montchel, châtelain et garde du château d'Etaples, donne un épervier d'argent au meilleur tireur d'arbalète (1). Le jeu de ballon était aussi très à la mode, il a reparu sous le nom de lawn-tennis.

(1) On trouvera des détails sur le jeu de la soule dans les notes annexées à cette conférence.

(2) En Champagne, Bourgogne, Ile-de-France, Picardie, le jeu de l'arc est très estimé : presque toutes les villes qui prirent part au mouvement communal, aux xiiᵉ et xiiiᵉ siècles, avaient des compagnies d'archers et d'arbalétriers pourvues de privilèges... L'ordonnance de 1369 peut être considérée comme la préface des lettres patentes du 28 avril 1448 qui instituèrent les francs archers, origine de notre infanterie moderne (Siméon Luce).

On le voit, les modestes sociétés sportives de nos villages ont des traditions qui ont fait leurs preuves.

Il en est de même de certaines fêtes mi-populaires, mi-religieuses, dont les rites gardent, à travers les siècles, assez de poésie pour enchanter les incroyants eux-mêmes (1). Sans doute, aux yeux prévenus d'un artiste ou d'un critique, tourniquets, chevaux de bois et boutiques foraines installées à l'ombre d'un vieux porche du XVe siècle, gâtent quelque peu le spectacle de la lente procession se déroulant à travers les sentiers fleuris, le symbolisme du feu de joie ou de la sainte fontaine, mais le Dieu « qui aime les humbles » sourit aux ébats de ses serviteurs. Dépouillez cette même fête de son caractère religieux, qu'en restera-t-il ? Hélas ! une gigantesque beuverie.

L'Église, avertie des exigences de la nature humaine, a été mieux inspirée. A travers les âges, elle a constamment cherché à purifier, à discipliner, à sanctifier ce qu'elle ne pouvait détruire. Hardiment, elle a attaché ses prières et sa bénédiction à des coutumes innocentes par elles-mêmes et qui avaient pour elles une antiquité vénérable et l'affection un peu superstitieuse du peuple. Voilà l'exemple et voilà l'art suprême, se servir de tout ce qui est légitime, même du plaisir, pour élever les esprits et les cœurs.

On dira : « C'est impossible, le paysan est trop grossier, il ne veut que des jouissances matérielles immédiates ». Non, il n'est pas, il n'a pas toujours été ainsi celui qui vient encore de verser avec un sublime courage le plus pur de son sang pour la France. N'oubliez pas que l'on a traqué, chassé, détruit tout ce qui

____

(1) Voir *Au pays des Pardons*, par Anatole LE BRAZ.

était susceptible d'élever son âme ; que certains sem-
blaient s'être donné pour tâche d'ensevelir dans l'oubli
les plus touchantes traditions de son passé. Nos cultivateurs ont, au contraire, derrière eux, un riche trésor
de poésie. Ils sont les descendants de ces jeunes gars
qui, en Vermandois et en bien d'autres provinces, fleu-
rissaient de rameaux verts le seuil de leurs fiancées, à
la veille du 1er mai (1). Ils sont les fils de ces pasteurs
dont la tendre piété entourait de jolis et naïfs hom-
mages le berceau de l'Enfant-Dieu. Ils sont enfin les
représentants d'une race par laquelle le pauvre, l'étranger, le lépreux, qui priaient au nom du Christ miséricor-
dieux, furent toujours secourus. Les jolies coutumes du
passé nous introduisent dans un monde rural tout
différent de celui d'aujourd'hui, et cependant, alors,
la vie était plus rude et la civilisation moins avancée.
Mais le cultivateur avait le temps de se souvenir qu'il
avait une âme. La poésie d'un jour enchantait la prose
du lendemain. Sans doute, il serait artificiel et vain de
chercher à faire revivre ces traditions disparues : les
fêtes les plus jolies et les plus poétiques, dépouillées
de leur signification séculaire, ne seraient, aux yeux
de la foule, qu'une mascarade, mais peut-être ce coup
d'œil en arrière vous aidera-t-il à comprendre ce qui
manque à certains de nos villages modernes, au point
de vue de la distraction, et à apprécier aussi, là où ils
subsistent encore, ces vestiges d'une époque moins
étroitement utilitaire.

Les réunions professionnelles : comices, concours,
expositions variées, peuvent encore offrir une utile
diversion aux labeurs de chaque jour. A l'heure
actuelle, ce sont les vraies fêtes du travail, puisque les

(1) Voir, en fin de chapitre, l'origine des fêtes de mai.

efforts du cultivateur y sont mis en valeur et récompenses.

Ces réunions attirent toujours beaucoup de monde. Bonne occasion pour les directrices d'une école ménagère, d'une œuvre de trousseau, pour les membres d'un cercle de fermières, d'organiser une petite exposition de leurs produits, un concours culinaire, etc., quelque chose qui mette en valeur l'expérience et le savoir-faire des ménagères. Voici quelques exemples qui peuvent servir de modèles. Ici, on organise des concours de beurre, de confitures, de compotes, de fruits séchés, selon les provinces ; ailleurs, dans une région dont les cultivateurs font beaucoup d'expéditions directes du producteur au consommateur, le Cercle de Fermières prit l'initiative d'une exposition d'articles d'emballage pour les œufs, le beurre, la volaille : paniers, cartons, étiquettes, récipients paraffinés. Cette exposition surprit et enchanta tous les visiteurs et transforma complètement les méthodes d'envoi, au grand bénéfice de l'expéditeur et du destinataire. L'année suivante, un rucher avec tous les accessoires, tous les perfectionnements désirables : ruches à cadres, ruches collectives, etc., fut présenté au public. En somme, ces expositions sont des leçons de choses appliquées et le cultivateur s'y intéresse et s'y attache d'autant plus qu'on lui fournit des explications claires et concrètes tout à fait à sa portée. Chacune de vous pourra développer ce thème suivant les convenances locales. Je ne doute pas de votre ingéniosité à découvrir des applications nouvelles d'un principe toujours fécond.

Vous le voyez, qu'il s'agisse de plaisirs familiaux ou de réjouissances collectives, la distraction n'est pas un champ d'action sociale négligeable et nous pouvons, en cherchant bien, y trouver de précieux appuis pour travailler à l'éducation du cultivateur.

NOTES

RENSEIGNEMENTS SUR LA VIE PRIVÉE DU PAYSAN
AU MOYEN AGE

Il m'a paru intéressant de donner ici, d'après plusieurs historiens, quelques détails sur la vie privée du paysan au moyen âge et pendant les siècles suivants.

« Il est maintenant hors de doute que la population de la France, pendant la première moitié du xiv⁰ siècle, avant la peste de 1348 et les premiers désastres de la guerre dite de Cent Ans, égalait au moins, si même elle ne dépassait sur certains points, celle de la France actuelle. C'est la conclusion où étaient arrivés, depuis longtemps, les savants (Dureau de la Malle, Lebel, Moreau de Ionnès), qui avaient traité cette question.

« Une aisance générale accompagnait cet accroissement de population.

« Transportons-nous au milieu des campagnes de Bretagne, à la fin du règne de Philippe de Valois. Villages nombreux, peu de demeures isolées. Les cabanes sont grossièrement construites ; des murs de terre, d'argile, de torchis, couvertes en chaume ; l'ardoise se rencontre en Anjou et en Bretagne. Les portes sont fermées par des chevilles de bois, l'intérieur reçoit le jour de la porte ou d'une petite fenêtre bien étroite, à volets de bois ; on commence à peine à fabriquer du verre à vitre grossier et épais, mais il est trop cher pour que le paysan en fasse usage. L'auteur du *Ménagier de Paris*, qui vivait à cette époque et qui passait pour avoir été un riche bourgeois, recommande de boucher ses fenêtres avec de la toile cirée et du parchemin. Le mobilier est le même, à peu près, que de nos jours : cruches de *cuivre* à porter le lait, chandeliers souvent en cuivre, laiton ou bois, rouets, landiers, verres en étain pour boire, mais plus d'argenterie que de nos jours ; à chaque instant il est question de hanaps, de gobelets, de cuillers d'argent.

« L'inventaire d'un paysan aisé de Basse-Normandie, dressé en 1333, comprend un cheval rouge, deux truies, deux poulains, cinq veaux, deux vaches, deux génisses, une anouillante (génisse pleine), dix brebis, deux agneaux, deux oies, six oiseaux. Les instruments sont une charrette ferrée, trois charrettes légères, une charrue ferrée, deux herses, trois colliers de cheval avec traits, un boisseau pour mesurer le grain, un truble, une paire de roues de bois, une faux et deux faucilles. Les fermes sont riches en bestiaux ; même en 1364, après les troubles qui ont suivi la bataille de Poitiers, à Pomponne, près de Meaux, on compte encore, dans une ferme, six bœufs d'attelage, quatre vaches à lait, soixante bêtes à laine, une truie. De grands chiens complètent les animaux à nourrir.

« Les salaires sont aussi élevés qu'ils l'ont été dans la première moitié de notre siècle, si l'on tient compte de la différence du pouvoir de l'argent à ces deux époques.

« L'alimentation des paysans atteste encore l'aisance des campagnes. Sans doute il y a des provinces (Sologne, Berry, Auvergne) où l'on vit surtout de bouillie et de seigle, mais le pain blanc n'est pas rare ; l'ordinaire du paysan est le porc sous forme de lard ou de jambon. Il n'est guère de chaumière qui ne soit pourvue d'une broche en bois pour rôtir les volailles que l'on a l'habitude de larder. La moutarde est très répandue ; dans les plus humbles ménages, on met la nappe sur la table pour recevoir un parent ; la femme d'un valet charretier ayant à traiter des compagnons « mist la nappe », du pain, etc. (I.I., 121, n° 199). Les boissons sont à très bon marché : cidre, vin additionné de gingembre. Beaucoup de banquets et de fêtes, relevailles, noces, enterrements, fêtes de confrérie. On ne donne pas de noce sans confectionner des tartes. Le dîner a-t-il lieu dans une auberge, on invite tous ceux qui sont là, mais chacun a coutume d'apporter son écot, l'un deux pots de cidre, l'autre sa meilleure poule. Le recteur de Solers invite à dîner son doyen, le curé du vieux Corbeil, et en même temps le trésorier de la fabrique ; celui-ci accepte, mais envoie au presbytère un oison et du vin.

« Fêtes le premier jour de mai, en Vermandois ; on dépose des rameaux verts à la porte des jeunes filles à marier.

« La veille de la Saint-Jean, dans le bailliage de Sens, les

parents qui ont de petits enfants au berceau les exposent en
pleine rue, entourés de branches de bois vert, et distribuent
des tartes aux bonnes gens qui viennent les veiller.

« Beaucoup de danses ; souvent les femmes mettent des
gants blancs et parfois on donne un coq à celui qui danse le
mieux. Chaque maison un peu aisée a sa cuve à baigner, et
parfois on trouve de petits établissements de bains dans un
petit hameau. Il y a dans chaque châtellenie un médecin
chirurgien juré.

« Beaucoup de fourrures dans les vêtements.

« La chemise est d'un usage courant ; introduite de 1190
à 1310, elle devient d'un usage universel ; de simples valets
de ferme ont une chemise et l'ôtent pour se mettre au lit.

« Au fond des campagnes, on est déjà si riche en draps et
en chemises que l'on fait une lessive à part pour le linge.

« La place que les voyages d'agrément occupent dans la
vie de nos jours, les pèlerinages la tenaient dans celle de
nos pères ; les paysans et les ouvriers des villes étaient
peut-être ceux qui s'y adonnaient le plus ; des enfants de dix
à douze ans se rendaient par bandes à un pèlerinage, vivant
d'aumônes et chantant des cantiques (1). »

~~~~~~~~~~

« La prospérité des campagnes du Poitou, depuis le
règne de Charles VIII jusqu'au dernier tiers du xvie siècle,
est indéniable. Elle ressort des documents de tout ordre :
rapports, récits de voyageurs, pièces privées. Dans la plaine
poitevine, les paysans habitent en de gros villages espacés,
dans la Gâtine et le Bocage, où les eaux ruissellent, en
fermes disséminées. Leurs maisons, ici en pierre calcaire,
là en schiste ou granit, sont recouvertes de tuiles, d'aspect
solide ; dans le Marais, ce sont des cabanes ou huttes à un
seul étage, dans lesquelles, aux roseaux ou aux clayonnages,
se substituent, sous la Renaissance, des murs de pierre et
des toits de tuiles. L'aménagement en est simple : d'abord
un rez-de-chaussée, dont la pièce principale sert à la fois

(1) Siméon Luce. *Histoire de Du Guesclin.* Chapitre iii : « La vie
privée au xive siècle ». Cinquante ans plus tard, toute cette aisance
est anéantie et la plupart de nos provinces, ruinées par la guerre de
Cent Ans, offrent un tout autre coup d'œil ; de nouveau, à la fin du
règne de Louis XI, les campagnes redeviennent prospères.
~~~~~~~~~~

de cuisine, de salle à manger, de chambre à coucher ; la terre battue y remplace le plus souvent le plancher.

« Beaucoup de paysans aisés apparaissent même, dit un auteur poitevin du xvɪᵉ siècle, « hommes haults et grands « qui portent sur leur chief riches chappeaux à la mode de « forme ancienne, soubz lesquels ils semblent bien estre « hommes de façon et opulents en bien, et robes pompeuses « et de grant monstre. Présomption y a soubz leur *bureau,* « (drap de bure) et grand orgueil soubz leur pellé chappeau ». L'alimentation du paysan est copieuse ; il mange du pain de seigle et souvent de froment. Il boit à peu près tous les jours du vin, « parfois plus exquis que celui des courtisans », le plus souvent de qualité inférieure, car il vend le meilleur de sa production. Mieux logé, mieux vêtu, mieux nourri, il est moins exposé aux épidémies d'autrefois ; la lèpre s'est raréfiée dans les campagnes ; la peste y est moins fréquente que dans les villes. D'ailleurs, nombre de villages ont des chirurgiens-barbiers, si les villes ont des médecins, personnages plus frottés de latin, mais souvent moins bons praticiens que leurs confrères ruraux.

« Les paysans se distraient de leurs rudes travaux, aux jours de dimanches et de fêtes, en jouant aux boules, à la bille, au bouclier, à la paume ; ils vont à la taverne jouer aux dés et aux cartes parfois. Ils se délectent aux noces villageoises et les bergères poitevines passaient pour des danseuses et chanteuses émérites, car la danse est une des passions de cette jeunesse rurale.

« Au moral, le paysan poitevin de la Renaissance apparaît dur au travail, mais routinier ; attaché aux vieux procédés de culture et rebelle aux innovations ; il est volontiers processif, « plaidant, dit un contemporain, pour cinq « malheureux sous ou pour deux doigts de terre ».

« A tout prendre, la période de la Renaissance a marqué, semble-t-il, avec celle du xɪɪɪᵉ siècle et du premier tiers du xɪvᵉ, pour le paysan poitevin, l'apogée de la prospérité et du bien-être. Au contraire, celle de la monarchie absolue, xvɪɪᵉ et xvɪɪɪᵉ siècles, est marquée par une sorte de régression ou de décadence économique et sociale (1). »

(1) M. Boissonnade, *Revue des Cours et Conférences,* 20 décembre 1913.

. . . .

« En 1750, Duhamel du Monceau publie un *Traité de la culture des terres* qui n'est pas resté un ouvrage à l'usage des spécialistes, mais qui a été lu un peu partout et qui a fini par conquérir la mode et l'opinion. Louis XV s'est cru obligé, en 1754 et en 1755, d'assister aux expériences de Duhamel du Monceau et de Tilly sur le labourage et sur la corruption des grains, expériences qui se firent devant Mme de Pompadour, dans le parc du petit Trianon. Il y a mieux : Louis XV fit comme la tradition le voulait pour l'empereur de Chine : il conduisit lui-même la charrue.

« Si nous voulions des statistiques plus précises, vous verriez qu'en 1760-1761, il paraît, chaque année, quelque cinquante traités, brochures ou mémoires sur l'agriculture. C'est en 1757 que le marquis de Mirabeau publie son *Ami des hommes*, qui fut un livre célèbre. Rousseau lut cet *Ami des hommes*, qui fut longtemps un de ses livres de chevet, un de ceux, très rares, qu'il emportait dans ses asiles successifs. C'est en 1757 que l'on crée la Société d'Agriculture de Bretagne ; c'est dans le courant de 1761 que de nouvelles sociétés d'agriculture se fondent, sociétés dont firent partie les plus grands seigneurs, confondus, pour la beauté du geste, avec des gens qui ne s'intitulent que laboureurs (1)... »

. . . .

LES JEUX POPULAIRES AU MOYEN AGE

« ... Les campagnes jouaient avec passion au jeu de dés : une variété qui se jouait avec trois dés était fort prisée et le gagnant recevait souvent un objet en nature : oie, canard, poule, lapin.

« Le jeu de ballon était très à la mode ; il a reparu sous le nom de lawn-tennis.

« La soule, le plus populaire des jeux de force ou d'exercice au moyen âge. Au xive siècle, il n'allait guère sans plaie et bosse, et ceux qui s'y livraient devaient s'estimer heureux s'ils n'avaient ni œil crevé, ni bras rompu ou jambe cassée.

(1) Daniel MORNET, chargé de cours à l'Université de Paris : *Méthodes littéraires : La nouvelle Héloïse.*

C'est que, bien souvent, il donnait occasion de satisfaire des haines locales séculaires de village à village. Lorsque la partie se jouait entre gens du même pays, c'était d'ordinaire entre les gens mariés et ceux qui ne l'étaient pas. Généralement, un personnage de quelque importance jetait la soule, ou bien un abbé, ou un prêtre, ou un noble, sans doute dans un but de surveillance. Ces exercices avaient lieu surtout pendant l'hiver, à Noël, le 1er janvier, à la Chandeleur, au Mardi-Gras ou à la Mi-Carême. D'après le journal de Gilles Picot, sire de Gouberville dans cette région, paroisse contre paroisse, gens de toute condition et de tout âge se livraient au jeu de soule, le dimanche, avec fureur ; on se disputait la balle avec un tel acharnement qu'on se jetait parfois à l'eau jusqu'au cou pour la rattraper. Le même camp déjeunait parfois ensemble avant la partie : il est à remarquer, en effet, qu'à ces époques de privilège, les classes sont bien moins séparées qu'on ne le voit dans notre temps de démocratie.

« Il y avait, au moyen âge, deux variétés de soule :

« Soule au pied : on poussait du pied le ballon. C'est le foot-ball des Anglais, qui passent pour nous avoir emprunté ce jeu à l'époque de la guerre de Cent Ans.

« Dans une seconde forme du jeu, les joueurs se servaient d'un bâton recourbé au bout en forme de crosse. C'est de ce vieux jeu « chouler à la crosse », que vient le polo, le hockey.

« Avant la Révolution, l'évêque d'Avranches et ses chanoines, munis de crosses et suivis du bas clergé et des enfants de chœur, se rendaient à la grève la plus voisine et jouaient une partie de « hocet » ou de crosserie dont on donnait le signal en sonnant à toute volée la grosse cloche de la cathédrale.

« Les Bretons n'étaient pas moins acharnés. E. Souvestre signale des parties de soule terribles dans la deuxième moitié du xive siècle et même d'autres auteurs en parlent en 1885-1888. On dut défendre le jeu en chaire.

« En 1369, Charles V, désireux d'obtenir chez ses sujets les mêmes résultats qui avaient donné à l'Angleterre les meilleurs archers du monde (tous les villages anglais étaient astreints au tir à l'arc et aux flèches par les édits d'Édouard Ier et d'Édouard III), défendit, sous peine d'amende, presque tous les jeux de hasard : dés, paume, quilles, et ordonna de s'exercer au tir de l'arc et de l'arbalète, d'organiser des concours, de donner des prix, etc...

« Nous voyons des champs de tir en Beauvaisis, dès 1367 (Offoy). En 1382, Gautier de Montchel, châtelain et garde du château d'Étaples, donne un épervier d'argent au meilleur tireur d'arbalète. Juvénal des Ursins note les progrès des Français... L'ordonnance de 1369 peut donc être considérée comme la préface des lettres patentes du 28 avril 1448 qui instituèrent les francs archers, origine de notre infanterie moderne (1). »

ORIGINE DES FÊTES DE MAI

On a donné à la fête de mai, qui eut une si grande vogue au moyen âge, trois origines différentes. Suivant les uns, elle serait un vestige des Floralies que l'on célébrait à Rome, dans les derniers jours d'avril ; selon les autres, elle aurait eu pour point de départ un sacrifice que les Celtes offraient à la divinité pour lui demander d'apaiser la fureur des animaux susceptibles de nuire à leurs troupeaux ; enfin la tradition gothique, qui semble ici rejoindre la coutume romaine, les donne comme une sorte de remerciement pour le retour de la belle saison (Voir Dr Jameson). Elle était universellement célébrée en Angleterre et dans une partie de la France. « Dans les calendes de mai, dit Bourne, il est d'usage que les jeunes gens des deux sexes se lèvent un peu après minuit et vont au bois le plus voisin, en faisant de la musique et en sonnant de la trompe, cueillir des branches et orner les arbres avec des bouquets et des guirlandes de fleurs. Ceci fait, ils retournent avec leurs dépouilles fleuries et les suspendent au seuil des portes. La fin du jour se passe à danser et à chanter autour d'un arbre de Mai placé à l'endroit le plus apparent du village. » L'Église n'avait eu garde d'oublier de baptiser cette coutume d'origine païenne. Souvent l'arbre de Mai était bénit et, presque toujours, la fête comportait un hommage à la sainte Vierge, Reine du printemps.

(1) Siméon Luce.

L'ASSISTANCE DU MALADE A LA CAMPAGNE

MESDEMOISELLES,

Si la distraction elle-même est susceptible d'offrir à l'action charitable de nombreuses opportunités pour le bien, ainsi que nous l'avons vu dans notre dernière conférence, que dire de l'assistance aux malades, aux éclopés, aux souffrants de toutes catégories! Avec celle-ci, nous sommes au cœur de la place. Rien n'attire la reconnaissance de l'agriculteur pauvre comme les services qui lui sont rendus dans ses jours d'infirmité. Il se sent alors tellement impuissant et désarmé! Le soulager, calmer sa fièvre, panser sans répugnance une plaie qui fait horreur à son entourage, c'est vraiment gagner sa confiance et ouvrir son cœur.

Aussi, parmi tous les problèmes que le dévouement de la femme trouve à résoudre à la campagne, n'en est-il pas de plus intéressant que celui de l'assistance du malade, ni de plus décisif pour l'avenir de ses œuvres.

J'en ai dit quelques mots déjà dans une de nos premières causeries, mais je voudrais y revenir cette fois d'une façon plus complète et étudier avec vous comment, avec un minimum de frais, en utilisant toutes les bonnes volontés, plus nombreuses, parfois, qu'on ne pouvait s'y attendre dans un petit village, on arriverait à organiser le service des malades de façon à procurer à ceux-ci les soins attentifs et les petites douceurs qui leur manquent presque toujours, et que la loi commune, dans sa rigidité brutale, doit forcément ignorer. Aux yeux du paysan, en effet, c'est souvent une des supériorités de la ville, une des raisons que, de plus ou moins bonne foi, il met en avant pour émigrer! Les jeunes, ceux qui ont fait leur service militaire dans une ville industrielle, par exemple, ou bien travaillé quelque temps dans une usine avant de revenir au pays, vous disent volontiers : « En ville, si l'on est malade, on a l'hôpital ; en cas d'accident, le dispensaire ; souvent même il y a un poste de secours installé dans l'usine. Ici, rien de tout ça ; le médecin est trop cher, l'hôpital est au chef-lieu.... autant dire en Chine ! Il faut souffrir seul, et personne ne sait seulement vous soigner comme il faut ! »

Ils oublient, pour être impartiaux, de faire la comparaison entre le grand air respiré à pleins poumons, le chaud soleil destructeur des microbes et les tristes taudis de nos grandes villes, pourvoyeurs de la fièvre typhoïde et de la tuberculose. Ils oublient encore l'horreur profonde, instinctive du pauvre pour l'hôpital et les soins mercenaires qu'il y reçoit. N'importe, l'objection vaut d'être retenue, ne fût-ce que pour y répondre victorieusement. Est-il vrai que le cultivateur soit, au point de vue de l'assistance, plus déshérité que l'ouvrier des villes ? En apparence, cela est certain, le compte des soins officiels estampillés par l'administration est vite fait : il y a le médecin et l'assistance gratuite aux indigents, cela représente assurément un grand progrès, mais ce n'est pas assez, car le médecin, qui doit souvent étendre ses visites dans un rayon de

20 à 25 kilomètres, ne peut les multiplier indéfiniment et ayant de gros frais d'essence ou de chevaux, est forcé de les faire payer assez cher. Et puis, entre l'extrême indigence et le bien-être, il y a, à la campagne comme à la ville, la pauvreté décente, laborieuse, qui n'a pas droit aux secours de la mairie et pour laquelle une maladie est toujours une redoutable épreuve.

« Mais comment faisait-on autrefois? diront quelques-uns. Il n'y avait pas de médecin du tout et la santé publique n'était pas plus mauvaise. » Ceci est encore un préjugé moderne. L'autrefois des *époques prospères* (distinction que l'on oublie généralement de faire et à laquelle nos épreuves actuelles donnent cependant un triste regain d'actualité) n'était pas aussi dépourvu de ressources et de secours que l'on se plaît à l'imaginer. Chaque châtellenie possédait, ou du moins devait posséder, un médecin et un chirurgien juré, ayant passé un examen (1). La méthode suivie était celle des Arabes. On saignait à tour de bras, on appliquait force onguents d'une composition bizarre que réprouverait notre asepsie moderne, mais c'était le goût du temps, et le prince, sous ses lambris dorés, était maltraité de la même façon que le plus humble sujet. En outre, le barbier du village avait le droit de soigner « les furoncles et, en général, toutes les plaies qui n'étaient pas mortelles ». Enfin l'exercice de la médecine était libre. Une des plus chères, une des plus constantes traditions de la châtelaine était de soigner les gens de sa maison et les pauvres de son entourage. Les soins élémentaires à donner aux malades et aux blessés, la préparation des remèdes

(1) Siméon Luce, *op. c.* Il est vrai que s'il faut en croire les mémoires, il y avait loin parfois du principe à l'application. L'historien de Mlle de Volvire rapporte qu'en 1673, la ville royale de Ploërmel n'avait pu, depuis un siècle et demi, se procurer un chirurgien.

simples font partie de l'éducation féodale féminine la plus arriérée. Sur ce point, la nécessité et la coutume triomphent du préjugé. Adversaires et partisans de l'instruction des femmes sont d'accord pour placer celle-ci au chevet des malades. Dans les rômans de chevalerie, nulle figure n'est plus familière que celle de la Dame aux tresses blondes, savante en l'art de préparer les herbes salutaires, penchée sur le corps du guerrier blessé. La châtelaine du moyen âge dut faire une terrible concurrence au barbier ! (1)

A travers les siècles, cette habitude persiste jusqu'aux temps modernes : Marguerite de Navarre, Catherine de Médicis (2), Diane de Poitiers, qui ne passent point pour des vertus farouches, ne dédaignent pas de soigner, à l'occasion, leurs filles d'honneur. En certaines régions, ce long passé de dévouement aux malades a laissé tant de souvenirs, que l'instinct populaire attribue encore aux derniers représentants de l'aristocratie locale le privilège de guérir certaines misères : remerciement ingénu pour tant de soins prodigués à travers les âges, langage des faits qui proteste éloquemment contre les

(1) Léon GAUTHIER : *La Chevalerie.*
(2) DE MAULDE-LA CLAVIÈRE : *Les Femmes de la Renaissance.* M. de Maulde ajoute : « L'usage de la médecine fut leur première conquête, l'assise essentielle de leur liberté. Nombre de femmes, notamment des femmes distinguées, qui avaient du loisir pour apprendre et un cœur charitable, exercèrent, pour ainsi dire, la médecine.

....

« Dans les registres des principales maisons françaises, on rencontre toujours un chapitre suggestif, celui des aumônes. L'ingéniosité de l'esprit charitable a beau tendre un voile devant ces quelques lignes volontairement sommaires : on respire, en passant, un parfum de douceur, comme le long d'une sévère muraille on devine, à des bouffées de parfums, les roses et les violettes que l'on ne voit pas. » (*Les Femmes de la Renaissance,* page 92.)

fausses légendes par lesquelles on cherche à noircir le
passé ! Quelques femmes dévouées allaient plus loin :
non contentes de servir de leurs propres mains les
malades, d'étudier pour eux les principes de la médecine et de la chirurgie de l'époque, elles organisaient,
sur leurs domaines, des hospices ou des hôpitaux.
Mlle de Volvire (1), dont le nom demeure, après trois siècles, en vénération dans le Morbihan, avait ainsi réorga-
nisé trois hôpitaux : la Madeleine du Guillier, le Bois-de-
la-Roche et l'hôpital Saint-Yves de Ploermel. Mieux encore, elle s'appliquait à former pour ces hôpitaux, et les
villages qui en dépendaient, un personnel d'infirmières
et de servantes discipliné, sérieux et suffisamment

(1) Anne-Toussainte de Volvire de Ruffec, demoiselle du Bois-de-
la-Roche, née le 1er novembre 1653, morte le 20 février 1694, enterrée
dans l'église de Néant (Morbihan), où son tombeau demeure en vénération après trois siècles. Mlle de Volvire consacra toute sa vie au
service des pauvres et des malades. Après un stage préparatoire à
l'hôpital Saint-Yves de Rennes, elle revint au château du-Bois-de-la-
Roche et étendit bientôt son charitable apostolat à toute la contrée.
« Pendant vingt ans, dit son biographe, elle donne des consultations
gratuites, panse les plaies, visite les fiévreux, fonde des écoles de
village, distribue des vêtements et des remèdes aux plus misérables,
prodigue à tous ses conseils et son affectueux dévouement. Elle
allait partout où sa présence pouvait être utile, déjeunant d'un bol
de lait, dans une chaumière ou à l'ombre d'un vieil arbre, en causant
avec les paysannes. Elle était si indulgente et si douce qu'on lui
racontait volontiers les peines du foyer domestique et on la recon-
duisait pour en parler encore ». Elle réforma les hospices du Guillier
et du Bois-de-la-Roche, qui appartenaient à sa famille, et celui de
Ploermel, qui lui fut confié par la communauté de ville, émerveillée
des résultats obtenus dans les deux premiers. Afin d'assurer le service hospitalier, Mlle de Volvire dut improviser un personnel discipliné,
sérieux, suffisamment instruit. Elle en trouva les éléments dans ce
qu'on appelait alors les « béates », filles des différents tiers-ordres
établis en Bretagne. Elle les réunit au Bois-de-la-Roche et ne négligea
rien pour les former d'après les méthodes en usage à Saint-Yves,
leur apprenant, en même temps, à tenir de petites écoles de campagne,
car le souci de l'instruction du peuple ne lui était pas moins cher

instruit. Deux siècles plus tard, Mlle de la Fruglaye (1) renouvelait, dans une autre partie de la Bretagne, les miracles de dévouement de sa devancière. Lorsqu'on étudie d'un peu près ces vies consacrées au bien du pauvre et du paysan, on demeure étonné, non seulement de la générosité et du constant oubli de soi de ces femmes d'élite — la charité chrétienne nous a depuis longtemps accoutumés à ces merveilles — mais encore et surtout du sens pratique, de l'intelligence des besoins sociaux de l'époque, parfois même de la hardiesse et de la modernité des conceptions que révèlent leurs œuvres. Telle enquête sur le paupérisme en Bretagne, tel rapport sur le choléra de 1832, rédigés par Mlle de la Fruglaye, feraient encore honneur, aujourd'hui, à celle qui les écrivait après les avoir si généreusement mis en pratique !

Il serait facile de retrouver des exemples aussi concluants dans la plupart de nos provinces et, soit dit en passant, pour celles d'entre vous qui aiment l'étude, ce serait une tâche bien attachante et utile que celle de

que le soulagement de ses misères. La charité de Mlle de Volvire s'étendait jusqu'aux pauvres honteux. Elle avait une prédilection pour les cordiers ou caquous, derniers descendants des lépreux, corporation méprisée et à demi sauvage qui végétait dans un faubourg de Ploërmel, préférant à toutes les douceurs de l'hôpital la farouche solitude de ses pauvres réduits. Elle décida ses amies à les secourir et fonda spécialement pour eux l'Œuvre des Dames charitables, visiteuses des indigents à domicile. Sur Mlle de Volvire, consulter : *Vie des Justes*, abbé CANNON ; *Vie des Saints de Bretagne*, abbé THESVAUX DE FRAVAL ; *Anne-Toussainte de Volvire*, par I.-M. TURPIN (1906).

(1) Marie-Hyacinthe-Pauline de la Fruglaye, née le 30 juin 1808, au château de Kerduel, près Lannion, religieuse de la Congrégation de Notre-Dame en 1850, morte au monastère des Oiseaux, le 27 avril 1862. On lira avec intérêt dans sa vie (publiée par la Librairie catholique, 23, rue Cassette) les chapitres intitulés « Pauvres et Choléra » et « Œuvres diverses », qui résument bien l'action charitable et sociale de Mlle de la Fruglaye en Bretagne avant son entrée au couvent.

faire sortir de l'ombre ces douces figures du passé, non
pour exalter celui-ci au détriment du présent, chaque
siècle a ses gloires et notre temps n'en manquera pas ;
mais pour nous encourager à l'action par le spectacle
des difficultés vaincues et des efforts tentés. Ce qui était
possible sous Louis XIV ou sous Louis-Philippe est-il
donc irréalisable aujourd'hui, alors que nous nous
trouvons dans des conditions infiniment meilleures au
point de vue des communications et des ressources
médicales ?

En somme, que manque-t-il au cultivateur souffrant
pour n'avoir rien à envier au citadin ? Il lui manque,
hélas ! ce que l'on pourrait appeler « le confort de la
maladie », c'est-à-dire, dans les cas graves, une installation commode, du calme, du silence, la garantie que
les prescriptions du médecin seront convenablement et
rigoureusement appliquées ; dans les cas bénins, des
soins immédiats et éclairés à petite distance de chez lui.
Cet idéal modeste serait facilement réalisé par le petit
hôpital cantonal, si rare encore en France et qui rendrait
tant de services dans les campagnes ! Pourquoi la générosité française, si grande dans toutes nos provinces,
n'est-elle pas attirée davantage vers ces modestes établissements d'assistance ? On objecte, et non sans raison, il
est vrai, que multiplier les fondations charitables pour
le bénéfice d'une collectivité restreinte est bien coûteux
et que, d'autre part, un tel hôpital risquant de n'avoir
jamais ou bien rarement son complet de malades,
finirait par végéter même au point de vue médical. Je
ne méconnais pas la valeur de ces difficultés, que je
crois pouvoir résoudre en disant que ce qu'il nous
faudrait dans nos cantons ce n'est pas, à proprement
parler, *un hôpital,* mais un dispensaire augmenté de
quelques lits desservis par une ou deux infirmières. Ce

serait beaucoup plus simple et suffisant. — Mais il y a
l'hôpital du chef-lieu ou même celui de l'arrondissement ? D'abord la commune, sur laquelle pèse trop
souvent la charge de l'entretien du malade, ne l'y envoie
pas volontiers, puis le cultivateur se résigne difficilement à s'éloigner des siens. Il ne s'y décide que dans
le cas d'une opération grave, et, cependant, il y a une
foule de circonstances où un repos de dix, quinze jours
lui ferait grand bien. A l'hôpital du chef-lieu, il se
trouve d'ailleurs bientôt dépaysé, dans un milieu qu'il
pressent hostile ou tout au moins peu indulgent à ses
gaucheries. L'air lui manque, la discipline lui pèse, il n'a
pas de visites comme les autres, il s'ennuie et, le plus tôt
possible, il rentre chez lui, non pas guéri, mais dégoûté.
L'impression serait tout autre si l'hôpital était au village
même ou du moins au chef-lieu de canton. Là, point de
voyage pénible, point de dépaysement à craindre ; il
suffirait d'ouvrir les fenêtres pour respirer l'air natal.
Le dimanche, la femme et les enfants viendraient passer
une heure auprès du pauvre infirme : on lui rendrait
compte du travail de la semaine ; il aurait ainsi l'illusion de diriger ses affaires et s'abandonnerait paisible-
ment au repos qui lui est nécessaire.

Reste l'objection du prix élevé que représente cet
hôpital, si modeste que soit son installation. Il est
certain que, réclamer l'organisation administrative de
ces dispensaires-hôpitaux, à l'heure actuelle, alors que
tant d'autres dépenses plus pressantes sollicitent
l'attention des pouvoirs publics, serait inopportun (1)

(1) Il est à remarquer, cependant, que le grand élan donné à la lutte
antituberculeuse par la mission Rockfeller a mis la question à l'étude
et que l'on cherche aujourd'hui, dans plusieurs départements, à réaliser,
sous une forme très simple, des dispensaires ruraux et même des
stations pour tuberculeux susceptibles de travailler pendant quelques
heures chaque jour,

et chimérique. Mais si les budgets d'État ont leurs limites, la charité n'en a point : ses générosités sont royales ! Peut-être cette forme de bienfaisance tentera-t-elle quelques âmes d'élite. L'hôpital cantonal gratuit pour les indigents, à très bon marché pour tout le monde, très simple, très modeste, pouvant contenir cinq à dix lits, au maximum, avec sa petite salle d'opération nette et propre et son dispensaire-annexe, transformerait, en outre, la médecine rurale en permettant au jeune médecin de tenter une foule d'opérations qu'il hésite à faire dans le milieu malsain où vit d'ordinaire le malade.

Mais, après tout, me diront peut-être quelques-unes d'entre vous, est-il si nécessaire d'isoler le malade ? Pourquoi le séparer de sa famille? Ne peut-il être soigné chez lui par les siens, même en cas de maladie grave, et n'est-ce pas le premier devoir de l'épouse que d'entourer de ses soins dévoués le compagnon de sa vie ?

Certes, la femme est la gardienne naturelle de la santé de la famille, et dans nos écoles primaires comme dans nos écoles ménagères, nous ne saurions prendre trop de peine pour la préparer à ce rôle, mais il suffit d'avoir vu de près la vie d'une ménagère rurale dont les enfants sont jeunes pour se rendre compte qu'il lui est quasi impossible d'ajouter à sa tâche quotidienne, souvent excessive, la surveillance attentive d'un grand malade. Aussi, dans la pratique, celui-ci est-il presque toujours confié à une vieille femme ignorante, incapable d'observer les symptômes dangereux, d'administrer les remèdes en temps voulu, en un mot, de prêter au médecin un concours de quelque valeur. La famille n'ayant à sa disposition qu'une pièce unique, deux tout au plus, le patient vit au milieu du bruit et des courants d'air, risquant, en cas de maladie contagieuse, d'en communiquer le germe à tout ce qui l'entoure, dormant mal le jour et, la nuit, empêchant les travailleurs, lassés par la besogne du jour, de reposer convenablement.

On sait combien la médecine moderne recommande avec insistance l'isolement des malades et la désinfection en cas d'épidémie. Or, l'un et l'autre sont pratiquement impossibles, à l'heure actuelle, dans un grand nombre de nos habitations rurales.

A défaut d'hôpital, si celui-ci paraît décidément trop difficile à établir, ayons au moins le dispensaire, aussi modeste, aussi simple que l'exige, s'il le faut, la modicité des ressources locales. Que ce mot, Mesdemoiselles, n'évoque point devant vos esprits prévenus les installations élégantes et raffinées des expositions d'hygiène où des cliniques de grande ville ; on peut faire de très bon travail avec une simple armoire de pharmacie, une table, quelques cuvettes soigneusement flambées, un ou deux fourneaux ou étuves à alcool pour faire bouillir compresses et instruments, installation de fortune qui occasionnera le minimum de frais. Il n'est même pas besoin que le dispensaire ouvre tous les jours. Une consultation du docteur par semaine, trois séances de deux à trois heures chacune, suffiraient, au début, et pourraient, au besoin, se combiner avec le service d'hospitalisation si le dispensaire disposait de quelques lits pour des malades couchés.

Une des premières difficultés qui se présentent à l'esprit, c'est évidemment celle du recrutement du personnel. Où trouver des infirmières dévouées, capables, peu exigeantes comme rétribution ? Ici, hélas! comment ne pas regretter ce passé, si proche encore, où presque chaque commune avait sa Sœur des malades. Cette Sœur visitait le patient chez lui, elle s assurait que les prescriptions du médecin avaient été exécutées, au besoin, elle le faisait appeler de nouveau. Sa longue expérience lui permettait de soigner seule, avec une compétence à laquelle le médecin lui-même rendait hommage, une foule d'indispositions légères. Pauvre Sœur, vivant de rien, vénérée de tous, elle passait avec un bruit d'ailes, vivant symbole de la charité qui s'ignore, et dont les pas laissent partout un sillon de lumière.

C'est elle que je verrais volontiers à la tête de notre petit dispensaire, aidée, au besoin, de quelques jeunes filles de bonne volonté. Grâce aux persévérants efforts de nos trois Sociétés de la Croix-Rouge, nous possédons aujourd'hui un grand nombre de jeunes infirmières diplômées et auxquelles la guerre a donné, hélas ! une expérience qui vaut plus que tous les diplômes. Au lendemain des hostilités, beaucoup reviendront chez elles, à la campagne, et peut-être, en évoquant les fiévreuses journées de l'ambulance, la vie mouvementée et pittoresque du front, leur existence paisible leur semblera-t-elle monotone et dénuée d'intérêt. Qu'elles jettent alors un regard de pitié clairvoyante sur ce qui les entoure, elles verront que les occasions de se dévouer ne manquent jamais quand on sait les chercher. La douleur se retrouve partout : le cultivateur, ce soldat de la terre, est-il moins intéressant parce qu'il a quitté l'uniforme ? Ah ! quel bien ces jeunes infirmières de 1914 à 1918 pourront faire autour d'elles, si elles le veulent !

Imaginons notre petit dispensaire administré par une bonne Sœur, une dame ou une vieille demoiselle — le costume importe peu, pourvu que l'*expérience* et l'*âge*, qui assurent la respectabilité, y soient — aidées d'une ou deux jeunes filles du voisinage qui prêtent leur concours, de façon à assurer la régularité parfaite du service : voilà l'œuvre assurée de réussir avec le minimum de frais.

Grâce à ces jeunes filles instruites, expérimentées, capables, au besoin, de remplir le rôle de monitrices, il deviendra même possible de reprendre, en quelques endroits, l'idée si féconde de Mlle de Volvire en la modifiant pour l'adapter aux besoins de notre temps et de former des journalières gardes-malades pour les familles rurales.

— Pourquoi ces gardes-malades ? dira-t-on. L'infirmière ne suffit donc pas ?

Oui et non, car si l'infirmière peut et doit venir fréquemment chez le cultivateur, elle ne peut guère, étant donnée la promiscuité totale dans laquelle vivent nos paysans, s'y installer à demeure. Ce qu'il faut à ceux-ci, ce sont des gardes-malades de leur milieu, ayant les mêmes habitudes, qui vivent à la ferme sans gêner et sans être gênées. Ce rouage est si nécessaire, qu'en fait, nous le retrouvons partout. C'est la vieille femme que nous entrevoyions tout à l'heure au chevet du patient ; seulement elle ne sait rien... Instruisons-la, elle rendra de réels services.

Il est évident que l'on ne saurait donner ni demander à ces femmes un bagage théorique inutilisable et encombrant. Tout, dans leur formation, doit viser au concret, au pratique : qu'elles apprennent, par exemple, à faire le lit d'un malade, à le changer sans le refroidir, à le laver, à le réchauffer convenablement, quelques petites industries qui permettent de l'alimenter ou de lui faire accepter un remède désagréable. Qu'on leur montre à poser des ventouses, un cataplasme, à donner un lavement, à confectionner une tisane, prendre la température, faire une piqûre ordonnée par le médecin.

Qu'on les dresse enfin à observer et à rendre compte de quelques symptômes alarmants, c'est à peu près tout (1). Sans doute, l'infirmière ou la bonne Sœur feraient tout ceci avec plus de soin et de conscience, mais notre journalière couchera sans répugnance avec une fille de la maison, dans la chambre commune à tous; elle donnera un coup de main quand l'ouvrage presse ; au besoin, elle traira les vaches ou préparera la nourriture du cochon, tous services qu'on ne peut demander à l'infirmière. Aussi, partout où elles existent, ces gardes-malades rustiques sont-elles fort appréciées. Si, momentanément, il n'y a point de malades dans la commune, elles se louent comme travailleuses et, de toutes façons, leur vie est assurée. Il va sans dire que leur science ne dépassant pas celle que toute bonne mère de famille devrait posséder, il n'est jamais question pour elles d'entrer en concurrence avec l'infirmière.

Ainsi complétée par l'hôpital et le dispensaire, l'assistance du malade à la campagne, contrôlée et dirigée par le médecin, partout où sa présence est utile, exercée avec zèle, avec amour, par des infirmières instruites et des gardes-malades dociles, n'aurait plus rien à envier aux luxueuses créations des grandes villes. L'agriculteur souffrant, rassuré et confiant, garderait, en outre, le royal privilège du soleil, de l'espace et de l'air pur que tant de riches citadins sont contraints de venir chercher chez lui au prix d'onéreux sacrifices.

____

(1) Ces détails paraissent puérils à ceux qui ne connaissent que nos provinces riches. Hélas ! il n'y a que trop de villages où ils sont complètement inconnus.

LA SOCIÉTÉ DES AGRICULTEURS DE FRANCE

ET LES

ŒUVRES AGRICOLES FÉMININES

LA SOCIÉTÉ DES AGRICULTEURS DE FRANCE
ET LES ŒUVRES AGRICOLES FÉMININES

Mesdemoiselles,

Après vous avoir si souvent et si longuement parlé des « œuvres de la campagne », il m'a semblé que le tableau des différentes initiatives que nous venions d'examiner ensemble serait bien incomplet et présenterait une grave lacune si, avant de terminer cette série de conférences, je ne vous disais quelques mots d'une grande association uniquement consacrée à la défense des intérêts agricoles, association qui a travaillé plus que toutes les autres à l'éducation, à la formation, au bien-être du cultivateur, inspiré ou encouragé la plupart des mesures prises en sa faveur par les pouvoirs publics et les individus, qui enfin s'est montrée partout l'interprète qualifié, le véritable représentant de la profession, c'est-à-dire la *Société des Agriculteurs de France* (1). Oublier le rôle de celle-ci depuis trois quarts de siècle, ce serait méconnaître des efforts généreux qui honorent singulièrement la classe si nombreuse et

____
(1) Siège social 8, rue d'Athènes, Paris,

parfois si mal jugée des propriétaires ruraux, grands et petits ; ce serait, en même temps, commettre une grande injustice, car rien n'est ingrat, pénible, difficultueux comme le travail de précurseur.

On parle longtemps dans le désert, et lorsqu'après des années de patients efforts la semence germe enfin, lorsque l'idée fraîche et vivante jaillit à la fois d'une multitude de consciences, elle échappe à son premier auteur et devient le bien de la collectivité tout entière. Il se passe en ce moment, il faut l'avouer, quelque chose de semblable pour ce mouvement d'idées et d'aspirations que résume d'une façon générale la formule le « Retour à la terre ».

Sous la pression de la nécessité, les plus indifférents au sort des campagnes s'occupent aujourd'hui de leur dépeuplement ; partout on cherche à l'enrayer, partout on propose des solutions efficaces, immédiates, définitives. Devant ce débordement de ligues, de projets et de contre-projets, des organisations qui ont fait leurs preuves, auxquelles une longue et coûteuse expérience a appris les difficultés de l'entreprise, dont l'unique but, depuis des années, est de provoquer et de faciliter ce retour, risquent de paraître aux non initiés un peu inactives et somnolentes. On oublie que cette mentalité avertie du danger est en grande partie leur œuvre. Pour que certaines tentatives, aujourd'hui couronnées de succès, puissent se produire, il a fallu d'abord convaincre leurs futurs auteurs. C'est à ce travail ingrat que la Société des Agriculteurs de France s'est consacrée, depuis trois quarts de siècle. L'histoire des services rendus par elle à l'agriculture déborderait de toutes parts le cadre de cette modeste conférence, mais il est un côté de son action qui n'a peut-être pas été suffisamment mis en lumière : ce sont les efforts incessants que cette Société

a faits, depuis la guerre de 1870, pour intéresser les
femmes aux travaux de la campagne.

A part de rares exceptions, les personnes même qui
s'intéressent le plus aux choses de la campagne ignorent
tout de ce passé si proche encore et qu'il leur serait
cependant utile de connaitre pour s'expliquer la genèse
de certaines œuvres rurales et augurer favorablement
de leur avenir. En effet, la plupart des idées qui nous
reviennent aujourd'hui comme neuves, des œuvres que
nous croyons découvrir ont été, de longue date, étudiées
par la Société des Agriculteurs de France. Orphelinats
agricoles, fermes-écoles, petites-familles, enseignement
agricole supérieur des femmes, enseignement de l'horticulture dans les écoles de jeunes filles, soins ménagers,
école de laiterie, chacune de ces questions a fait l'objet
de rapports détaillés, circonstanciés, portant l'empreinte
des choses vues. Nous avons donc là l'expérience des
faits consacrés par l'approbation d'hommes compétents
aussi distingués par leur mérite que par leur dévouement
aux agriculteurs. Ces hommes n'étaient pas des isolés :
ils avaient une femme, des filles, des sœurs avec lesquelles ils partageaient leurs préoccupations et leurs
espérances. Tous ceux qui connaissent le véritable foyer
français savent combien l'intimité y est grande, les
désirs communs, les aspirations confondues, à la campagne surtout, où la vie se prête davantage au recueil-
lement et à la solitude en famille. Ainsi la Société des
Agriculteurs de France, fondée tout d'abord pour des
hommes et par des hommes, exerçait indirectement
et sans y prétendre sa bienfaisante influence sur la
femme.

Mais elle était trop avertie de l'importance du rôle
de la paysanne dans l'agriculture, trop réaliste, au
meilleur sens du mot, pour se borner là et refuser

l'entrée de ses réunions à des collaboratrices désireuses de s'instruire. Les quatorze sections de la Société, qui embrassent toutes les questions intéressant l'agriculture, depuis l'élevage jusqu'à la législation rurale, leur furent ouvertes dès l'origine (1). Elles pouvaient, elles peuvent toujours y trouver un enseignement supérieur agricole donné par des spécialistes, et que continue, pour celles qui sont éloignées, un bulletin mensuel. Les sessions annuelles résument les travaux de chaque groupe. Elles sont peu nombreuses et cela est fort bien vu, car le véritable cours d'agriculture est aux champs. Le praticien ne se forme vraiment que là, de même que le soldat n'apprend la guerre que sur le terrain.

Parmi les sections de la Société des Agriculteurs de France, l'une d'entre elles, celle de l'enseignement, a particulièrement fait appel au concours de la femme. C'est donc en étudiant les rapports de la Section d'enseignement depuis 1870 que nous pourrons nous rendre compte où en était alors la question et quels efforts gigantesques il y avait à faire pour l'amener au point où elle se trouve aujourd'hui.

Si l'histoire ne se répète jamais entièrement, il y a forcément des analogies entre deux époques soumises aux mêmes épreuves. Après la guerre, il y eut, comme aujourd'hui, un grand élan vers les œuvres de réparation, de rénovation, de reconstitution. La France, blessée dans sa chair vive, se retourna, comme Antée, vers la terre consolatrice, afin de reprendre de nouvelles forces.

(1) Les sections, au nombre de quatorze, sont ainsi réparties : 1° agriculture ; 2° bétail et industrie laitière : 3° viticulture ; 4° sylviculture ; 5° horticulture et pomologie; 6° génie rural; 7° industries agricoles ; 8° entomologie, sériciculture, apiculture, pisciculture ; 9° économie et législation rurales ; 10° enseignement agricole ; 11° production chevaline ; 12° relations internationales et coloniales ; 13° aviculture et industries annexes; 14° transports.

Au point de vue agricole, la situation était-elle meilleure ou pire ? A lire les doléances des rapporteurs, le jugement demeure incertain... Déjà le mouvement de désaffection des campagnes, la fuite éperdue vers les villes ont commencé un peu partout. On se plaint de la répugnance croissante des femmes et des jeunes filles pour les travaux de la ferme. En Gironde, et sans doute ailleurs, « les filles d'agriculteurs font stipuler, dans leur contrat, qu'elles ne feront point de culture » ; dans l'Est, M. Tisserand signale, avec douleur, un pensionnat, dit *agricole*, où les élèves sont éloignées d'une superbe vacherie par la défense expresse de leurs parents (1).

Les faits ne répondent que trop à l'état des esprits : en bas, dans le milieu des journaliers agricoles, c'est l'exode continuel vers l'industrie ou le service domestique des villes ; à mi-côte, chez les agriculteurs aisés, il y a pénurie de bonnes ménagères, de femmes voulant et sachant remplir leur rôle professionnel ; en haut, dans la classe dirigeante, l'indifférence grandit pour une population rurale moins connue, moins docile, souvent, hélas ! moins attachante. La Section d'enseignement voit le danger et se préoccupe aussitôt de le combattre. Ce n'était point chose aisée !... Il ne s'agissait de rien moins que de refaire, en la reprenant par la base, l'éducation des futurs agriculteurs. Nous y travaillons encore !... Par l'école primaire, alors plus accessible qu'aujourd'hui aux influences privées, on pouvait atteindre l'enfant, fille ou garçon, tourner sa jeune intelligence vers les choses de la campagne, mettre à sa portée des notions techniques élémentaires, sans doute, mais susceptibles, cependant, de vivifier l'enseignement pratique de la maison, et surtout d'inspirer au futur

(1) Voir notamment une enquête faite en 1869.

agriculteur le désir d'en savoir davantage et de se perfectionner un jour dans les travaux de sa profession.

Il convenait, en outre, que la femme, qui, si souvent,
a eu une grosse part de responsabilité dans l'abandon
de la terre, recût une formation ménagère et agricole
aussi complète que possible.

Enfin, comme l'exemple doit toujours venir de haut,
la Section devait s'efforcer d'atteindre l'élément féminin
des classes dirigeantes et d'en faire l'agent propagateur
du progrès. Ce triple programme a été fidèlement rempli.
Sans négliger le dernier point, ce fut, tout d'abord, à la
réalisation des deux premiers que s'attacha la Section.
Les circonstances l'y engageaient, les pouvoirs publics,
bien disposés, inclinaient les instituteurs à seconder ses
vues. Son champ d'action s'élargissait d'autant plus
que, par suite de cruelles nécessités de la guerre, de
nombreux orphelinats de filles et garçons, spécialement
agricoles, se créaient un peu partout et étaient, de par la
volonté de leurs fondateurs, placés sous le patronage de
la Société des Agriculteurs de France. Celle-ci pouvait
donc agir à la fois sur les écoles et les orphelinats, et
elle ne s'en fit pas faute.

D'année en année, la Section multiplie les démarches
afin que les programmes de l'enseignement primaire
destinés aux campagnes soient revisés dans un sens
plus favorable à l'agriculture. Elle ne se contente pas
de vœux stériles, elle publie des tracts, distribue des
subventions, stimule le zèle des instituteurs par des
récompenses et des distinctions honorifiques, institue
des examens agricoles et ménagers sanctionnés par des
diplômes pour les filles et les garçons, examens pour
lesquels le nombre des candidats ne cesse de s'accroître
depuis cette époque.

Il serait fastidieux d'entrer dans le détail de toutes

ces démarches ; quelques dates et quelques chiffres
suffiront à montrer l'activité de ces années fécondes.

En 1874, par exemple, la Section émet le vœu de voir
se modifier le règlement des écoles primaires rurales
des deux sexes de telle sorte que, dans chaque commune,
on puisse concilier, par la fixation des heures de classe
et de l'époque des vacances, les exercices classiques
avec les travaux des champs.

1877. — La Section examine l'opportunité de n'avoir
qu'une classe du matin en été, de façon à laisser l'enfant
au travail des champs dans l'après-midi (1).

1880. — Rapport de M. Poisson constatant l'absence
de tout enseignement agricole dans les écoles de filles en
général.

1881. — M. Joly entretient la Section de la tendance
qui se manifeste de donner l'instruction horticole aux
femmes, tendance que le rapporteur approuve entièrement... La Section émet le vœu qu'il soit donné un
cours d'économie domestique dans toutes les écoles de
filles, et que l'enseignement agricole soit introduit dans
les écoles primaires.

1884. — Institution d'un prix annuel de 2.000 francs
fondé par M. Godard, de Bordeaux, pour être distribué
aux instituteurs laïques de cinq départements (Gironde,
Charente, Charente-Inférieure, Landes et Dordogne)
qui, par leur enseignement, la tenue de leurs jardins,
auront fait l plus d'efforts pour développer chez leurs
élèves le goût de l'agriculture et auront obtenu les
meilleurs résultats (le prix peut être attribué à des institutrices dans les mêmes conditions qu'aux instituteurs).

---

(1) Hélas ! nous attendons encore l'application de cette mesure,
qui serait aussi profitable à l'instruction des enfants qu'aux intérêts
des agriculteurs.

Sous l'énergique impulsion du Frère Abel, les Frères de Ploërmel, en Bretagne; de la Doctrine chrétienne, un peu partout, et les Sœurs directrices des petites écoles de campagne se font les agents de diffusion de cet enseignement. En 1893, le Frère Abel constatait qu'en Bretagne seulement, plus de 75 écoles libres donnaient une sorte d'enseignement ménager et agricole aux enfants de la classe ouvrière (1).

En 1894, les seuls départements du Finistère, Morbihan, Ille-et-Vilaine 'présentaient 888 élèves aux examens, dont 725 reçus.

En 1895, la seule Union du Nord-Est faisait passer des examens agricoles à plus de 200 jeunes filles. La même année, un rapport constate qu'un grand nombre d'écoles libres du Morbihan et de l'Ille-et-Vilaine donnent, un jour par semaine, une direction agricole à tous leurs exercices. Dictées, problèmes, leçons de choses roulent : 1° sur la fermière dans son ménage ; 2° dans son jardin; 3° aux champs.

Quant aux garçons, l'enseignement théorique donné par le maitre d'école comprend quarante-deux leçons, de façon à ce que le même cours soit refait deux à trois fois pendant les années que l'enfant passe à l'école. L'enseignement pratique est obtenu par des promenades dans une exploitation dont le plan est placé dans l'école. Sur ce plan est indiquée, en couleur différente, chaque sole de l'assollement. On préconise aussi l'emploi du cahier-archive, dont une copie reste à l'école.

L'enseignement donné porte, on le voit, le cachet pratique des œuvres des Frères. Pour le faciliter, ils

(1) Voir, sur les écoles bretonnes, les communications du Frère Abel aux séances de 1893-1894-1895.

publient une série de manuels destinés aux garçons et aux filles que la Société répand à des milliers d'exemplaires (1).

Chaque année marquait un progrès, lorsque la persécution, en supprimant une quantité d'écoles libres, vint contrarier ce mouvement plein d'espérances en même temps qu'elle dispersait les maîtres dévoués qui s'en étaient faits les propagateurs. La Société a cependant cherché à le maintenir partout où cela a été possible. Prix et diplômes sont indifféremment délivrés aux instituteurs laïques et libres, pourvu qu'ils remplissent les conditions exigées.

En 1916, au milieu des terribles difficultés dues à la guerre, nombre d'écoles présentaient encore avec succès leurs élèves aux examens de l'Union centrale du Sud-Est. Tout en favorisant de tout son pouvoir l'enseignement agricole donné dans les écoles primaires, la Section d'enseignement s'inquiétait aussi de la formation de la jeune fille au point de vue ménager rural. Là aussi il y avait beaucoup à faire. Dès 1869, une enquête faite à peu près dans toute la France avait constaté les déplorables lacunes de l'éducation féminine. « Rien n'est fait dans le but de leur rendre attrayante la vie rurale, concluaient mélancoliquement de nombreux rapporteurs. On leur apprend à coudre et à broder, mais beaucoup d'entre elles ne savent pas traire convenablement une vache. »

Pour remédier à cette situation, un des membres les plus actifs de la Section d'enseignement, Mme la baronne de Pages, réclamait, dès lors, la création d'un institut agricole, une sorte de « Saint-Denis rural » destiné à

____

(1) *Manuel d'agriculture pratique : Leçons d'agriculture destinées aux jeunes filles.* 11.000 exemplaires étaient déjà écoulés en 1896.

assurer le recrutement des maîtresses d'écoles primaires agricoles (1).

En 1874-1876-1881, la question revient sans cesse à l'ordre du jour. Mme de Pages soumet à la Section un programme très complet, très judicieux, qui eût assuré à la France la priorité du mouvement agricole féminin.

Dans sa session générale de 1881, la Société des Agriculteurs de France émet encore le vœu que « l'État favorise, dans chaque département, l'établissement d'une école spéciale d'agriculture pour les jeunes filles ».

Pour apprécier ces initiatives à leur valeur, il faut les replacer à leur date. En 1869, qui songeait en France, et même en Europe, à l'instruction professionnelle des femmes ? Ce projet dut paraître singulièrement hardi et irréalisable..... Peu à peu, cependant, l'idée faisait son chemin ; le rêve de Mme de Pages a été repris bien des fois (2) : çà et là, quelques timides essais ont été tentés. Ils n'ont pas donné de résultats bien décisifs. Si désirable, d'ailleurs, qu'apparaisse une création de ce genre, on ne saurait se dissimuler les difficultés d'un premier établissement qui sera forcément très coûteux, au début, pour le petit nombre d'élèves sur lequel il est prudent de compter (3).

(1) Rapport de Mme de Pages. *Bulletin administratif du Ministère de l'Instruction publique*, N° 161 (1859). Projet de création d'une école d'agriculture pour jeunes filles (1880). Session générale de 1881. Vœu de M. Lepargneux tendant à la création des écoles d'agriculture de filles, pages 477-478. La baronne de Pages, chargée par le gouvernement d'inspecter les colonies pénitentiaires agricoles, envoyée en Hollande pour étudier le fonctionnement des Écoles de laiterie, était mieux documentée que personne pour assurer cette fondation.

(2) Rapport de Mme Duclos, 21 février 1901. Projet d'une école d'agriculture pour jeunes filles, 17 mars 1908. Communication de Mlle Maugeret, 19 mars 1908.

(3) Une nouvelle et très intéressante tentative de création d'une École d'agriculture pour jeunes filles est faite, en ce moment, par Mlle Thome, avec toutes les chances de succès.

Aussi, tout en accueillant avec l'intérêt qu'ils méritent ces projets et ces tentatives, en les encourageant de son attention et de ses éloges, la Section d'enseignement a cherché tout d'abord le moyen de faire œuvre utile, pratique, dans une sphère plus modeste, en insistant sur la formation à donner aux orphelines dans les établissements placés sous son patronage. Elle cherche, par exemple, à aider l'abbé Cestac, qui a fondé, près de Bayonne, une exploitation où les femmes repenties non seulement labourent, entretiennent le jardin, soignent les animaux, mais font encore les terrassements et forgent elles-mêmes les outils dont elles se servent (1). Cet exemple est suivi par le refuge de Darnetal, près de Rouen, création de la Mère Marie-Ernestine, par les directrices de l'orphelinat de Smermesnil (Seine-Inférieure), de Bezouotte (Côte-d'Or). A côté de ces établissements, véritables écoles professionnelles agricoles, d'autres maisons, en grand nombre, ne pouvant faire les frais d'une installation aussi complète, se contentent d'enseigner aux jeunes filles les travaux de la maison, du jardin et certaines besognes peu fatigantes qui demandent surtout du soin et de la patience, comme le sarclage, le fanage, la cueillette des fruits et des légumes, les travaux délicats de la vigne.

Au sujet de ces deux méthodes, une discussion des plus intéressantes s'engage, à plusieurs reprises, entre les membres de la Section. Quelle est l'étendue du rôle à donner à la femme dans l'agriculture? Convient-il de l'initier à des travaux qui dépassent habituellement ses forces? Les avis sont partagés; cependant, la plupart

(1) Il est curieux de rapprocher de cette pratique les résultats obtenus dans les usines de guerre de 1914 ou 1918, dans lesquelles certaines femmes sont devenues des tourneuses émérites et quelques-unes ajusteuses.

des orateurs jugent que le rôle de la femme dans une exploitation est différent de celui de l'homme ; une étude complète de l'agriculture lui serait, pensent-ils, à peu près inutile. En revanche, ils conseillent vivement de lui apprendre la taille des arbres, la floriculture, la conservation des fruits, car, en général, le soin du jardin est confié à la fermière (1).

Un point que la neuvième Section s'est toujours efforcée de mettre en lumière, c'est la nécessité de l'enseignement ménager pour les jeunes filles. Elle s'en préoccupait, on l'a vu, dès avant 1870, insistant, chaque année, pour que des leçons d'économie domestique fussent données aux petites filles de la classe laborieuse, afin, répétait-elle, de « les mettre partout en mesure de profiter de ces quatre degrés d'aisance du pauvre chers à Le Play : un jardin, des poules, un porc et une vache ».

Aussi, lorsqu'à partir de 1902, se produisit la grande floraison des écoles ménagères, la Section était-elle toute prête à les accueillir et à les patronner en connaissance de cause. Non contente de collaborer avec l'École normale de la rue de l'Abbaye, qui réalise admirablement ses désirs et ses vues, elle a toujours accueilli avec bienveillance toutes les initiatives de ce genre qui visaient à l'amélioration du foyer par une meilleure instruction donnée à la femme.

En 1907, un Congrès tenu à Angers, sous les auspices de la Société des Agriculteurs de France, révélait enfin au public un enseignement ménager libre, plein de promesses pour l'avenir. A ces résultats, la Section avait largement contribué. Dans un temps où les notions d'enseignement ménager et professionnel féminin

____

(1) En séance de 1887, M. Joly développe les raisons qui invitent à donner à la femme une éducation agricole soignée.

avaient virtuellement disparu de nos programmes scolaires et même de l'éducation du foyer, elle avait périodiquement rappelé l'attention sur ces problèmes, insisté sur leur urgence, étudié les méthodes qu'il convenait de donner à cette formation et préparé ainsi inlassablement le mouvement de renaissance et d'épanouissement qui, à l'aurore du xxᵉ siècle, devait multiplier, dans toutes nos provinces, les écoles ménagères rurales (1).

Il lui restait un dernier effort à faire pour atteindre les femmes des classes dirigeantes et éveiller en elles le sens des responsabilités que donnent la fortune, le loisir, la compétence. Sans doute, dès l'origine, quelques-unes avaient partagé ses travaux ; mais, à cette époque, l'influence de la femme s'exerçait surtout au foyer et il n'était guère admis qu'elle prît la parole dans une réunion publique, fût-ce pour la meilleure des causes.

Le temps avait marché, cependant, et la création d'un groupe spécial de dames s'intéressant aux œuvres rurales s'imposait. Déjà, au sein même de la Société, l'Union centrale des Syndicats, qui est, on le sait, l'organe de groupement des innombrables associations qui se rattachent à la Société des Agriculteurs de France, donnait l'exemple. Le contact journalier de l'Union avec les agriculteurs lui avait montré bien vite les lacunes de l'éducation de la femme paysanne et la nécessité, pour y remédier, de recourir à ses protectrices habituelles.

En 1905, un rapport très applaudi du marquis de Marcillac, au Congrès de Périgueux, précisait, dans toute son ampleur, le rôle que l'on attendait de la femme dans les Syndicats. Dans les années qui suivirent, en 1906,

____

(1) Les notes jointes à ce chapitre sont le témoignage de cette action féconde.

au Congrès provincial de Vannes ; en 1907, à Angers ; en 1909, à Nancy ; en 1911, à Toulouse ; en 1913, à Nice, cette question revint sans cesse à l'ordre du jour, devant un public de plus en plus enthousiaste. Quel que soit le sui ' des rapports, qu'ils traitent des écoles ménagères, comme à Nancy, des industries agricoles féminines, comme à Toulouse, ou de l'influence sociale de la femme du propriétaire, comme à Nice, le but est toujours le même : inspirer à celles à qui leur fortune et leur longue résidence à la campagne donnent une autorité réelle sur leur entourage, le désir de se rendre utiles, de participer au labeur social de leur mari et de mériter, avec lui et comme lui, l'estime qui s'attache aux services rendus.

Sans doute, il n'y avait rien là de bien nouveau. Le dévouement et la charité sont de toutes les générations ; dans un pays comme le nôtre, imprégné jusqu'aux moelles de christianisme, en dépit des apparences, des centaines de jeunes filles apprennent, dès le berceau, à exercer ce bienfaisant patronage, et telle obscure rurale, qui n'a jamais entendu parler du rôle social de la femme, en remplit, sans le savoir, toutes les obligations.

Mais pour un grand nombre cependant, plus éloignées, par leur vie et leurs habitudes des agriculteurs, une initiation préalable s'imposait. Elles réclamaient, d'ailleurs, des directions et des conseils. Pour répondre à ce désir, l'Union centrale créa, en 1911, une Section de Dames attachée depuis à la Section d'enseignement. En fait, ce Comité des Dames existait déjà virtuellement, on l'a vu, au sein de cette Section et la Société des Agriculteurs de France n'a fait que reconnaître cette situation en la rattachant à la fois à la Section d'enseignement et à l'Union centrale des Syndicats.

Définitivement constituée le 24 avril 1912, la Section se proposait, dès lors, un double but : intéresser les femmes qui habitent la campagne, qui, par leur situation, leurs aptitudes et leurs goûts, sont appelées à exercer autour d'elles une influence bienfaisante, aux œuvres agricoles féminines, leur fourn.r les renseignements précis et pratiques sur les questions professionnelles concernant la femme rurale, afin de les mettre à même de travailler ensuite plus efficacement et avec une autorité plus grande à son éducation ménagère morale et sociale.

Faire connaître et multiplier les généreux efforts déjà tentés dans un grand nombre de villages en faveur des Syndicats ou, dans chaque département, un centre d'institutions agricoles (telles qu'écoles ménagères, cercles de fermières, caisses de dotation, œuvres de trousseaux, etc.), en conservant à celles-ci le caractère régional nécessaire à leur succès.

En résumé, la Section voulait être à la fois une œuvre d'idées et une œuvre d'action : œuvre d'idées en s'efforçant d'éclairer les intelligences et de provoquer les initiatives, œuvre d'action afin de rendre celles-ci possibles, durables, prospères. Le premier acte de la Section fut de provoquer une enquête sur la condition de la femme et de la jeune fille de la campagne auprès des Syndicats agricoles et de diverses personnalités spécialement compétentes (1).

Cette enquête, dont il serait intéressant de comparer les résultats à ceux de 1869, révélait, hélas ! un état d'esprit qui pour n'être pas nouveau n'en était pas moins désolant. Presque tous les questionnaires se

____

(1) Les résultats de cette enquête ont été publiés dans la brochure *Les Besoins et les Aspirations de la femme agricole en 1913*, par la comtesse DE KERANFLEC'H.

plaignent de la répugnance croissante de la jeune paysanne pour la vie des champs, déplorent son indifférence, son ignorance extrême des travaux du ménage, de la ferme, son égoïsme et son besoin de plaisir ; réclament enfin, à grands cris, des œuvres d'éducation destinées à réformer sa mentalité, en la reprenant par la base, en lui inculquant des principes, des sentiments qui comptaient autrefois parmi nos richesses les plus précieuses et qu'hélas ! elle semble avoir à peu près partout complètement oubliés.

Les membres de la Section étaient d'avance convaincus de cette nécessité : émus cependant par ces voix suppliantes élevées de tous les points du sol, ils se mirent courageusement à l'œuvre. Une série de réunions, suivies de discussions très intéressantes, abordèrent les principales questions concernant la femme agricultrice ou résidant à la campagne. Un cours d'économie rurale à l'usage des dames et des jeunes filles fut ensuite donné, dans l'hiver de 1914, avec un grand succès.

Pour porter au loin les bienfaits de cet enseignement, une série de tracts ont été publiés par les soins de la Section (1). Des subventions ont été accordées à plusieurs écoles ménagères. Le Comité s'est efforcé surtout de favoriser la diffusion des écoles volantes et des cercles de fermières, persuadé que ces deux œuvres peuvent améliorer, dans une large mesure, la mentalité et la valeur professionnelle de la femme rurale. Enfin la Section a pris une part active au Congrès international

(1) *Les Cercles de Fermières ; La Récolte des plantes médicinales ; Rapport sur la Section des Dames ; L'Assistance aux orphelins de la guerre*, par la comtesse DE KERANFLEC'H-KERNEZNE. — *Un cours d'enseignement ménager volant*, par Mᴵᴵᵉ VIXONT. — *Heureuse fermière, ferme prospère*, par Mᵐᵉ VISSAUX (8, rue d'Athènes).

des Cercles de Fermières de Gand, en 1913. Elle était en plein essor lorsque la guerre vint brusquement interrompre ses travaux, ou plutôt leur donner un autre objet, car, fidèle à ses nobles traditions d'entr'aide sociale, la Société des Agriculteurs de France voulut, comme en 1870, s'occuper spécialement des orphelins. Par sa création de bourses agricoles, elle cherche à procurer aux fils et aux filles d'agriculteurs une formation professionnelle qui leur permette de devenir, dans leur classe, un membre de l'élite. Ces bourses, pour la multiplication desquelles un Comité de propagande très zélé s'est formé, en 1916, sont distribuées de préférence à des enfants intelligents, bien doués, susceptibles de profiter vraiment de cette formation. Par un choix rigoureux et une surveillance attentive, la Société espère éviter les inconvénients de certains orphelinats, tout en mettant à l'honneur ceux qui ont rendu, pendant tant d'années, de si grands services à l'enfance malheureuse. Ainsi, reprenant la tradition suivie après 1870, elle aspire à rapprocher de la terre, cette grande consolatrice, des enfants que leur malheur et leur deuil rendent sacrés à tous les cœurs français. Tels sont, dans leurs grandes lignes, les efforts tentés par la Société des Agriculteurs de France en faveur de l'éducation agricole féminine entre les deux guerres. Elle peut, on le voit, se rendre témoignage d'avoir largement tracé son sillon.

. . . .

Qu'augurer maintenant de l'avenir ? Il est difficile aujourd'hui de le prévoir dans sa totalité. Trop d'éléments du problème nous manquent, trop de facteurs encore incertains peuvent modifier entièrement la situation. Ce que nous savons, c'est que dans tout avenir le passé subsiste et trace les premiers linéaments. Si les œuvres de guerre n'ont qu'un temps, comme les

malheurs qui leur ont donné naissance, le problème de
la meilleure formation à donner au jeune Français, à la
jeune Française se pose avec la même acuité devant
chaque génération.

Quel que soit le métier choisi, il faut qu'il soit en
accord avec les aptitudes morales et les dispositions
physiques de l'enfant. Une instruction professionnelle
bien comprise, tel est le capital nécessaire pour s'élever
dans sa classe en paix et sans secousse, suivant l'aspi-
ration naturelle au cœur de l'homme, en même temps
qu'un des moyens les plus efficaces de l'attacher au sol
nourricier qui réclame son travail et ses sueurs. D'autre
part, l'homme isolé sent sa faiblesse et cherche à se
joindre à ceux qui partagent avec lui les mêmes risques
et les mêmes préoccupations.

C'est donc avec raison qu'au milieu du bouleverse-
ment général qu'entraîne la catastrophe qui s'est abattue
sur le monde, des essais d'association, de groupement,
d'éducation se produisent un peu partout. La Société
des Agriculteurs, qui a toujours montré la plus grande
bienveillance à toutes les initiatives prises en faveur
des cultivateurs, est toute désignée pour servir de
centre et de lien à ces diverses tentatives. Qui ne voit,
en effet, l'intérêt que des œuvres nouvelles auraient, en
s'engageant dans une voie semée de difficultés, à profiter de l'expérience acquise par la vénérable doyenne
des Sociétés d'Agriculture ! Ainsi, plongeant leurs
racines dans un passé riche en efforts et dont elles re-
trouveraient les énergies cachées, ces œuvres se déve-
lopperaient avec plus de force, tel un arbre vigoureux
dont l'ombre bienfaisante entretient partout la fraî-
cheur et la fécondité. Il faut souhaiter également que le
mouvement de retour à la terre, encore un peu superficiel et factice, malgré le bruit qui se fait autour de lui,

se précise et s'accentue. Les femmes, qui ont joué si souvent un rôle funeste dans la désertion des campagnes, peuvent beaucoup dans ce sens. C'est à elles, il faut l'avouer, que cette vie impose les plus grands sacrifices ; elles seules encore ont le pouvoir de la rendre aimable en rendant leur foyer agréable et accueillant. En s'initiant plus complètement aux travaux et aux espoirs de ceux qui les entourent, elles s'attacheront davantage à cette vie saine, utile, que leur seule présence au milieu des cultivateurs contribuera à rendre plus douce et plus heureuse.

. . . .

Puissiez-vous donc, Mesdemoiselles, vous qui représentez ici l'avenir sous sa forme la plus séduisante, devenir les adeptes convaincues, les gracieuses missionnaires de ce retour à la terre que nous imposent à la fois la raison, le devoir, les véritables intérêts du pays. Puissiez-vous vivre de longs jours dans nos campagnes, réveillées de leur torpeur par votre charmant apostolat, et, au soir d'une existence lumineuse et paisible, embellie par les joies de la famille et la stabilité du foyer, vous rendre ce témoignage qu'après la génération du sacrifice et de l'expiation sanglante — la nôtre, hélas ! — vous avez été celles qui réédifient, celles qui reconstruisent, la génération, enfin, qui aura sauvé la terre de France.

NOTES

SUR LA

SOCIÉTÉ DES AGRICULTEURS DE FRANCE

Quelques citations empruntées aux archives de la Société des Agriculteurs de France permettront de se rendre compte des efforts tentés par cette Société en faveur de l'éducation agricole et ménagère de la femme entre 1870 et 1914 et d'évaluer les services rendus par elle à nos populations rurales.

Ces notes paraîtront peut-être un peu ardues à certaines lectrices, et je m'en excuse. Pour ne pas les étendre indéfiniment, j'ai dû leur laisser toute la sécheresse des procès-verbaux ; celles qui voudront bien les lire avec attention ne tarderont pas à se rendre compte des efforts généreux et patients, du labeur et des innombrables sacrifices évoqués dans ces quelques pages ; de l'ouverture d'esprit qu'elles révèlent chez ces hommes et ces femmes d'élite qui, trente ans avant nous, luttèrent contre des maux dont nous cherchons encore aujourd'hui les remèdes, propagèrent des idées qui nous semblent neuves, justifièrent enfin, par leur exemple et leurs œuvres, notre attachement à la tradition, premier facteur du progrès, comme le reconnaît ingénument la sagesse populaire d'un proverbe bien connu : « Ne quitte la main de ta mère que lorsque tu fais tout aussi bien qu'elle ».

L'éducation, la formation professionnelle des enfants du cultivateur, tel est l'idéal que poursuit la Société des Agriculteurs de France. Sa sollicitude à cet égard est si grande qu'une de ses sections, et non la moins vivante, est spécialement consacrée aux questions d'enseignement.

Dès 1874, la Section d'enseignement émet le vœu :

1° De voir se modifier le règlement des écoles primaires rurales des deux sexes de telle sorte que, dans chaque commune, par la fixation des heures de classe et de l'époque des vacances, on puisse concilier les exercices classiques avec les travaux des champs ;

2° De voir se modifier les exercices pratiques des écoles de filles de manière à les diriger vers les travaux utiles et non vers les ouvrages de luxe.

Après la guerre, la question des orphelinats agricoles avait pris une grande importance du fait que la pitié pour les victimes de la lutte s'était manifestée surtout par la création de nombreux établissements de ce genre pour les filles et pour les garçons, établissements généralement dirigés par des Religieuses ou des Frères. La Société des Agriculteurs de France encourageait de son patronage et de ses subventions un grand nombre de ces orphelinats. Pendant plusieurs années, c'est donc autour de ceux-ci et des écoles primaires libres, maîtresses, jusqu'à un certain point, de leurs programmes, que s'agitent les questions de méthodes, de connaissances techniques et d'applications pratiques présentées à la Section d'enseignement.

1876. — Mme la baronne de Pages parle de l'établissement de l'abbé Cestac, qui a créé, dans les dunes des Basses-Pyrénées, un domaine pour les femmes repenties. L'exploitation est faite par des femmes qui non seulement labourent, mais font les terrassements, cultivent le jardin, forgent elles-mêmes les instruments dont elles se servent. A l'établissement sont annexés une école gratuite et un ouvroir.

M. Gossin, rapporteur, étudie le rôle de la femme en agriculture, déplore la répugnance croissante des filles de fermiers pour les travaux de la campagne, insiste sur la nécessité pour les classes supérieures de donner l'exemple et émet le vœu de voir introduire dans l'enseignement une instruction agricole appropriée aux occupations ménagères et culturales des femmes de chaque région.

1877. — M. l'abbé Lejay, rapporteur présente l'orphelinat agricole de Bézouotte, qui forme ses élèves à tous les travaux de l'agriculture : jardinage, soins du bétail, cuisine, ménage, ouvrage des doigts, en un mot, prépare de bonnes domestiques de ferme. Cet établissement possède un bétail nombreux. Les orphelines recueillent elles-mêmes les foins, font la moisson, chargent la récolte sur essieux, labourent, taillent, cultivent le houblon et la vigne et répondent par des faits concluants aux objections sur l'impossibilité de faire faire certains travaux à des jeunes filles.

M. de la Loyère objecte qu'il est difficile — à moins d'avoir un capital de réserve assez considérable et de se trouver dans des conditions de sol et de culture exceptionnelles — à un établissement agricole de filles de vivre convenablement des produits de la terre. Il croit — c'est la donnée de Notre-Dame de Bon-Espoir, orphelinat établi à La Loyère depuis 1871 — qu'il suffit de demander aux jeunes filles les menus travaux à leur portée : sarclage, fanage, récolte, et, en général, tous les travaux des vignes : ébourgeonnage, pinçage, accolage, effeuillage, vendange, etc.

La baronne de Pages communique un projet d'institut agricole pour les jeunes filles, sorte de « Saint-Denis rural ». Elle demande, en outre, qu'il soit créé :

1º Des écoles primaires agricoles ;

2º Un enseignement agricole pour les femmes condamnées ;

3º Un asile au Vesinet, où les jeunes filles sortant des hospices et les femmes convalescentes pourraient s'initier au jardinage et à la petite culture.

1879. — La Section s'occupe à nouveau de l'enseignement agricole et ménager des jeunes filles.

M. de Bogard signale des cours d'économie domestique donnés dans des écoles de l'Yonne. La baronne de Pages, chargée de visiter ces écoles dans plusieurs départements, a trouvé *cent cinquante établissements*, fondés par l'initiative privée, où les jeunes filles reçoivent l'instruction agricole. Même en Gironde, où les jeunes filles insèrent dans leur contrat « qu'elles ne feront pas de culture », il y a un institut de ce genre.

Le 20 février, M. Gossin reprend la question. L'étude de l'agriculture en grand lui semble impossible pour la femme. Mais on peut lui apprendre la floriculture, l'arboriculture et la taille des arbres, car c'est « la femme qui doit diriger le jardin ».

Il est question (bien avant que l'enseignement ambulant ne soit à l'ordre du jour) de professeurs d'horticulture nomades.

La Section a mis à l'étude la question des réformes urgentes pour combattre la répugnance des jeunes filles pour la vie à la campagne ; elle émet le vœu, confirmé par la Société des Agriculteurs de France, en séance solennelle, « qu'il soit introduit dans l'enseignement des écoles rurales de filles des réformes visant à développer chez les élèves le goût pour la vie agricole, et les connaissances et les aptitudes nécessaires aux mères de famille agricoles ».

1880. — L'idée des « petites familles », qui semble aujourd'hui si neuve, est soulevée par M. Bonjean, qui conseille de rechercher avec soin les enfants abandonnés pour les placer, jusqu'à l'âge de la conscription, chez le propriétaire agriculteur, qui aurait droit de tutelle. Ce sont surtout les grands propriétaires qui, en accomplissant cet acte philanthropique, auraient avantage à posséder ces apprentis agricoles. Seuls ils forment de bons ouvriers, de bons·conducteurs de machines, parce qu'ils peuvent mettre entre leurs mains de bons outils.

Mme de Pages émet le vœu que tout instituteur rural connaisse l'agriculture. Elle a visité des pénitenciers agricoles qui forment de bonnes travailleuses.

M. Poncet constate que dans l'enquête faite, en 1869, dans les écoles de filles, on a constaté, presque partout, l'absence de tout enseignement agricole. « Beaucoup de « villageoises » ne savent pas traire convenablement une vache ! »

Le comte d'Estaintot observe que toutes les femmes devraient être à même de greffer et d'utiliser complètement le laitage.

1884. — M. Godard, de Bordeaux, a laissé à la Société des Agriculteurs de France une somme importante pour constituer un prix en faveur des instituteurs laïques des cinq départements (Gironde, Charente, Charente-Inférieure, Landes, Dordogne), « qui, par leur enseignement et la tenue de leur jardin, auront fait le plus d'efforts pour développer chez leurs élèves le goût de l'agriculture et auront obtenu les meilleurs résultats ». Ce prix peut être décerné aussi aux institutrices.

La même année, M. Lépargneux présente un vœu tendant à la création d'écoles pratiques de laiterie pour les jeunes filles. Mme de Pages, chargée par le gouvernement d'étudier la question de l'école de laiterie en Hollande, a pu voir quelle importance on y attache.

Vœu de M. Lépargneux, adopté par la Section : « Considérant que le rôle de la femme capable dans l'agriculture n'est pas moins important que celui de l'homme ; que le fermier trouve difficilement une femme en état de rendre les services et de lui apporter le concours qu'il serait fondé à en attendre ; qu'il en serait tout autrement si le père de famille avait à sa disposition un établissement où il pourrait mettre sa fille et où elle recevrait, outre une bonne instruction primaire, des notions sur tout ce qui est du ressort de la femme dans une exploitation agricole : tenue de livres, hygiène, économie domestique, zootechnie, botanique, chimie, horticulture, de manière à la préparer à établir sa comptabilité, qui fait généralement défaut à la femme, à donner au personnel et aux animaux des soins intelligents et une alimentation raisonnée, à surveiller la production, l'élevage et l'engraissement, tant à l'étable qu'à la basse-cour, à la préparation et à la conservation des produits de la ferme, à la bonne direction du potager destiné à fournir les légumes et les fruits pour le personnel..., etc. La Société des Agriculteurs de France émet le vœu que l'État favorise, dans chaque département, l'établissement d'une école spéciale d'agriculture pour jeunes filles. (Session générale de 1881, pp. 477-478.)

1885. — M. de Montrol demande que l'on développe la proposition des écoles de laiterie.

Mme de Pages fait remarquer qu'en Hollande, où la formation agricole de la femme est très sérieusement comprise, il y a plutôt des « pensionnats avec travaux agricoles » que des écoles d'agriculture proprement dites. Les jeunes filles reçoivent des notions pratiques dans les fermes-écoles.

13 février. — Rapport du R. P. Joseph sur l'orphelinat de Douvaine, en Savoie : 40 à 50 hectares de terre, point de départ en 1875 ; chaque année, vingt à trente enfants sont placés en qualité de jardiniers, de bergers, d'ouvriers ruraux. L'horticulture est un excellent débouché pour les enfants. Le jardinier est en général bien payé, son travail n'est pas pénible, et il arrive souvent à se transformer en véritable régisseur.

Une commission est nommée pour faire une enquête sur les orphelinats agricoles. Elle comprend le R. P. Joseph, MM. de Gouvello, de Fourniés, de Salvandy, de Calonne, Carbonnier.

La Société des Agriculteurs de France émet le vœu que pour donner un plus grand développement aux orphelinats agricoles, le gouvernement élève d'une façon notable le chiffre des subventions qu'il accorde à ces établissements.

Colonies agricoles industrielles. — Cette institution aurait pour but, dans les contrées où il y a beaucoup d'usines, de fournir aux enfants une instruction et une éducation leur donnant une double aptitude aux travaux des champs et aux travaux dans les fabriques. Le résultat serait de restituer à l'agriculture une partie des bras qui lui manquent, de détourner les misères causées par les chômages industriels et de prévenir les troubles sociaux résultant de ces souffrances. Cette idée a été appliquée en Angleterre. M. Jouanne, le rapporteur, avait tenté de suivre cet exemple en créant une école à Ry (Seine-Inférieure); les élèves, âgés de 6 à 13 ans, étaient fils de petits commerçants et employés. A l'établissement, 12 hectares étaient annexés ; il y avait une étable de douze vaches bretonnes, un poulailler contenant une certaine variété d'oiseaux de basse-cour.

M. de Salvandy remarque que le but de M. Jouanne était partiellement atteint, autrefois, dans certains centres manufacturiers, Elbeuf, par exemple, chez les ouvriers travaillant chez eux par petits métiers. Mais la centralisation industrielle a détruit ces métiers.

Renvoyé à la Commission des Orphelinats.

1886. — Rapport du Père Joseph sur les orphelinats agricoles. Utilité des concours de jardinage dans les écoles primaires.

1887. — Rapport du marquis de Gouvello sur les mêmes établissements. « L'orphelinat agricole est le collège du pauvre... »

M. de Jouvencel estime que c'est surtout du côté de l'horticulture qu'il faudrait diriger l'enseignement dans les écoles primaires. La dixième Section émet le vœu que les questions agricoles et horticoles trouvent désormais leur place dans les programmes scolaires.

ÉTABLISSEMENTS FONDÉS POUR L'ÉDUCATION AGRICOLE DES GARÇONS

3 de 1835 à 1839.

9 de 1840 à 1849.

17 de 1850 à 1859.

17 de 1860 à 1869.

24 de 1870 à 1879.

12 de 1880 à 1886.

La Société des Agriculteurs de France accordait alors une subvention de 3.000 francs aux orphelinats agricoles et l'Assemblée manifestait le désir que les orphelinats agricoles de filles fussent aussi soutenus.

La même année, il est rendu compte, à la Section, qu'un concours sur la dessiccation des fruits, institué en 1886, n'a pu avoir lieu, aucun candidat ne s'étant présenté. Un autre concours pour la création des fermes fruitières est proposé. Il y aura lieu de prendre en considération, pour désigner un lauréat :

1º L'importance de la plantation ;

2º Les soins pris pour la réussite ;

3º Le choix des espèces et variétés appropriées au sol, au climat, déterminées par l'emploi des fruits, soit pour le marché, soit pour l'usage industriel, des plantations intercalaires telles que groseilliers, framboisiers et autres végétaux alimentaires pouvant donner un produit avant les arbres.

« En Amérique, observait M. Michelin, dès 1887, la culture des arbres fruitiers se fait sur une très grande échelle et la préparation des fruits (desséchés) en vue de l'exportation s'effectue à l'aide de procédés mécaniques qui permettent à l'opération de porter sur des quantités énormes et abaissent d'autant le prix de revient. »

1888-1889. — Nouveaux rapports sur les orphelinats agricoles. Dans son rapport du 23 juin, M. Paul Blanchemain cite l'exemple et l'exquise charité des Pères Trappistes de Fismes, chez lesquels l'enfant, au cours de son éducation, peut amasser plus de 900 francs de pécule sans qu'il lui ait coûté autre chose que « le plaisir d'être sage », dit le règlement.

. . . .

La Section conseille également d'avoir, dans les écoles, un herbier local, une collection d'échantillons représentant les éléments du sol et du sous-sol, d'instituer des concours de jardins, en un mot, de favoriser, par tous les moyens possibles, la formation du jeune agriculteur.

1890-1892. — De nombreux orphelinats agricoles sont présentés à la Section, entre autres (1890) un établissement situé dans le val de la Loire, où les filles, sous la direction de Sœurs Blanches, se livrent à tous les travaux de la culture : labourage, hersage, etc.

1893. — Le 2 février 1893, M. de Lorgeril rend compte des concours d'élèves établis par les Sociétés d'Agriculture de Bretagne, sous l'impulsion du Frère Abel et des Frères de Ploermel. Vingt-sept écoles libres ont présenté cinq cents enfants. Le concours a porté sur les amendements et engrais, l'amélioration et la culture des pommiers.

Le rapporteur expose la méthode : l'enseignement théorique est donné par le maître d'école, en quarante-deux leçons, le même cours revenant deux ou trois fois pendant les années que l'enfant passe à l'école. Il reçoit l'enseignement pratique par des promenades dans une exploitation dont le plan est dans l'école. Sur ce plan, chaque sole de l'assolement est indiquée en couleurs différentes ; à côté, une carte donne l'assolement du cours théorique. Un cahier-archive reste à l'école ; celui de l'élève, emporté par lui, sera, plus tard, le vade-mecum de sa science.

La même année, l'orphelinat agricole de Béthanie (fondation Dupont-Delperie) confié aux Frères de la Meunais, est signalé pour sa méthode si intéressante.

Dans cet établissement, outre l'instruction générale et complète, chacun est chargé d'une spécialité dont il est pour ainsi dire le titulaire.

Ainsi l'un des élèves est chargé du bétail, un autre du jardin, un troisième des attelages, de la réserve des grains ou de la boulangerie. Ainsi tous ont déjà en petit les soins, les soucis et doivent montrer la prévoyance d'un chef d'exploitation. En hiver, les classes sont plus longues ; il y en a généralement deux, le matin et le soir.

1896. — M. de Villers-Berthen fait connaître à la Section l'œuvre de la comtesse Zamoyska, qui a organisé, à Zakopane (Autriche) une école ménagère et agricole pour les jeunes filles polonaises avec le plus grand succès.

Le Frère Abel constate, en Bretagne, un mouvement réel en faveur de l'enseignement des filles. Onze mille exemplaires du *Manuel d'agriculture spécial*, qui leur est destiné, ont été distribués déjà.

L'Union des Syndicats agricoles du Sud-Est fait passer

des examens d'agriculture à plus de deux cents jeunes filles. Et, à ce propos, M. Guinand remarque qu'il est plus facile de fonder et de faire réussir des cours annexes qu'une école exclusivement agricole.

Entre 1896 et 1903, commencement de la persécution religieuse, l'enseignement agricole continue à se répandre et à progresser dans les écoles primaires libres de plusieurs régions. Par contre, plusieurs orphelinats créés en 1870, en faveur des victimes de la guerre, végètent ou disparaissent.

A partir de 1901, au contraire, il se fait un mouvement général en faveur de l'enseignement ménager et agricole des filles.

1900. — La Section d'enseignement étudie la possibilité de créer des écoles ménagères rurales comme celles qui existent en Allemagne et en Angleterre.

Rapport sur l'enseignement ménager présenté par Mme Duclos, qui insiste sur son importance pour former de bonnes fermières « qui, après avoir rempli nos bourgades, iraient, au besoin, peupler nos colonies ».

Cet enseignement doit comprendre : l'horticulture, la culture maraîchère, l'agriculture et l'élevage.

« Nos élèves se recruteront dans la classe moyenne. Un exemple : voici un médecin de campagne, il a trois ou quatre filles. Vous pensez bien qu'il ne leur donnera pas une dot susceptible de conquérir des maris millionnaires. Elles auront tout juste de quoi se mettre en ménage, si tant est qu'elles s'y mettent. Il faut faire œuvre de travail. Que feront-elles ? Ne semblent-elles pas tout indiquées pour devenir nos élèves? Quand, sorties de l'école, elle ne feraient que vivre économiquement, mais confortablement, sur le coin de terre où la destinée les aura fixées, cela ne serait-il pas plus heureux que de se consumer dans une inaction énervante avec la sensation de la fuite des années inutiles » (page 189).

1901. — Le Frère Abel parle de leçons d'économie domestique données dans les pensionnats des Religieuses de la Providence.

M. Carlier signale l'école Vila, à Chaumont (Haute-Marne), fondée en 1884, pour les jeunes filles de la classe ouvrière.

Dans le département de la Meuse, certains conseils municipaux subventionnent la Sœur des malades, qui donne des conseils ménagers aux jeunes filles.

M. Lemût présente l'école ménagère de Saint-Dizier, annexée à l'ouvroir par les Sœurs de Saint-Vincent de Paul. Les cours ont lieu de 8 heures à 11 heures et de 1 heure à 5 heures, le jeudi. On admet des élèves externes moyennant 3 francs par mois et elles travaillent pour elles le samedi.

Pour les internes, l'enseignement est complété par la culture du jardin, le soin de la volaille, des porcs, des chèvres, « en attendant la vache, qui permettra d'atteindre les quatre degrés d'aisance que Le Play réclamait pour la classe ouvrière ».

Désormais, chaque séance annuelle de la Section d'enseignement voit se multiplier les communications sur l'enseignement ménager.

En 1904, un rapport très intéressant est présenté, au nom du Comité de contentieux de l'Union des Syndicats agricoles du Sud-Est, par M. Gairal de Serezin, sur la législation en matière d'enseignement ménager agricole (page 636).

En 1904 encore, rapport très intéressant de M⁰ᵉ Fiedler sur les écoles ménagères en Allemagne. Elle signale, notamment, l'école d'horticulture de Marienfeld, dont les femmes sortent professeurs après avoir appris à planter, à tailler les arbres fruitiers, à leur donner une culture intensive, etc. La culture florale et la conservation des récoltes leur sont également enseignées.

1905. — Communication de M. Tuzet sur l'arboriculture commerciale. Le rapporteur rappelle combien les arbres fruitiers sont mal entretenus et demande qu'une place soit faite à cette spécialité dans l'enseignement ménager. Dans les régions fruitières, la femme devrait connaître la taille des arbres, pratiquer la cueillette, la conservation et l'emballage des fruits. Il y a une telle indifférence à cet égard que des concours avec primes, institués pour ouvriers et ouvrières emballeurs, n'ont pu avoir lieu faute de concurrents. Des conférences devraient être données sur l'emballage des fruits, des légumes, comme aussi la préparation des volailles pour la vente.

Le marquis de Marcillac présente un rapport sur le rôle de la femme dans les syndicats agricoles. « Dans un syndicat, dit-il, il y a deux choses : la base et la tête. La base est facile à constituer, il n'en est pas de même de la tête. Si l'on veut arriver à quelque chose, il faut que la tête soit bien organisée, qu'elle soit un foyer ardent d'initiative et d'action. » M. de Marcillac conseille de mettre des femmes dévouées à la base des œuvres agricoles féminines, la tête, c'est-à-dire l'enseignement supérieur et la direction, étant à Paris, à la Société des Agriculteurs de France.

La Société des Agriculteurs de France :

Considérant que la femme, compagne de l'homme dans la vie privée et sociale, doit être également sa compagne et son inspiratrice au sein de la profession ;

Considérant que, dans la profession rurale en particulier, son action peut être féconde au point de vue de l'enseignement agricole ;

Considérant que la mutualité rurale prend chaque jour une importance croissante ; que dirigée dans un sens familial et professionnel, elle est appelée à jouer un rôle prépondérant au point de vue social,

S'en référant au vœu précédemment émis dans l'Assemblée générale du 13 mars 1903 sur le rapport de M. Blanchemain,

Émet le vœu que les Syndicats et Sociétés affiliés soient invités à ne pas négliger le concours de la femme dans l'enseignement rural ; que la femme soit initiée au fonctionnement des œuvres de prévoyance et appelée à y collaborer ; que des conférences soient faites en vue de faire ressortir le rôle de la femme dans l'action économique et sociale des Syndicats agricoles. (Séance générale du 23 mars.)

Mme Fiedler présente un rapport sur les laiteries modèles en Allemagne et en Danemark, rapport très étudié, tant au point de vue économique qu'à celui de l'hygiène et de l'amélioration de la race.

1906. — Le comte de Kerauflec'h-Kernezne expose le fonctionnement de l'école ambulante de laiterie des Côtes-du-Nord.

La question des écoles de laiteries volantes est mise à l'ordre du jour.

Communication de M. de Villoutreys sur les écoles ménagères, très nombreuses dans la Loire.

Rapport de Mme de Diesbach sur l'enseignement ménager en général. Elle expose l'organisation et le but de l'œuvre en avouant, cependant, que le point de vue horticole et agricole n'est pas encore très développé jusqu'ici.

Mlle Decaux expose les efforts tentés par le Syndicat de la rue de l'Abbaye pour la formation ménagère des directrices d'écoles et des jeunes ménagères. Elle signale les écoles rurales de Marches, en Savoie, qui ont organisé, depuis quelque temps déjà, un enseignement vraiment agricole.

1908. — M. P. Blanchemain, vice-président de la Société des Agriculteurs de France, présente à la Section un projet d'école d'agriculture pour jeunes filles en voie de réalisation, sur l'initiative de Mlle Maugeret. Le programme comprenait, outre l'enseignement ménager, la laiterie, fromagerie, basse-cour, jardin fruitier, comptabilité, etc.

Le 19 mars, Mlle Maugeret fait elle-même une communication sur le même sujet.

Rapport de M. de Gouttepagnon, président des Syndicats agricoles de Vendée, sur le concours ménager institué entre dix écoles libres, concours pour lequel le *Manuel Raquet* leur a été remis.

Les organisateurs ont tenu à ce que les élèves n'apprennent pas par cœur, aussi s'en est-on tenu aux épreuves écrites en posant des questions assez vastes pour que le travail personnel des candidates pût se manifester.

Quatre questions leur ont été posées, classées respectivement sous les rubriques suivantes :

1° La fermière aux champs ;
2° La fermière au jardin ;
3° La fermière auprès des animaux ;
4° La fermière auprès des malades.

En outre, un cours normal d'enseignement ménager a été donné pour les institutrices, à La Roche-sur-Yon.

Communication de M. de Villoutreys sur un nouveau cours fait par Mlle de Belfort, à Saint-Étienne.

18 mars. — Rapport de M. Tuzet sur la diminution de la production des œufs en France, diminution qu'il attribue, en grande partie, au manque d'enseignement ménager. Il demande la réforme des concours d'aviculture qui, jusqu'ici, prennent surtout les sujets de belle allure. Ne pourrait-on,

au contraire, s'attacher aux questions de « rapidité de croissance en vue de la vente des sujets, précocité et abondance de la ponte, relèvement du poids moyen des œufs, procédés de conservation commerciale », etc.

Un cours d'apiculture par correspondance est également présenté à la Section : c'est celui de M. Pierre Peter's, directeur de l'Ecole d'apiculture de la Villeneuve, à Baud (Morbihan). Ce cours comprend trois degrés : élémentaire, moyen, supérieur. A chacun correspondent et sont envoyés une cinquantaine de fascicules où sont étudiées les différentes questions qui touchent à l'apiculture : entomologie apicole, botanique, étude spéciale des plantes mellifères, conduite du rucher, soins et précautions, chimie apicole, comptabilité, installation, produits des ruchers, etc. Dès le 1er mai, les cours sont adressés à tous les correspondants, accompagnés de devoirs qui devront être retournés à M. Peter's. Celui-ci exige de ses élèves qu'ils entretiennent environ cinq ruches, afin d'en suivre la marche et le développement, qu'ils noteront avec soin dans des rédactions périodiques.

1900. — L'enseignement ménager agricole se développant de plus en plus, devient l'objet de nombreux rapports qu'il est impossible de résumer.

Rapports de M. de Villoutreys sur l'organisation de cet enseignement dans la Loire, où il s'est rapidement répandu à la suite des cours normaux faits par Mlle de Belfort, de M. Paul Blanchemain, sur la situation de l'enseignement ménager en général.

Communications de la comtesse de Keranflec'h-Kernezne et de Mme de Verninac sur des cours locaux. L'orphelinat d'Haroué, dirigé par les Sœurs de la Foi, fondé en 1853, devenu agricole depuis 1874, est présenté à la Section d'enseignement. Au début, cet établissement faisait surtout de la culture maraîchère, ensuite il a entrepris la culture en pépinière des arbres fruitiers ou d'agrément, du tabac, du houblon et de la vigne. En 1889, il entreprend l'exploitation d'une ferme de 40 hectares ; aujourd'hui, cent dix orphelins cultivent environ 240 hectares, dont la moitié en prairies, la spécialité de l'orphelinat étant l'élevage. Le cheptel comprend trente chevaux, soixante-quinze bêtes à cornes, deux cent cinquante moutons. Haroué a obtenu six médailles d'or et plus de trente médailles d'argent aux concours régionaux.

Les œuvres agricoles féminines se développant de plus en plus, la Société des Agriculteurs de France et l'Union centrale des Syndicats décidèrent, d'un commun accord, de former un groupe de dames destinées à prendre en mains les questions concernant l'enseignement ménager et, en général, « tout ce qui touche au rôle social de la femme et à son action dans la profession rurale ».

En 1912, la « Section des Dames » de la Société des Agriculteurs de France était définitivement constituée, sous la présidence de la comtesse Louis de Vogüé d'abord, puis de la comtesse de Keranflec'h-Kernezne.

Cette Section eut, pendant les deux années qui précédèrent la guerre, une grande activité, dont le cours d'économie rurale pour les dames et les jeunes filles, suite de conférences données, en 1914, à la Société des Agriculteurs de France ; de nombreuses créations d'écoles ménagères, de cercles de fermières (1), etc., furent les principales manifestations.

La Section des Dames était en plein essor lorsque la guerre, en ramenant les épreuves et les douleurs du passé, vint inviter ses membres à reprendre vis-à-vis des orphelins, fils et filles d'agriculteurs tués à l'ennemi, le traditionnel patronage si noblement exercé après 1870. Par la création des bourses agricoles destinées à conserver à la terre des enfants que la situation de leurs pères, leurs atavismes et leurs goûts prédisposaient à en être les serviteurs enthousiastes et passionnés, la Société des Agriculteurs de France a dignement couronné son œuvre sociale et ajouté un lien nouveau à la chaîne de reconnaissance qui, depuis si longtemps, l'unit aux populations rurales, confiantes en son généreux et intelligent patronage.

(1) On trouvera des détails sur l'œuvre de la Section des Dames dans le rapport présenté à la Société des Agriculteurs de France par la comtesse de Keranflec'h-Kernezne, le 20 février 1914.

TABLE DES MATIÈRES

www.ingramcontent.com/pod-product-compliance
Lightning Source LLC
LaVergne TN
LVHW051104060726
842525LV00003B/777